ITINÉRAIRE

HISTORIQUE, GÉOGRAPHIQUE, TOPOGRAPHIQUE, STATISTIQUE,
PITTORESQUE ET BIOGRAPHIQUE

DE

LA VALLÉE DE MONTMORENCY,

A PARTIR DE LA PORTE SAINT-DENIS A PONTOISE INCLUSIVEMENT,

DÉDIÉ

A la Société française de statistique universelle.

PREMIÈRE PARTIE

*Contenant la description des monumens, villes, villages, hameaux,
châteaux ou maisons de campagne,
depuis la porte Saint-Denis jusqu'à Saint-Denis;*

Le tout orné d'un très-grand nombre de portraits, vues, paysages, *fac-simile,*
plans et cartes géographiques et topographiques;

Par **L.-V. Flamand-Grétry,**

MEMBRE DE L'ACADÉMIE DE L'INDUSTRIE AGRICOLE,
DE LA SOCIÉTÉ FRANÇAISE DE STATISTIQUE UNIVERSELLE,
DE LA 1re CLASSE DE L'INSTITUT HISTORIQUE,
DE LA SOCIÉTÉ D'ENCOURAGEMENT POUR LES LETTRES ET LES BEAUX ARTS.

PARIS.

Arthus-Bertrand, r. Hautefeuille, 23. Bohaire, boulevard des Italiens, 10.
Lecointe et Pougin, quai des Augustins, 49. Truchy, boulevard des Italiens.
Delaunay, Palais-Royal.
Chamerot, quai des Augustins, 13. Verdière, quai des Augustins, 25.

A SAINT-DENIS, chez Prevot, imprimeur, rue de Paris, 81.

A MONTMORENCY,
CHEZ L'AUTEUR,
A L'ERMITAGE DE J.-J. ROUSSEAU.

1835.

ITINÉRAIRE

DE

LA VALLÉE DE MONTMORENCY.

PLACE DES GRAVURES DE LA Ire PARTIE.

Portrait de l'auteur (1).
Porte Saint-Denis 11
Portrait de saint Vincent de Paule 44
Barrière de La Villette. 49
Plan des communes des Batignolles et Clichy. 94
Portrait de Chapelle. 127
——— de Mézeray. 129
——— du maréchal Moncey. 132
Coupe de la butte Montmartre. 155
Plan de la butte Montmartre. 182
Antiquités de Montmartre. 186
Tombeau de Legouvé. 212
——— de madame de Montmorency-Luxembourg. . . . 214
Monument servant de réservoir pour le service des eaux de la Seine à Montmartre. 219
Mort du connétable de Montmorency. 259
Philippe III portant les ossemens de saint Louis à l'abbaye de Saint-Denis. 262
Plan du port de la gare de Saint-Ouen et de la machine à vapeur 283

(1) La place des gravures se trouve toujours en regard des pages ci-dessus désignées.

Nota. Le portrait du maréchal Moncey et celui de l'auteur ayant été refaits, MM. les Souscripteurs qui les ont reçus dans les précédentes livraisons, les remplaceront par ceux qui sont joints à cet envoi.

Sain -Denis.— Imprimerie de Prevot.

L. V. FLAMAND GRETRY.

ITINÉRAIRE

HISTORIQUE, GÉOGRAPHIQUE, TOPOGRAPHIQUE, STATISTIQUE,
PITTORESQUE ET BIOGRAPHIQUE

DE

LA VALLÉE DE MONTMORENCY,

A PARTIR DE LA PORTE SAINT-DENIS A PONTOISE INCLUSIVEMENT;

DÉDIÉ

A la Société française de statistique universelle.

PREMIÈRE PARTIE

*Contenant la description des monumens, villes, villages, hameaux,
châteaux ou maisons de campagne,
depuis la porte Saint-Denis jusqu'à Saint-Denis;*

Le tout orné d'un très-grand nombre de portraits, vues, paysages, *fac-simile*,
plans et cartes géographiques et topographiques;

Par L.-V. Flamand-Grétry,

MEMBRE DE L'ACADÉMIE DE L'INDUSTRIE AGRICOLE,
DE LA SOCIÉTÉ FRANÇAISE DE STATISTIQUE UNIVERSELLE,
DE LA 1re CLASSE DE L'INSTITUT HISTORIQUE,
DE LA SOCIÉTÉ D'ENCOURAGEMENT POUR LES LETTRES ET LES BEAUX ARTS.

PARIS.

ARTHUS-BERTRAND, r. Hautefeuille, 23.
LECOINTE et POUGIN, quai des Augustins, 49.
CHAMEROT, quai des Augustins, 13.

BOHAIRE, boulevard des Italiens, 10.
TRUCHY, boulevard des Italiens.
DELAUNAY, Palais-Royal.
VERDIÈRE, quai des Augustins, 25.

A SAINT-DENIS, chez PREVOT, imprimeur, rue de Paris, 81.

A MONTMORENCY,
CHEZ L'AUTEUR,
A L'ERMITAGE DE J.-J. ROUSSEAU.

1835.

A Messieurs les Membres de la Société française de Statistique universelle.

Messieurs,

Oserais-je me flatter que, pardonnant à ma témérité, vous daignerez me permettre de placer sous vos auspices mon faible essai littéraire intitulé : Itinéraire historique, géographique, topographique, statistique, pittoresque et biographique de la Vallée de Montmorency, depuis Paris jusqu'à Pontoise inclusivement, ouvrage dont vous avez bien voulu accueillir avec bonté et indulgence les fragmens que j'ai eu l'avantage inappréciable de soumettre à vos lumières.

Messieurs, les encouragemens que j'ai reçus de vous et l'honneur insigne de figurer parmi tant de hauts et illustres personnages, me font un devoir de vous en offrir la dédicace ; si vous acceptez mon hommage, mes voeux seront entièrement comblés.

Daignez, Messieurs, agréer l'assurance de mon profond respect.

Flamand-Grétry.

9 Septembre 1834.

EXTRAIT

DU

PROCÈS-VERBAL

DE LA 93ᵉ SÉANCE DU CONSEIL DE LA SOCIÉTÉ.

M. Flamand-Grétry, membre de la Société, demande à lui dédier son *Itinéraire historique, géographique, topographique, statistique, pittoresque et biographique de la Vallée de Montmorency, depuis Paris jusqu'à Pontoise inclusivement.*

L'assemblée accède au vœu de l'honorable membre.

Étaient présens : MM.

MEMBRES DU CONSEIL.

Moreau (César), ✻, directeur.
Dehay (Thimothée), secrétaire-général de la Société.
Malepeyre (Léop.), secrétaire du conseil.
Leroy de Bacres, ✻. } sous-directeurs.
Sicard (Le capitaine), ✻. }
Audouin de Géronval.
Bennis (G.-G.).
Moreau (Ciriac).
Rifaud (J.-J.), ✻, membre du conseil.
Bailly de Merlieux.
Daniel de Saint-Antoine. ✻.
Cavailler (F.).
Monbrion.
De Lille, ✻, (Le chevalier).
Sainte-Croix ✻ (Le marquis de), membre-adjoint du conseil d'administration.
Boimard (Joseph), caissier.

MEMBRES DE LA SOCIÉTÉ.

De Brichambault, ✻ (Le général baron).
Champeaux (E.).

Dailly (Ch.).
Delalleau, ✻.
Famin (César).
Galabert, ✻ (Louis).
Garnier.
Gerbet, ✻.
Jovolant Desvès.
Juchereau de Saint-Denis (E.).
Fergant (Stanislas).
Malepeyre aîné.
Matters.
Marc Jodot.
Mettembert (Le chevalier).
Monnoyeur (François).
Perrot de Chezelles.
Porcher de la Fontaine, ✻.
Fouyer (C.) ✻.
Ronnelli (Le chevalier), ✻.
Ruggieri (Claude).
Sainte-Fare Bontemps, ✻.
Jalin (A.).
Trappe, ✻.

MEMBRES ÉTRANGERS.

Blumm (Georges).
Biernacki (A.).
Lake (J.-W.).
Mount-Cashel (Le comte de), pair d'Angleterre.
Pebrer (P.).
Santarem (Le vicomte de), ancien ministre des affaires étrangères du Portugal, et correspondant de l'Institut des Pays-Bas, etc.
Taubaté (Le marquis de), ancien ministre plénipotentiaire du Brésil.
Tooke (W^m.), membre du parlement anglais.

 Moreau (César), ✻, président.

 Malepeyre jeune, secrétaire.

Le procès-verbal de la 93e séance est lu et adopté sans réclamation dans la 94e séance du 9 septembre 1834.

INTRODUCTION.

Cet ouvrage donne une description historique et étendue de tous les lieux que l'observateur est obligé de parcourir, depuis la porte Saint-Denis jusqu'à Pontoise inclusivement, en traversant la riante vallée de Montmorency, ce qui comprend de 60 à 70 communes.

C'est donc comme étant la relation la plus complète de la partie la plus intéressante des environs de Paris, tant à cause des touchans souvenirs qui s'y rattachent, que par les sites séduisans de ces lieux vraiment pittoresques, que cet ouvrage est offert au public.

Cet *Itinéraire* est divisé en cinq points de départ: tous, à l'exception du premier, partent de la ville de Saint-Denis, où l'observateur fait une station, à cause de l'importance de cette ville.

1° Le premier point de départ est fixé de la porte Saint-Denis à la ville.
2° Station à Saint-Denis.
3° Second point de départ de Saint-Denis à Montmorency.
4° Le troisième de Saint-Denis à Frépillon.
5° Le quatrième de Saint-Denis à Beaumont.
6° Le cinquième de Saint-Denis à Pontoise.

Les cinq points de départ, ainsi que la description de la ville de Saint-Denis, au lieu d'être réunis en trois forts volumes in-8°, sont divisés, pour la commodité de l'observateur, en six parties séparées, dont cinq de deux cent cinquante pages environ. Celle relative à Saint-Denis, sera de trois cent cinquante à quatre cents pages, à cause de l'abondance des matériaux, et d'un grand nombre de figures, parmi lesquelles se trouveront les dessins de tous les objets qui faisaient la richesse de l'ancien trésor de Saint-Denis, et les portraits des principaux Rois, Princes et Personnages illustres qui ont leurs tombeaux ou cénotaphes dans la basilique, ainsi que les dessins de ces derniers objets.

On y a joint d'abord une simple notice qui facilitera aux visiteurs, la connaissance des personnages à la mémoire desquels les monumens funèbres ont été érigés; et à la fin du volume, une notice assez étendue sur les Rois, Princes et Princesses qui y sont mentionnés, ce qui forme un précis abrégé de l'*Histoire de France*.

Cet ouvrage contiendra également une biographie de tous les hommes morts ou vivans qui ont illustré et habité, ou qui habitent encore les différens endroits que l'observateur doit parcourir : celles de *J.-J. Rousseau, de Bernardin de Saint-Pierre et de Grétry* seront étendues. Il sera aussi orné d'un grand nombre de portraits, vues, *fac-simile*, monumens historiques et de cartes topographiques.

Au nombre des portraits se trouvent ceux de *J.-J. Rousseau, de Mme d'Épinay, de Mme d'Houdetot, de Saint-Lambert, Grimm, Diderot, d'Alembert, Duclos, de Bernardin de Saint-Pierre*, etc.; plus, des vues et paysages de la Suisse et des autres lieux qui ont été habités par *Jean-Jacques Rousseau*, à l'Ermitage, à Genève, à Ermenonville, etc. On y joindra un portrait de *Grétry*, d'après *Isabey*, et celui de l'auteur. Toutes les figures seront dessinées avec soin et gravées par les meilleurs artistes.

La description de chaque commune, fait en outre connaître leur état civil, leur population ancienne et nouvelle, avec tableau statistique, contenant le dénombrement des naissances, mariages et décès, pendant les années 1830, 31, 32, 33, 34; leur industrie commerciale et industrielle; leurs établissemens; les travaux qui ont été exécutés, ou qui ne sont que projetés, relatifs à leur assainissement, aux prises d'eaux, aux chemins de fer, etc. etc., avec une explication étendue qui en fait connaître leur haute importance et leur immense utilité, à laquelle sont joints les plans, dessins, cartes topographiques et géographiques.

DISCOURS PRÉLIMINAIRE.

Avant d'introduire mes lecteurs dans la célèbre vallée de Montmorency, dans ce pays enchanteur qui, de ma riante retraite, se présente à mon aspect avec tous ses charmes, je vais décrire complètement, toutefois en élaguant tout ce qui ne présente aucune utilité, aucun intérêt, les lieux que l'observateur est obligé de traverser, ou qui s'offrent à ses regards curieux et avides de parcourir cette vallée délicieuse, afin de contempler un des plus beaux tableaux de la nature. Là, se livrant aux plus douces inspirations, il se dira à lui-même : « O toi, qui vis sur la terre ! « *homme!* être privilégié entre tous les ani-

« maux qui y existent, preuve incontes-
« table d'un Créateur suprême dont tu es
« le chef-d'œuvre orgueilleux, rends grâce
« à sa toute-puissance qui t'a fait roi de
« l'univers ! Élève tes fiers regards vers la
« voûte immense pour y admirer l'ordre
« et la marche des corps célestes, et abaisse-
« les humblement, en tous lieux, sur la
« terre et les mers, pour y découvrir leurs
« secrets mystérieux et les merveilles d'un
« monde formé pour toi ! Ravi en extase
« sous un dôme de verdure, adore le génie
« suprême qui a doué ton âme immortelle
« de facultés intellectuelles. »

Campagne ravissante, depuis que vous me comptez au nombre de vos admirateurs, de quels délices mes jours ne sont-ils pas embellis ! Vous êtes, après Dieu, mon soutien dans mon infortune et dans les malheurs qui, avec un tel secours n'ont pu m'abattre. Ainsi coule, depuis bien des années une vie remplie d'amers souvenirs !

En projetant d'écrire le résultat de mes

recherches, je n'ai pas la prétention de ne donner que des choses nouvelles.

Cette description *historique, géographique, topographique, statistique, pittoresque et biographique,* ne contient que les pays qui se trouvent dans la vallée, en y comprenant, comme je l'ai dit plus haut, ceux que l'observateur est obligé de traverser ou qu'il aperçoit, seulement depuis la Porte-Saint-Denis jusqu'à Pontoise inclusivement (1).

Mon ouvrage a peu de rapport avec ceux de plusieurs écrivains qui, peut-être, ont mis trop d'acharnement, trop de partialité dans leurs narrations, en affectant d'attirer

---

(1) Suivant l'avis de l'Éditeur, qui se trouve en tête du premier volume des Mémoires que j'ai publiés en 1826, qui précèdent l'instruction générale du fameux procès que j'ai soutenu pendant environ dix ans contre la ville de Liége, et qui devait faire le premier volume de cet ouvrage, le point de départ ne devait être que de l'Ermitage; mais voulant donner plus d'extension à cet *Itinéraire*, je le prends de la porte Saint-Denis à Pontoise. (Voyez l'avis au lecteur qui précède la dix-septième section, pag. 511 des Mémoires.)

l'attention de leurs lecteurs sur les erreurs, les vices et même les crimes des hommes qui ont gouverné les peuples, tant au spirituel qu'au temporel. Mais ces historiens ont gardé le silence sur leurs vertus et leurs hauts faits ; cependant ils savaient bien que la plupart de ces erreurs grossières provenaient de la barbarie des temps.

Fidèle à l'histoire et impartial, tel que doit l'être l'écrivain indépendant, si je suis contraint de rappeler ces erreurs criminelles, c'est avec le plus doux contentement que je publie les brillantes qualités, les vertus héroïques et le grand caractère de ces hommes, morts ou vivans, qui ont habité ou habitent encore les pays que je parcours; de même ceux qui les ont illustrés par de nobles exploits.

Autant qu'il m'est possible, les anciens écrivains sont mes autorités. Je ne réfute qu'avec preuve et avec beaucoup de ménagement les erreurs, volontaires ou non, dans lesquelles sont tombés certains écrivains modernes qui ont traité le même sujet.

Dans mon travail, je cherche à instruire, à intéresser et à être utile : y parviendrai-je? c'est ce que l'avenir prouvera. Heureux si j'acquiers des droits à l'indulgence de mes lecteurs!

PORTE ST. DENIS.

ITINÉRAIRE

HISTORIQUE, GÉOGRAPHIQUE, TOPOGRAPHIQUE, STATISTIQUE,
PITTORESQUE ET BIOGRAPHIQUE

DE

LA VALLÉE DE MONTMORENCY,

DEPUIS PARIS JUSQU'A PONTOISE INCLUSIVEMENT.

PREMIÈRE SECTION.

De la porte Saint-Denis à la barrière.

SOMMAIRE.

Départ de Paris par la porte Saint-Denis.—Description de cette porte.—Du faubourg Saint-Denis.—De la fontaine Saint-Lazare.—De Saint-Lazare.—De la foire Saint-Laurent.—De l'église du même nom.—Notices biographiques.

CHAPITRE PREMIER.

PORTE SAINT-DENIS.

Le premier objet qui s'offre à notre admiration en sortant de Paris, est cet arc-de-triomphe à qui le vulgaire donne si improprement le nom de porte Saint-Denis, puisqu'elle ne se lie à aucune enceinte. Au lieu d'une porte de la ville, c'est un somptueux monument érigé à la gloire de Louis XIV. L'importance et la rapidité des conquêtes de ce grand monarque, en 1672, le passage du Rhin, quantité de villes fortifiées et trois provinces soumises à ses lois dans l'espace de deux mois, engagèrent la ville de Paris à élever ce monument au vainqueur, noble témoignage de sa juste admiration.

Avant Philippe-Auguste, la porte Saint-Denis, de la seconde enceinte de Paris, était placée rue Saint-Denis, aux environs de celle de la Féronnerie.

Sous ce monarque, cette porte, qui s'appelait aussi Porte-aux-Peintres, était alors rue Mauconseil et du Petit-Lion (1), et celle de l'enceinte de Charles V et Charles VI fut reculée dans la rue Saint-Denis jusqu'au coin septentrional de la rue des Deux-Portes, maintenant rue Neuve-Saint-Denis.

Le 22 mars 1594, Langlois, échevin, fut chargé d'ouvrir cette porte aux troupes de Henri IV; elle le fut au sieur de Vitry, qui occupa les remparts

---

(1) Cette porte de l'enceinte de Philippe-Auguste fut effectivement bâtie vers l'an 1200, vis-à-vis l'impasse, nommé alors cul-de-sac de la Porte-aux-Peintres, et démolie en 1535.

avec ses détachemens, et braqua les canons contre la ville.

Enfin, celle que nous admirons aujourd'hui fut construite sous Louis XIV, en 1672. Cet arc-de-triomphe, élevé sur les dessins de François Blondel (1), porte soixante-douze pieds de largeur sur une hauteur précisément égale. Cette largeur est divisée en trois parties de vingt-quatre pieds chacune; une partie est assignée à l'ouverture de l'arc, et les deux autres à ses pieds droits, qui, du côté de la ville, sont décorés de grandes pyramides, de bas-reliefs posés sur des piédestaux, et qui s'élèvent jusqu'au-dessous de l'entablement. Ces pyramides sont chargées de trophées d'armes, ajustés de la manière la plus heureuse et d'une exécution qui ne le cède pas à celle de la colonne Trajane.

D'un côté l'on voit la figure colossale de la Hollande, et de l'autre celle du Rhin; elles sont assises au pied des pyramides. Ces deux figures, d'une grande beauté, ont été sculptées sur les dessins de Lebrun. Le bas-relief qui est au-dessus de l'arc représente le passage du Rhin à Tholuys; on y voit Louis XIV à cheval, vêtu en guerrier grec, et on le reconnaît sans peine à sa volumineuse perruque.

---

(1) Voyez sa notice biographique à la fin de cette première section.

Dans la frise, on lit cette inscription dédicatoire :

LUDOVICO MAGNO.

Du côté du faubourg on ne voit aucune figure humaine; les pyramides posent sur des lions qui sont couchés, et le bas-relief, au-dessus de l'arc, représente la ville de Maestricht.

Les tympans triangulaires de l'arc, tant à la face du faubourg qu'à celle de la ville, sont occupés par des renommées.

Blondel a été puissamment secondé par Michel et François Anguier (1). Ces deux frères ont exécutés les sculptures de ce majestueux monument avec un talent supérieur.

Girardon (2) avait déjà commencé ces ouvrages; il avait même achevé les rosaces du grand archivolte, mais, appelé à Versailles, pour d'autres travaux, il ne put continuer.

Ce monument est admirable; il règne une harmonie parfaite dans toutes ses parties.

On a critiqué, peut-être avec raison, les pyramides ou obélisques qui sont engagés dans le nu des pieds droits. En effet, ces obélisques,

---

(1) Voyez leurs Notices biographiques à la fin de cette première section.

(2) Voyez sa Notice biographique, *ibid.*

étant consacrés aux sépultures, me paraissent étrangers à un arc-de-triomphe. Ils produisent un sentiment pénible ; ils font rappeler une vérité bien frappante : *Qu'on n'achète le triomphe que par la destruction et la mort.* Je ne crois pas que l'architecte ait eu cette idée.

Les petits passages pratiqués dans les piédestaux et qui n'ont que six pieds huit pouces de hauteur, ne sont pas heureusement placés. L'architecte en jugeait ainsi, et s'opposa même à cette addition ; mais il fut contraint de céder à l'autorité.

On voyait avec peine que l'entretien de ce beau monument était entièrement négligé, et que la partie supérieure était réduite à un tel état de dégradation qu'il aurait amené sa ruine totale.

Le vandalisme révolutionnaire en avait fait disparaître les inscriptions que voici (1) :

Du côté de la ville à droite, sous la figure du Rhin :

QUOD DIEBUS, VIX SEXAGINTA
RHENUM WAHALIM, MOSAM ISALAM SUPERAVIT
SUBEGIT PROVINCIAS TRES ;
CEPIT URBES MUNITAS QUADRAGINTA.

(1) Ces inscriptions sont de Blondel, qui était aussi bon littérateur qu'architecte et mathématicien.

A gauche, sous la figure de la Hollande :

EMENDATA MALE MEMORI BATAVORUM GENTE (1)
PRÆFECTUS ET ÆDILES PONI CC.
ANNO DOMINI MDCLXXII.

Du côté du faubourg, à droite :

PRÆFECTUS ET ÆDILES PONI CC.
ANNO DOMINI MDCLXXII.

A gauche :

QUOD TRAJECTUM AD MOSAM
XIII DIEBUS CEPIT.

Tout a été rétabli, en 1807, par les ordres du gouvernement, sous la conduite de Cellerier, architecte, qui y a apporté une intelligence et des soins dignes d'éloges.

On a eu la précaution de raccorder les parties neuves avec les parties anciennes, ce qui fait disparaître les traces de cette réparation (2).

(1) On a supprimé cette première ligne.
(2) Bonaparte, après une longue campagne, vint visiter les différens travaux qui s'exécutaient dans Paris. En passant par le boulevard, il vit l'arc-de-triomphe et ces mots : Ludovico Magno, tout récemment dorés, excitèrent sa mauvaise humeur : l'orgueil d'un mort blessait celui d'un vivant. Le ministre de l'intérieur,

CHAPITRE II.

FAUBOURG SAINT-DENIS.

Le faubourg Saint-Denis.— La fontaine Saint-Lazare.— Saint-Lazare.— L'église Saint-Laurent.— La foire de ce nom.

§ Ier.— LE FAUBOURG SAINT-DENIS.

ART. 1er.— Son origine.

Après avoir contemplé dans toutes ses parties l'arc-de-triomphe que je viens de décrire, le faubourg Saint-Denis, qui s'étend jusqu'à la barrière, offre plusieurs objets dignes de fixer un moment l'attention de l'observateur.

Ce faubourg, autrefois, ne portait le nom de Saint-Denis que jusqu'au n° 117, où est Saint-Lazare; là, il prenait celui de Saint-Lazare jusqu'à la barrière, et encore celui de Gloire, on ne sait trop pourquoi; on présume qu'il lui venait d'un terrain de ce nom qui y était situé.

qui accompagnait le vainqueur dans sa tournée, fut vivement relancé, et, rentré chez lui, relança à son tour l'architecte, qui s'excusa en disant qu'il avait doré cette inscription d'après les ordres de M. Cretet, son prédécesseur. Enfin, l'on ne savait si l'on devait laisser subsister l'inscription ou l'enlever; on prit un parti moyen, on la bronza : elle devint peu apparente. (Voyez *Mémoires de* M. Lombard, de Langres.)

Art. 2. — Combat qui s'y est donné.

En 1652, le 1ᵉʳ juillet, le maréchal de Turenne se présenta au faubourg Saint-Denis, avec une intrépidité sans exemple, pour attaquer la cavalerie de l'arrière-garde du prince de Condé.

Condé s'était flatté qu'en prenant le chemin le plus court, mais aussi le plus périlleux, et qu'en faisant un peu de diligence il gagnerait Charenton avant que Turenne, placé vers Saint-Denis, pût l'attaquer. Dans cette espérance, la nuit du 1ᵉʳ au 2, il passe le pont de Saint-Cloud en silence, marche avec une célérité que, ni les détours, ni l'embarras des bagages ne ralentissent. Son avant-garde touchait presqu'au but, lorsque Turenne, à la tête de sa cavalerie, fond sur l'arrière-garde qui était encore vers le faubourg Saint-Denis. Le prince vole à son secours; là, un combat très-vif s'engage. Il réunit son armée à la tête du faubourg Saint-Antoine, derrière de mauvaises barricades que les Lorrains avaient laissées. Alors commença un combat fameux dont l'issue devint funeste à l'un et à l'autre parti.

§ II. — LA FONTAINE SAINT-LAZARE.

Au n° 114, vis-à-vis Saint-Lazare, il existe une fontaine dont les eaux arrivent du Pré-Saint-Gervais.

Les eaux de l'aqueduc Saint-Gervais proviennent des hauteurs de Romainville et de Ménilmontant, et se rendent à un réservoir commun situé dans le village du Pré-Saint-Gervais, d'où elles arrivent par des tuyaux de plomb à la fontaine Saint-Lazare, et à d'autres fontaines de Paris. Ces eaux, à ce que l'on présume, alimentaient la fontaine Saint-Lazare, dès le règne de Philippe-Auguste; mais elle l'est maintenant par le canal Saint-Martin.

C'est cette fontaine qui fournit l'eau au vaste établissement de Saint-Lazare; mais elle ne suffit pas. Il serait très-urgent que cette maison pût obtenir une prise d'eau sous la conduite principale qui passe dans le terrain de la Foire-Saint-Laurent.

§ III. — SAINT-LAZARE.

Art. 1er. — Son origine.

Je m'arrête à Saint-Lazare, qui maintenant sert à détenir les femmes condamnées.

Il n'est pas facile de connaître l'état primitif de cette maison, ni l'origine de la léproserie qu'on y avait établie. Les titres originaux qui pouvaient donner à cet égard des renseignemens certains, ont été perdus dans la guerre des Anglais. Cependant l'on sait que, du temps de ces ravages, cette léproserie était occupée par des chanoines réguliers, qui supplièrent Charles VI de leur conserver leurs droits ; ce qu'il leur accorda par lettres-patentes le 1er mai 1404 : cela fit croire que cet établissement était un prieuré.

En montant à des temps plus reculés, il paraîtrait, d'après Grégoire de Tours, qu'il existait une abbaye et une église de Saint-Laurent dans ce faubourg (1).

Il raconte que du temps de Clotaire, Domnole, évêque du Mans, avait été abbé d'un monastère proche l'église Saint-Laurent, dans le faubourg Saint-Denis, et qu'en la huitième année du règne de Childebert II, la Seine et la Marne se débordaient tellement, que souvent on faisait naufrage à Paris, entre la ville et l'église Saint-Laurent, notamment en 583 (2). Il y avait donc à cette époque une abbaye et une église Saint-

---

(1) Grégor., *Jus. hist.*, lib. vi, c. 9 et 25.

(2) Malgré tout le respect que j'ai pour les anciens historiens, ce fait paraît douteux, quand on sait qu'Amien-Marcellin, auteur estimé du quatrième siècle, a dit et écrit « que la Seine et la Marne coulent de côté et « d'autre de la ville de Paris, et qu'elles se rejoignent à « une lieue au-dessous ; » et que d'autres ont dit : « que « du temps de l'empereur Julien, qui résidait à Paris « dans le quatrième siècle, la Seine ne débordait jamais. »

Laurent; mais le temps et les circonstances de leurs fondations, ainsi que leur position précise sont ignorées (1).

Louis VI accorda à la léproserie le droit de foire, qui fut confirmé par Louis VII. Ce fut Alix, sa femme, qui fit bâtir cet hôpital (2).

En 1174, avant de partir pour la croisade, en revenant de Saint-Denis, où il était allé prendre l'oriflamme, ce monarque visita cette léproserie, qui n'était qu'un assemblage de baraques, et y passa quelques instans (3), action très-louable qui était imitée par nos princes et princesses.

On prétend que du temps de Philippe-Auguste, la léproserie de Paris fut jointe à ce monastère, et qu'alors on lui donna, ainsi qu'à l'église, le nom de Saint-Lazare, au lieu de celui de Saint-Laurent. On ajoute que dans l'endroit où était le cimetière, on y bâtit une chapelle sous l'invocation du dernier, et que les religieux de Saint-Lazare étaient obligés de donner un déjeûner à l'évêque de Paris (4) et aux cha-

(1) Sauval, liv. III, p. 198.
(2) Sauval, t. 1, p. 14.
(3) *Recherches des Hist. de France,* t. III, p. 93.
(4) En 1662, le 13 novembre, l'évêché de Paris fut érigé en archevêché; l'archevêque jouissait de 200,000 livres de rente.

noines qui venaient y chanter l'office divin.

Philippe, en 1183, acheta des administrateurs de la léproserie la foire qu'ils possédaient, et qu'il transféra aux halles de Paris, dans le territoire dit de Champeaux. Par l'acte d'acquisition, ce roi accorda à la léproserie une pension annuelle qui fut réglée d'après le revenu de la foire, qu'il acheta pour augmenter son fisc, et moyennant un jour de foire seulement dans le local Saint-Laurent. On verra dans la suite combien cette foire reçut d'extension.

Il existait dans Saint-Lazare un bâtiment appelé le Logis-du-Roi. Lorsque les rois et les reines faisaient leur entrée solennelle à Paris, ils s'y rendaient pour y recevoir le serment de fidélité des habitans et de tous les ordres de la ville.

C'était là aussi qu'on déposait les corps des souverains avant de les porter à Saint-Denis pour y être inhumés. Vingt-quatre porteurs de sel avaient seuls le droit de porter le corps à Saint-Denis. On les nommait *Hanouards* ; ils avaient jadis le privilége de saler et faire bouillir les rois morts. On les coupait par pièces qu'on salait après les avoir fait bouillir dans l'eau ; cette eau était jetée dévotement dans le cimetière, et on mettait les os, avec la chair bien épicée, dans un coffre de plomb. Les porteurs de sel étaient chargés de cette barbare et grossière opération (1).

Au commencement du quinzième siècle, on voyait sur la façade de l'église de Saint-Ladre (2) une statue de la Sainte-Vierge. Le 15 août 1409, elle fut entièrement brisée par le tonnerre. Voici comment le Journal de Paris de cette époque s'exprime à ce sujet : « L'an 1409, le jour de la « mi-aoust, sous le règne de Charles VI, fit tel « tonnoyre, entre cinq ou six heures du matin, « que une image de Nostre-Dame, qui estoit sous « le moustier de Saint-Ladre, de forte pierre et « toute neuve, fut du tonnoyre tempestée et rom- « pue par le milieu, et portée bien loin. »

Jusqu'au commencement du dix-septième siècle les personnes atteintes de la lèpre ont été reçues à l'hôpital Saint-Lazare.

Un tiers du revenu de cette maison était affecté à la subsistance de ces malheureux, en vertu d'un arrêt du 9 février 1566.

Cette maladie de la lèpre ayant cessé, ou peut-

---

(1) Henri V, roi d'Angleterre, et prétendu roi de France, étant mort à Vincennes au mois d'août 1422, son corps fut mis en pièces et bouilli dans un chaudron de cette manière. (J. Juvénal des Ursins.) Les corps de Charles VII et de Henri IV furent portés par les Hanouards.

(2) Tel était autrefois le nom de cette église.

être changé de nom, et les guerres de religion étant survenues, cet hôpital se ressentit du dérangement qu'elles causèrent dans tous les ordres de l'État. De ce moment un désordre affreux, tant pour le spirituel que pour le temporel, était au comble dans cette maison, asile du malheur, et qui naguère était consacrée au soulagement de l'humanité souffrante; mais lorsque la tranquillité le permit, on s'empressa de rétablir l'ordre dans les maisons religieuses : c'est alors que l'on résolut de donner au plus bienfaisant des mortels, au respectable Vincent de Paule et à la congrégation qu'il institua en 1625, le gouvernement général de la maison et de l'hôpital Saint-Lazare, dont Adrien Lebon, chanoine régulier de Saint-Augustin, était alors prieur.

Le concordat entre ce dernier et Vincent de Paule fut signé le 16 janvier 1632.

A peine Vincent de Paule et ses enfans-trouvés, dont il fut vraiment le père, furent-ils en possession de cette maison, que tout y prit un nouvel aspect.

Non-seulement il se chargea des religieux de la maison, mais encore de quelques personnes aliénées ou qui manquaient de conduite, que les parens avaient confiées à M. Lebon. Cet usage, qui n'a cessé qu'à la révolution, était très-utile pour les familles, et même pour les personnes qui, incarcérées, revenaient souvent de leurs erreurs.

En 1681 et 1683, cette maison, qui tombait en ruine, fut réparée en attendant la construction d'une plus grande, convenable à ce vaste établissement de bienfaisance.

La plupart des solides et grands bâtimens qui composent cette maison ont été élevés par Edme Joly, trésorier-général de la congrégation ; mais le grand corps qui donne du côté de la ville est bien plus ancien.

En 1719 et 1720 les prêtres de la Mission firent construire très-solidement une longue suite de maisons.

Enfin, en 1823 et depuis, le gouvernement fit encore élever de nouvelles constructions, qui consistent en une chapelle (1), en bâtimens sur la rue et dans l'intérieur pour y établir une boulangerie et autres objets d'utilité.

Revenons à saint Vincent de Paule. Cet illustre bienfaiteur continua à recevoir dans cet asile de la Providence une si grande quantité d'infortunés, qu'on comptait plus de vingt mille personnes qu'il y fit entrer depuis 1635 jusqu'en 1660.

---

(1) Rien n'a été fait dans l'intérieur de cette chapelle qui, n'ayant pas été consacrée, sert de garde-meuble pour la maison.

Après avoir consacré sa pieuse et respectable carrière à soulager les victimes des misères humaines, saint Vincent de Paule y exhala lui-même le dernier soupir. Son corps fut inhumé dans le chœur de l'église de Saint-Lazare, au pied du maître-autel. On y voyait, avant 1789, sa tombe en marbre sur laquelle on lisait :

ICI REPOSE

LE VÉNÉRABLE VINCENT DE PAULE,

PRÊTRE, FONDATEUR OU INSTITUTEUR,

ET SUPÉRIEUR-GÉNÉRAL

DE LA CONGRÉGATION

DE LA MISSION ET DES FILLES DE LA CHARITÉ.

IL MOURUT

LE XXVII SEPTEMBRE MDCLX,

DANS LA QUATRE-VINGT-CINQUIÈME ANNÉE

DE SON AGE (1).

Après les décrets d'usage sur les vertus de saint Vincent de Paule, du 22 septembre 1727, et du 14 juillet 1729, où le cardinal de Polignac fut rapporteur, le pape Benoît XIII rendit un bref pour sa béatification.

Ensuite, les reliques du bienheureux saint

---

(1) Voyez sa notice biographique à la fin de cette première section.

Vincent furent exhumées du tombeau de la chapelle Saint-Lazare pour être placées dans une chasse par Charles-Gaspard de Vintimille de Lucques, comte de Marseille, archevêque de Paris (1).

Béatifié, comme on vient de le voir, et mis au nombre des saints par Clément XIII, le 16 juin 1737, ses reliques reposaient paisiblement dans la chapelle Saint-Lazare, lorsqu'en 1792, époque funeste de la révolution, à la suite du décret de l'assemblée législative, qui supprima tous les corps religieux, le pillage et l'incendie de Saint-Lazare furent déterminés par une bande de brigands.

Art. 2.—Pillage Saint-Lazare.

A peine le décret dont je viens de parler est-il rendu et l'horrible motion arrêtée, qu'une bande de furieux, armés de tout ce qu'ils pouvaient trouver dans les bureaux des barrières, arrivent sans bruit à trois heures du matin. Au signal donné, les portes, qui ne résistèrent pas longtemps, sont enfoncées : ils se précipitent comme un torrent dans la cour de la communauté, en criant d'une voix terrible : *Du pain! du pain!* Abandonnant à ces furieux tout ce qu'ils possé-

---

(1) J'ai tiré toutes ces notions de l'*Abrégé de la Vie de saint Vincent de Paule*, par M. de Naylies.

daient, les religieux fuient sans savoir où. Cependant à ces cris : *Du pain! du pain!* l'ordre est donné de dresser des tables dans la cuisine et de les couvrir de pain, de viande et de vin à discrétion, et les frères de s'empresser de servir ces hôtes odieux. Leur faim assouvie, ils demandent des armes ; les religieux répondent qu'il n'y en a point dans la maison. — Eh bien! de l'argent. On leur répond avec calme : — Messieurs, vous allez être satisfaits. On leur distribue six cents livres ; ils trouvent la somme trop modique. On ajoute aussitôt huit cents livres. Ces distributions faites, les chefs de ces brigands envoient leurs subordonnés parcourir la maison pour prendre connaissance des lieux, et diriger l'attaque. Le signal se donne à six heures. Aussitôt ils courent aux appartemens les plus riches, qui renferment les objets les plus précieux, au secrétariat-général, et partout brisent les reliquaires, enfoncent les coffres-forts, pillent l'or, l'argent et tout ce qu'ils trouvent, et pour lesquels ils se battent ; enfin tout est saccagé..... Le hasard suspend un moment ces atrocités. Saisis d'épouvante à la vue d'un détachement de gardes françaises qui passent devant Saint-Lazare, et les croyant commandées contre eux, ils fuient ; mais bientôt, ces misérables s'apercevant que les gardes françaises refusent leurs secours, en alléguant que la police ne les regardait pas, transportés de joie, ils rappellent leurs complices : leur fureur redouble, et le pillage continue! Enfin, midi était l'heure où ces monstres devaient saccager la chapelle et profaner les choses saintes; ils s'y transportent, puis, ajoutant la dérision au sacrilége, un d'entre eux s'affuble des habits sacerdotaux : on lui met le ciboire dans les mains, tous marchent processionnellement à sa suite, tenant des cierges allumés; ils sortent et obligent les passans à s'agenouiller, craignant, disaient-ils, d'être accusés d'irréligion. Mais ces brigands furent bientôt punis de leurs forfaits, en vidant les caves et en buvant toutes les liqueurs qu'ils trouvèrent même dans la pharmacie ; ils portaient leur punition dans leur sein; l'excès du vin même tint lieu de poison : on en trouva un très-grand nombre ivres-morts dans les caves. Enfin la maison de Saint-Lazare était encombrée de leurs cadavres.

Un de leurs chefs se souvient qu'on avait oublié le pillage de l'église, échappée comme par miracle à leur profanation ; il rappelle ses forcenés et les invite à ce nouveau forfait. Ils courent aux portes qu'ils trouvent fermées; ils les enfoncent, ils entrent : que voient-ils? Un homme seul, un prêtre nommé Pioret. — Où allez-vous, impies? leur dit-il d'une voix ferme et imposante.

— Le trésor de l'église! le trésor de l'église! s'écrient-ils d'une voix menaçante. Pioret, tranquille et calme, les regarde, et, ce qui étonne, s'en fait écouter; il leur représente l'horreur de ce forfait, les intimide, et parvient à toucher ceux qui l'entendent; mais la foule s'accroît, les survenans allaient se précipiter sur l'orateur... « Frap-
« pez, dit-il en leur présentant un couteau, frap-
« pez; et puisque vous voulez vous souiller d'un
« forfait impie, percez-moi le cœur avant que de
« toucher à ce dépôt sacré. » Et ces monstres, interdits et déconcertés, de se retirer saisis de terreur.

Une dernière délibération de ces furieux décide qu'il faut détruire et incendier la maison, et soudain ils mettent le feu aux écuries. Déjà la flamme en s'élevant répand la consternation dans les maisons voisines : les pompiers arrivent ; mais ils sont assaillis et forcés de se retirer tout consternés. Heureusement, trois ou quatre cents gardes françaises, mieux instruits que ceux dont j'ai parlé, sans égard à leur consigne, font quelques décharges de fusils qui purgent le terrain de ces brigands, et assurent le travail des pompiers qui coupent les bâtimens voisins et empêchent le progrès des flammes.

Grâce au zèle, au dévoûment du prêtre Pioret et d'un de ses amis, qui avait un emploi dans la république, les reliques de saint Vincent de Paule furent préservées d'une horrible profanation. « D'ailleurs, ainsi que le dit M. de Naylies, ce « n'était pas aux ossemens du pauvre prêtre qui « avait tout donné pendant sa vie, et qui n'avait « emporté qu'un linceul, que les révolutionnaires « en voulaient. Les sceptres et les couronnes de « Saint-Denis, bien plutôt que la haine de la « royauté, ont produit l'horrible profanation « des tombeaux. »

A cette époque, les restes vénérés de saint Vincent furent confiés à M. Clairet, notaire de Saint-Lazare, qui les conserva respectueusement pendant la longue crise révolutionnaire.

Art. 3.— Translation solennelle des reliques de saint Vincent de Paule à la chapelle des Lazaristes, rue de Sèvres.

En 1800, la dépouille sacrée de saint Vincent avait été confiée à la communauté des Filles de la Charité, qui est aujourd'hui rue du Bac, n°s 130 et 132; elles la conservèrent religieusement depuis ce temps jusqu'au 10 mars 1830, époque où le mandement de M. de Quélen, archevêque de Paris, en ordonna la translation solennelle au nouveau Saint-Lazare, rue de Sèvres, n° 95. De la communauté des Filles de la Charité, les précieuses reliques furent transportées à l'archevêché de Paris. Ce fut le 6 avril de cette année 1830, que là on procéda à l'ouverture de la modeste châsse du saint prêtre. Une députation de Lazaristes et des Filles de la Charité, plusieurs personnages très distingués, et la veuve de M. Clairet, conservateur du saint tombeau, assistèrent à cette pieuse et touchante cérémonie. Après un rapport fait par M. Mathieu, chanoine de la métropole de Paris, et la lecture des procès-verbaux par M. Fresvaux, chanoine-secrétaire, l'archevêque ayant pris l'avis de son chapitre, a canoniquement constaté l'authenticité du corps de saint Vincent de Paule. Le prélat ayant rompu le sceau de l'archevêché et celui de Saint-Lazare, on procéda de suite à l'ouverture de la châsse en bois dans laquelle il était renfermé depuis la révolution. La vue des saintes reliques imposa à tous les assistans un respectueux silence, qui bientôt fut interrompu par le murmure d'une allégresse universelle. On trouva dans la châsse de bois un acte sur parchemin concernant l'ancienne cérémonie qui confirme encore l'authenticité de la relique.

Dans son mandement du 10 mars, le prélat avait ordonné que la solennelle translation du corps de saint Vincent de Paule, de l'église métropolitaine à la chapelle des prêtres Lazaristes, rue de Sèvres, aurait lieu le 25 avril 1830 (dimanche du bon Pasteur, qui est le second après Pâques). Par ce mandement, il en avait réglé toutes les cérémonies, et il en avait appelé à la libéralité de la cour et à celle de tous les fidèles de son diocèse, pour parvenir à acquitter le prix de la châsse d'argent dans laquelle sont maintenant les précieuses et saintes reliques. Tous s'empressèrent de répondre à son attente. Le roi et la cour lui firent remettre des sommes considérables.

Cette intéressante et pieuse cérémonie fut célébrée le jour indiqué par le mandement : les restes sacrés du saint homme furent portés processionnellement avec une pompe vraiment majestueuse.

Art. 4.—Description de la châsse de saint Vincent de Paule.

Cette châsse a été offerte à la congrégation de la mission comme un hommage du diocèse et un gage de sa dévotion envers saint Vincent de Paule.

Sortie des ateliers de M. Odiot fils, elle fut remarquée à l'exposition de l'industrie française de l'année 1829. Elle est exécutée, en argent, dans la proportion de sept pieds sur deux et demi de profondeur; sa forme est d'un carré long, terminé en ceintre par le haut, enrichie de rinceaux d'ornemens, et couronnée par un groupe composé d'une statue principale de trois pieds et demi, où l'on voit saint Vincent de Paule dans la gloire, et de quatre figures de deux pieds et demi, représentant des anges portant des emblêmes de la Religion, de la Foi, de l'Espérance et de la Charité.

Des deux côtés sont portées sur deux socles deux figures d'orphelins, dont le regard est tourné vers l'intérieur de la châsse, et qui semblent invoquer leur bienfaiteur.

L'intérieur de la châsse est garni d'une tenture de velours violet, orné de broderies en or et de coussins pareils, avec garniture et glands d'or, sur lesquels repose le corps du saint, revêtu, comme pendant sa vie, de la soutane, du surplis et de l'étole. On lit sur la châsse :

CORPUS

SANCTI VINCENTI

A PAULO.

Ainsi fut honorée la dépouille sacrée de l'illustre bienfaiteur de l'humanité, qui a réduit au silence ses implacables ennemis. L'impiété s'est abaissée aux pieds de ses images, et l'orgueilleuse philosophie elle-même s'est prosternée devant ce prêtre, auquel elle se vit forcée d'élever des statues, après avoir détruit tous ses utiles établissemens.

Art. 5. — Suite de Saint-Lazare.

Aujourd'hui cette ancienne léproserie est uniquement destinée à renfermer les femmes prévenues, les condamnées et les filles publiques.

D'après les renseignemens que je viens de prendre en mars 1833, il existe dans cette maison de réclusion quatre cents des premières, et six cents des dernières. On les y occupe à la couture, à la broderie et à la filature de laine et de coton, etc.

Il y a de ces femmes condamnées ou publiques qui sont sincèrement repentantes, alors elles obtiennent la faveur d'être chefs d'atelier ; leur repentir, et souvent même leur éducation les font éloigner des mauvaises filles, espèces de furies dont elles ne partagent ni les emportemens, ni les désirs impies. Elles s'appliquent enfin à faire oublier la cause de leur détention.

§ IV. — L'ÉGLISE SAINT-LAURENT.

Cette église, que l'on aperçoit sur la droite au bout de la rue de la Fidélité, était autrefois une basilique, ainsi que je l'ai déjà dit d'après Grégoire de Tours, dont saint Domnole, qui fut évêque du Mans en 543, avait été abbé.

Ceci prouve bien son antiquité ; mais on ignore

par qui et à quelle époque elle fut édifiée, ainsi que sa véritable position.

Il paraît, d'après Jaillot (1), que vers la fin du dix-septième siècle, en creusant la terre entre l'église et le cimetière, on découvrit des tombeaux antiques de pierre et de plâtre renfermant des cadavres vêtus d'habits noirs semblables à ceux des moines, mais que ces corps et leurs vêtemens tombèrent en poussière dès qu'on les exposa au grand air. Cette découverte ne prouve pas que cette église ait été située dans le même endroit où nous la voyons aujourd'hui. On jugea alors que ces tombeaux avaient environ neuf cents ans.

Ainsi que le monastère, cette église fut pillée et dévastée par les Normands; c'est pourquoi il n'en est pas fait mention jusqu'au douzième siècle.

Sous Philippe-Auguste, en 1280, elle fut érigée en paroisse.

En 1429, elle fut rebâtie et dédiée, par Jacques de Chastelier, évêque de Paris, à la place d'un oratoire qui devait exister.

On l'augmenta en 1548; mais elle fut encore presqu'entièrement rebâtie en 1595, au moyen des charités et aumônes des bourgeois de Paris. Le portail ne fut élevé qu'en 1622.

(1) Quartier Saint-Martin-des-Champs, p. 20 *ibid.*, *Recueil des historiens français*, t. x, p. 271; A. Piganiol de la Force.

Avant la révolution, cette église était enrichie de statues et de tableaux dont on trouve la description dans Hurtaut (1); maintenant elle est parfaitement restaurée.

On y remarque un tableau de grande dimension représentant le martyre de saint Laurent, donné par la ville de Paris en 1817. Ce tableau n'est pas d'un premier mérite.

On y voit aussi, dans une chapelle à gauche en entrant, une Descente de Croix dont les figures, qui sont en plâtre, sont à peu près de grandeur naturelle. Le sculpteur du modèle m'est inconnu (2).

§ V.— LA FOIRE SAINT-LAURENT.

J'ai parlé plus haut de l'extension que prendrait plus tard la foire Saint-Laurent, on va le voir.

L'origine de cette foire est peu connue. Très anciennement elle se tenait entre Paris et le Bourget, dans un terrain qui pouvait contenir trente-six arpens et qu'on nommait le *Champ-Laurent*; plus tard elle fut rapprochée de l'église et du faubourg.

Elle était alors couverte d'échoppes faites à la hâte et dans une grande rue très large, bordée de maisons. Saint-Lazare jouissait depuis des siècles des droits appartenans aux propriétaires des

---

(1) *Dict. hist. de la ville de Paris*, t. III.
(2) Elle provient de Saint-Germain-des-Prés.

foires, en qualité de hauts-justiciers, de seigneurs et de voyers. C'est en vain qu'on cherchait à leur disputer ces droits; toutes les sentences rendues à ce sujet, dès l'an 1360, étaient en leur faveur.

C'est surtout en 1661 que les Prêtres de la Mission obtinrent des lettres-patentes qui les confirmèrent dans la possession de cette foire, et de tous les droits et priviléges qui y étaient attachés. Alors ils consacrèrent à cet objet cinq arpens de terre qu'ils firent enclore de murs : ils y construisirent des boutiques, des salles de spectacles, etc. ; ils y firent percer des rues bordées d'arbres. Cette foire qui durait trois mois, ouvrait le 1er juillet et se fermait le 30 septembre.

François Colletet, né à Paris en 1628, connu par le ridicule dont Boileau le couvrit dans ses Satires, fit, en 1666, une description en vers burlesques de cette foire.

Après avoir parlé de celle de Saint-Germain, voici comment il fit l'éloge de la première (1) :

>Celle-ci pourtant a sa grace;
>Elle est dans une belle place,
>Et ses bâtimens bien rangés
>Sont également partagés.
>Le Temps qui nous l'a destinée
>Est le plus beau temps de l'année.

(1) *La Ville de Paris*, en vers burlesques, deuxième partie, page 12.

Les agrémens que les Prêtres de la Mission répandaient sur cette foire pour y attirer les marchands et la multitude, n'empêchèrent pas qu'elle ne fut fermée en 1775 jusqu'au 17 août 1778. Ces ecclésiastiques ayant redoublé de soins pour stimuler le public à s'y rendre, il vit avec plaisir tous les changemens qu'on y avait faits. Néanmoins, soit à cause de son éloignement du centre de la ville, soit pour d'autres causes ignorées, cette foire, dont la durée était une époque de scandale, fut abandonnée en 1789.

Depuis cette époque, on ne voyait sur ce vaste emplacement que des ruines, des démolitions et des masures abandonnées. Cet emplacement présentait aux capitalistes, qui s'occupent de constructions, une spéculation facile. On assure qu'une compagnie, offrant les garanties désirables, va se mettre incessamment en instance auprès du gouvernement pour la réalisation d'un projet qu'elle a conçu, celui d'élever une vaste et magnifique caserne destinée à remplacer plusieurs des bâtimens militaires de la capitale qui sont devenus ou trop vieux ou de dimension trop exiguë. Au moment où j'écris, on démolit toutes les vieilles constructions.

NOTICES BIOGRAPHIQUES.

FRANÇOIS BLONDEL.

BLONDEL (François), professeur royal de mathématiques et d'architecture, membre de l'Académie des sciences, directeur de celle d'architecture, maréchal-de-camp et conseiller-d'état, mourut à Paris, le 22 janvier 1686 (1) à l'âge de soixante-huit ans. La connaissance qu'il avait acquise de l'intérêt des princes, le fit employer dans quelques négociations.

On a de lui plusieurs ouvrages qui ont été fort utiles sur l'architecture et les mathématiques, tels que, *Notes sur l'architecture de Savot; l'Art de jeter les bombes*, 1690, in-12; *Résolution des quatre principaux problèmes d'architecture au Louvre*, 1673, in-fol.; *Manière de fortifier les places*, 1683, in-4°.

Louis XIV ne voulut pas que cet ouvrage fut mis au jour, avant que les fortifications, faites à plusieurs places, selon cette méthode, ne fussent achevées.

Non seulement la porte Saint-Denis, mais aussi celle Saint-Antoine, ont été élevées sur ses dessins.

Blondel était aussi bon littérateur que bon mathématicien : on connaît sa *Comparaison de Pindare et d'Horace*.

(1) Non en 1668, comme le dit le *Dictionnaire historique*, par. L.-M. Chaudon et F.-A. Delandin, Lyon, an XII (1804).

FRANÇOIS ET MICHEL ANGUIER (FRÈRES).

ANGUIER (François), sculpteur, fils d'un menuisier de la ville d'Eu en Normandie, naquit en 1604; il étudia la sculpture à Paris, et ensuite en Angleterre où il fit plusieurs ouvrages, et enfin à Rome, pour perfectionner ses études.

On a de lui, à Paris, l'*autel du Val-de-Grâce; la crèche; le crucifix de l'autel de la Sorbonne* (1); *le mausolée du cardinal de Bérulle* (2); *les quatre figures du tombeau du duc de Longueville et la statue de la Providence du même tombeau* (3). A Moulins, *le mausolée du duc de Montmorency*, décapité à Toulouse (4). (C'est son chef-d'œuvre).

Il mourut à Paris, en 1699, âgé de quatre-vingt-quinze ans.

ANGUIER (Michel), sculpteur comme son frère, naquit de même à Eu, en 1612, et perfectionna ses études à Rome, où il resta dix ans. A son retour, il fit *le modèle de la statue de Louis XIII,* qui fut jetée en bronze à Narbonne. Ces deux morceaux se voyaient à Saint-Roch avec *le tombeau du commandeur de Souvré,* Il décora l'appartement de la reine Anne d'Autriche au Louvre, et fit plusieurs ouvrages pour le surintendant Fouquet. Son plus beau morceau fut le *groupe de la Nativité,* qui était placé sur le principal autel du Val-

---

(1) Ils sont maintenant à Saint-Roch.
(2) Il a été détruit; il ne reste qu'un buste avec les mains qui se voit aux Carmélites, rue Saint-Jacques, sauvé par les soins de M. Lenoir.
(3) Elles sont au Louvre dans la salle d'Angoulême.
(4) Il y est resté.

de-Grâce (1), et *seize figures* qui décoraient l'intérieur de l'église (2). Enfin, on estime encore le *crucifix de la chapelle du Calvaire à Saint-Roch* de Paris. Il mit le sceau à sa réputation par les *statues et* les *bas-reliefs* de la porte Saint-Denis.

Il mourut à Paris, à soixante-quatorze ans.

Les deux frères furent inhumés dans l'église Saint-Roch.

Voici les vers que l'on disposa sur leur tombeau :

> Dans sa concavité, ce modeste tombeau
> Tient les os renfermés de l'un et l'autre frère;
> Il leur était aisé d'en avoir un plus beau,
> Si de leurs propres mains ils l'eussent voulu faire.
> Mais il importe peu de loger noblement,
> Et qu'après le trépas un corps laisse de reste,
> Pourvu que, de ce corps quittant le logement,
> L'âme trouve le sien dans le séjour céleste.

FRANÇOIS DE GIRARDON.

GIRARDON (François), sculpteur et architecte, né à Troyes en Champagne, eut pour maître Laurent Mazières. Après s'être perfectionné sous François Anguier, il s'acquit une si grande réputation, que Louis XIV l'envoya à Rome pour étudier les chefs-d'œuvre anciens et modernes, avec une pension de mille écus. De retour en France, il orna de ses ouvrages en marbre ou en bronze, les maisons royales. Après la mort de Lebrun, Louis XIV lui donna la charge d'inspecteur-général de

---

(1) Il est placé à Saint-Roch.
(2) Non connues.

tous les morceaux de sculpture. Tous les sculpteurs se réjouirent de ce choix. Il n'y eut que le célèbre Puget qui, pour ne pas dépendre de lui, s'éloigna de la capitale, et se retira à Marseille. Ces deux rivaux étaient dignes l'un de l'autre. Puget mettait plus d'expression dans ses figures, et Girardon plus de finesse. Les ouvrages de celui-ci sont surtout plus admirables par la correction du dessin et par la beauté de l'ordonnance. Les plus célèbres sont le magnifique *mausolée du cardinal de Richelieu*, qui est placé dans l'église de la Sorbonne, ainsi que la *Statue équestre de Louis XIV* (1), où le héros et le cheval étaient d'un seul jet. C'est son chef-d'œuvre. Dans les jardins de Versailles, l'*enlèvement de Proserpine par Pluton* et les excellens *groupes* qui embellissent les bosquets des bains d'Apollon, etc.

Ce grand artiste, trop occupé pour pouvoir travailler lui-même ses marbres, abandonna cette partie essentielle de la sculpture à des artistes qui, quoique habiles, n'ont pas jeté dans l'exécution tout l'esprit et toute la vérité que la main de l'auteur y imprime ordinairement.

Il mourut à Paris, le 1er septembre 1715, à quatre-vingt-huit ans. Il avait été reçu de l'Académie de peinture, en 1657, professeur en 1659, recteur en 1674, et chancelier en 1695.

Catherine du Chemin, son épouse, se fit un nom par son talent de peindre les fleurs.

SAINT VINCENT DE PAULE.

VINCENT DE PAULE (saint), né à Poix, au diocèse d'Arqs ou Dax, le 24 avril 1576, de parens obs-

(1) Elle a été fondue.

St VINCENT DE PAULE.

curs, fut d'abord employé à la garde de leur petit troupeau ; la pénétration et l'intelligence qu'on remarquait en lui, engagèrent ses parens à l'envoyer à Toulouse. Après avoir terminé ses études, il fut élevé au sacerdoce, en 1600. Un modique héritage l'appelant à Marseille, le bâtiment, sur lequel il s'en revenait à Narbonne, tombe entre les mains des Turcs. Esclave à Tunis sous trois maîtres différens, il convertit le dernier, qui était renégat et Savoyard. Sauvés tous les deux sur un esquif, ils abordent, en 1607, heureusement à Aigues-Mortes. Pierre Montorio, vice-légat d'Avignon, instruit de son mérite, l'emmène à Rome ; l'éloge qu'il fait du jeune prêtre, le faisant remarquer d'un ministre de Henri IV, il est chargé d'une affaire importante auprès du roi, en 1608. Louis XIII, dans la suite, récompensa ce service par l'abbaye de Saint-Léonard-de-Chaulme. Après avoir été quelque temps aumônier de la reine Marguerite de Valois, il se retire auprès de Bérulle qui le fait entrer, en qualité de précepteur, dans la maison d'Emmanuel de Gondy, général des galères. Madame de Gondy, mère de ses élèves, était très pieuse ; elle lui inspira le dessein de fonder une congrégation de prêtres qui iraient faire des missions à la campagne. Connu à la cour, Vincent, par son seul mérite, obtient, en 1619, la place d'aumônier-général des galères. Le ministère de zèle et de charité qu'il y exerça fut long-temps célèbre à Marseille, où ses belles actions l'avaient déjà fait connaître. Ayant vu un jour un malheureux forçat inconsolable d'avoir laissé sa femme et ses enfans dans la plus extrême misère, Vincent de Paule avait offert de se mettre à sa place ; mais, ce qui est inconcevable, et même peu vraisemblable, l'échange fut accepté. Cet homme vertueux fut enchaîné dans la chiourme des galériens, et ses pieds restèrent enflés pendant le reste de sa vie du poids des fers honorables qu'il avait portés. Saint François de Sales, qui ne connaissait pas dans l'Eglise un plus digne prêtre que lui, le chargea, en 1620, de la supériorité des filles de la Visitation. Après la mort de madame de Gondy, Vincent de Paule se retira au collége des Bons-Enfans dont il était principal. Il accepte la maison de Saint-Lazare qui devient le chef-lieu de sa congrégation (1). Sa vie ne fut plus alors qu'un tissu de bonnes œuvres. On lui doit l'établissement pour les Enfans-Trouvés, auxquels, par un discours de six lignes, procura 40,000 livres de rente. La fondation des Filles de la Charité, les hôpitaux de Bicêtre, de la Salpêtrière, de la Pitié, ceux de Marseille pour les forçats, de Sainte-Reine pour les pélerins, du Saint-Nom-de-Jésus pour les vieillards, lui doivent la plus grande partie de ce qu'ils sont. Il envoie en Lorraine, dans les temps les plus difficiles, jusqu'à deux millions en effets et en bijoux.

Avant l'établissement pour les Enfans-Trouvés, on vendait ces innocentes créatures dans la rue Saint-Landry, vingt sous la pièce; on les donnait par charité aux femmes malades qui en avaient besoin pour leur faire sucer un lait corrompu. Vincent de Paule fournit d'abord des fonds pour nourrir douze de ces enfans; mais bientôt sa charité soulage ceux qu'on exposait aux portes des églises. Les secours lui manquant, il convoque une assemblée extraordinaire de dames charitables, et fait

---

(1) Voyez ce que j'ai dit à ce sujet, page 24 dans la description de Saint-Lazare.

placer dans l'église un grand nombre de ces enfans. Son exhortation, aussi courte que pathétique, arrache des larmes, et le même jour, dans la même église, au même instant, l'hôpital des Enfans-Trouvés est fondé et doté. Tant qu'il fut à la tête du conseil sous Anne d'Autriche, il ne fit nommer aux bénéfices que ceux qui en étaient dignes. L'attention qu'il eut d'écarter les partisans de Jansénius, l'a fait peindre par les historiens de Port-Royal, comme un homme borné ; mais ils n'ont pu lui refuser une vertu peu commune. Il travailla à la réforme de Grammont, de Prémontrée, de l'abbaye Sainte-Geneviève, et à l'établissement des grands séminaires. Un tel homme ne pouvait pas avoir l'esprit borné.

Accablé d'années, de travaux, de mortifications, Vincent finit son illustre carrière, le 27 septembre 1660, âgé de près de quatre-vingt-cinq ans.

Tout ce qui s'est passé depuis, telles que sa béatification et sa canonisation, est décrit dans l'article 1er précité.

DEUXIÈME SECTION.

De la barrière Saint-Denis à Montmartre.

SOMMAIRE.

Description des barrières de Paris. — De La-Chapelle-Saint-Denis. — De Clichy. — De Monceaux. — Des Batignolles-Monceaux. — Notices biographiques.

CHAPITRE PREMIER.

BARRIÈRES DE PARIS.

En quittant le faubourg Saint-Denis, l'observateur ne lira pas sans intérêt une narration succincte sur les soixante barrières environ qui décorent les murs d'enceinte de la capitale de la France, et qui y offrent autant d'entrées.

Jusqu'en 1787 et 1788, les barrières qui, anciennement étaient beaucoup moins éloignées du centre qu'elles ne le sont maintenant (1), n'étaient

---

(1) Elles ont été reculées à mesure que la ville s'est agrandie. Elles sont aujourd'hui à dix-huit cents toises de distance d'une borne milliaire placée, comme point central, auprès de l'église de Notre-Dame.

que de faibles murailles ou cloisons de planches; de simples baraques de bois servaient de bureaux de recettes. Jusqu'alors on ne s'était occupé que du premier but, qui était la perception des droits d'entrée.

Effrayés des progrès de la contrebande, et voulant abstreindre aux droits un plus grand nombre de consommateurs, les fermiers-généraux sollicitèrent, en 1784, auprès de M. de Calonne, alors ministre, l'autorisation d'enceindre Paris, en y enserrant les boulevards neufs, d'une vaste muraille. Malgré les réclamations de plusieurs personnes puissantes et de propriétaires, qui tous s'opposèrent à l'exécution de ce projet gigantesque et ruineux pour l'état qui était si fortement obéré, les travaux commencèrent dès le mois de mai de la même année.

Ce projet ne souriait pas généralement; plusieurs, ainsi que c'était alors l'usage, firent connaître leur mécontentement par des vers, des épigrammes et des jeux de mots, tels que ceux-ci :

Le mur murant Paris, rend Paris murmurant.

Et cette épigramme suivante :

Pour augmenter son numéraire
Et raccourcir notre horizon,
La ferme a jugé nécessaire
De mettre Paris en prison.

La ferme générale chargea Ledoux, son architecte, de l'exécution de ce somptueux projet. C'est donc sur les dessins de cet architecte célèbre, à qui l'on ne peut refuser un génie fécond, ardent et même exalté (1), que ces barrières ou plutôt ces monumens furent érigés, peut-être avec trop de magnificence pour l'objet auquel ils étaient et sont encore destinées.

Ledoux bâtit d'abord cette grande muraille qui renferme la capitale dans une enceinte d'environ douze mille toises, et il érigea, à la rencontre de toutes les routes qui y aboutissent, des édifices de grandeurs et de caractères différens; il éleva encore des pavillons d'observations aux angles que forme le mur d'enceinte, et en dehors, dans les intervalles, le long du mur, des guérites en pierre et en brique pour y placer des factionnaires.

Le ministre, en laissant l'architecte libre de déployer toutes les ressources de son art, auquel il ne mit aucune borne, endetta la France de vingt-cinq millions, somme énorme qui acheva de mettre les finances dans l'état le plus déplorable. Mais, en 1787, sous le nouveau ministre, tout changea de face : on fut effrayé de l'énormité de la dépense, il n'était plus temps d'y remédier. Un arrêt du conseil, du 7 septembre,

---

(1) Voy. sa notice biographique à la fin de cette 2ᵉ sect.

ordonna la suppression des travaux de cette enceinte et des barrières.

Le 8 novembre, même année, après avoir visité cette muraille, et dans le premier mouvement de sa colère, M. de Brienne, archevêque de Toulouse, veut faire tout démolir et vendre les matériaux; mais les travaux étant à peu près achevés, il se borne, par un nouvel arrêt du conseil du 25 novembre, à les faire suspendre.

En 1791, le 1er mai, les barrières et les murailles devinrent inutiles par l'abolition des droits d'entrées; les premières furent dévastées.

En l'an v (1796 et 1797), le directoire les fit toutes réparer pour une perception en faveur des hôpitaux; cette perception se nommait octroi de bienfaisance.

Quant à Bonaparte, qui était dévoré de la soif des conquêtes et dont la guerre était l'élément, ainsi qu'il le disait lui-même, il fut contraint de créer bien d'autres droits et impôts onéreux que ceux qui avaient causés tant de murmures avant la révolution. Il fit rétablir et achever avec somptuosité les murailles et les barrières qui, peut-être, avaient été une des causes principales du scandale et des malheurs de ces temps déplorables.

Au lieu de ce haut mur d'enceinte qui masque le point de vue et semble s'opposer à la libre circulation de l'air, on eut mieux fait de pratiquer un large fossé qui n'aurait pas eu ce double inconvénient et aurait peu coûté.

Toutes ces barrières offrent plus ou moins de magnificence, suivant l'importance et la fréquentation de la route. Ce serait sortir de la tâche que je me suis imposée que d'en donner une description générale. Je dirai seulement quelques phrases sur celle Saint-Martin que l'on aperçoit sur sa droite, et qui est une des plus remarquables par ses formes pittoresques.

Cette barrière se trouvant sur la ligne de l'arc du bassin de La Villette, l'observateur qui se place à l'extrémité de ce bassin, est ravi de la brillante perspective qui termine si heureusement ce somptueux monument.

L'importance de son architecture semble annoncer une autre destination que celle d'une simple barrière.

Cet édifice consiste en quatre péristyles en saillies, ornés de huit pilastres carrés. L'étage circulaire, placé au-dessus du soubassement (1), se compose d'une galerie percée de vingt arcades soutenues par quarante colonnes accouplées. Le caractère mâle et ferme de cet décoration d'ordre toscan, est celui qui convient au genre de

---

(1) Ce soubassement a quinze toises de largeur sur chaque face ; la rotonde a douze pieds de diamètre.

ce monument, dont l'architecture, pleine de grâce et de force, n'est ni égyptienne, ni grecque, ni romaine, c'est de l'architecture française : elle est neuve et toute de l'imagination de l'auteur.

Quant à la barrière Saint-Denis, le voyageur peut passer outre sans s'y arrêter, car elle est une de celles qui offrent le moins d'attraits à son œil observateur ; elle me paraît bien peu digne du génie de l'auteur, pourtant elle est une des plus fréquentées de la capitale.

CHAPITRE II.

LA CHAPELLE-SAINT-DENIS.

Son origine.—L'église.—Égyptiens et Bohémiennes logés à La Chapelle.—État civil.—Effectif de la garde nationale.—Industrie commerciale.—Étendue du territoire ; ses productions.—Dénombrement de sa population.—Tableau statistique des naissances, mariages et décès.

§ Ier.— SON ORIGINE.

Ce village, du département de la Seine, n'est séparé du faubourg que par la barrière, et semble en être une extension. Il appartient à l'arrondissement et au canton de Saint-Denis ; sa distance de cette ville, au sud, est de une lieue et demie.

L'origine de La Chapelle est très difficile à connaître. Il paraît que ce village, qui se forma dans un lieu qui appartenait à l'abbaye de Saint-Denis, s'appelait autrefois Chapelle-Sainte-Geneviève; il est ainsi désigné dans les archives de Paris du treizième siècle, dans un acte d'affranchissement accordé à ses habitans en 1229, par Odon, abbé de Saint-Denis, dans des indulgences de 1397 et 1446, et, enfin, dans les archives des quinzième et seizième siècles.

Il paraîtrait vraisemblable, d'après Félibien (1), qu'ayant, à cette époque, la certitude que la sépulture des martyrs était à l'endroit même où est la ville de Saint-Denis, sainte Geneviève, qui avait pour eux une grande vénération, avait choisi un hospice où est maintenant La Chapelle, et que de là, tous les samedis soir ou dimanche matin, elle venait avec ses compagnes célébrer les vigiles à leurs tombeaux.

On croit encore que cette sainte avait une retraite à moitié chemin de Paris à *Catuliacum* (2), retraite qu'elle aurait donnée à l'église des mêmes martyrs, située dès-lors au même lieu. Ce qui donne de la vraisemblance à cette présomption, c'est que cette terre, où est à présent La Chapelle,

(1) Félibien, *Histoire de l'abbaye de Saint-Denis.*
(2) Tel était le nom du territoire sur lequel l'église de Saint-Denis fut bâtie. (Voyez, dans cet ouvrage, pour plus de détail, l'*Histoire de la ville de Saint-Denis.*)

appartenait à l'abbaye de Saint-Denis de temps immémorial. Ainsi, soit à cause de sa proximité avec le faubourg, soit à cause que les religieux étaient seigneurs de ce village, l'usage lui fit prendre le nom de Chapelle-Saint-Denis.

§ II. — DE L'ÉGLISE; ELLE EST BRULÉE PAR LES GENS DU ROI DE NAVARRE ET PAR LES ANGLAIS; PILLAGE PAR LE PARTI DES ARMAGNACS; INCENDIE DU VILLAGE.

D'après ce qu'on lit au *Gallia christiana* (1), l'époque de l'église de La Chapelle date de 1204. On y voit qu'Eudes de Sully, évêque de Paris, approuva la donation de quelques arpens de terre pour le presbytère (2) de la chapelle que l'on voulait construire près Paris (3).

Cette église, avec plusieurs autres, et le Grenier du Landit, foire célèbre dont je parlerai ci-après, furent brûlés, en 1358, pendant que le roi de Navarre était à l'abbaye de Saint-Denis, par ses gens et les Anglais sortis de Paris pour se répandre dans la campagne. Le village et ceux des environs furent pillés impitoyablement par le parti des Armagnacs, le 3 octobre de la même année.

« Ils furent, dit le *Journal de Paris*, sous Char-
« les VI, à Pantin, à Saint-Ouen, à La-Chapelle-

---

(1) Tom. 7, col. 82.
(2) C'est sans doute le chœur.
(3) Lebœuf, *Histoire du diocèse de Paris*, t. III, p. 135.

« Saint-Denis, à Montmartre, à Clignancourt, et
« firent tous des maux comme eussent faits les
« Sarrazins, car ils pendoient les gens, les uns
« par les pouces, les autres par les pieds. Ils
« tuoient et rançonnoient les autres, efforçoient
« les femmes et boutoient feu (1). »

A l'arrivée de l'empereur Charles IV à Paris, en 1377, d'après les mémoires que l'on a à ce sujet, ce fut à La Chapelle que Charles V, son neveu, alla au-devant de lui, et que là se fit la première entrevue.

« Un moine de Saint-Denis, dit l'abbé Lebœuf,
« qui a vécu sous Charles VII et qui a écrit la vie
« de ce prince, dit que La Chapelle fut un lieu
« où le parti d'Orléans eut forte garnison durant
« l'hiver de 1411 ; que, pendant le grand froid,
« cette garnison fut toujours en action avec ceux
« de Paris qui, sans cesse, la venoient harceler
« avec des machines de guerre et tantôt dressant
« des partis : ce qui fit que, comme elle ne pouvoit
« plus soutenir contre, les princes conclurent
« qu'on en feroit un corps-de-garde avancé qui
« se relèveroit de trois jours en trois jours (2). »

Ce fut le 8 juillet 1418 que ce village fut brûlé par les mêmes troupes qui, revenant de Meaux, ra-

---

(1) *Journal de Paris*, sous Charles VI, p. 4 et 5.
(2) *Histoire de Charles VI*, par Le Laboureur, p. 736.

vagèrent le même canton (1). Pendant ce temps de malheurs et de crimes, mille scènes des plus affreuses désolèrent La-Chapelle-Saint-Denis. (2).

§ III. — LES MAGISTRATS DE PARIS FONT LOGER A LA CHAPELLE UNE BANDE D'ÉGYPTIENS ET DE BOHÉMIENNES. — ENTRÉE DE CHARLES VIII A PARIS. — DEMANDE DES HABITANS DE COMPRENDRE DIVERSES MAISONS DANS LE ROLE DES TAILLES. — SUITE DE L'ÉGLISE.

ART. 1er. — Égyptiens et Bohémiennes logés à La Chapelle.

En 1427, au mois d'août, les magistrats firent loger dans ce village une bande de gens qui y attira un concours considérable. Ils avaient à leur tête un roi et une reine qui étaient morts en chemin. Leurs officiers, qui prenaient les titres de duc et de comte allaient à cheval et le peuple à pied; leur visage était basané : plus que les hommes les femmes étaient hideuses.

Ces Bohémiennes étaient visitées par un grand nombre de curieux qui venaient en foule à La Chapelle, pour montrer leurs mains et se faire dire leur horoscope.

Tous ces Égyptiens, chrétiens malgré eux, mais

(1) *Histoire de Charles VI,* par Le Laboureur, p. 736.
(2) Pendant plus de trente ans, les environs de Paris furent ravagés par le parti des Armagnacs et des Bourguignons.

qui par suite avaient abandonné le christianisme, étaient accusés d'escamoter la bourse des curieux, ou bien, par art magique, d'enlever l'argent qu'elle contenait et d'y mettre le diable à la place. Ils furent excommuniés ; alors ils décampèrent de La Chapelle et se rendirent à Pontoise.

Art. 2. — Entrée de Charles VIII à Paris.

On lit dans les registres du parlement que le lundi 5 juillet 1484, Charles VIII, revenant de se faire sacrer, resta quelque temps à La Chapelle avant de faire son entrée à Paris, et que le parlement vint au-devant de lui jusque là.

Art. 3. — Demande des habitans de comprendre diverses maisons dans le rôle des tailles.

Au commencement du règne de Louis XV les habitans du lieu firent tout ce qui était en leur pouvoir pour comprendre dans le rôle des tailles les maisons qui étaient situées entre la barrière et leur village, mais toutes les procédures furent cassées par arrêt du Conseil d'état du 25 juin 1718 (1).

Art. 4. — Suite de l'église.

Il paraît que ce fut au XIII° siècle que l'on bâtit le chœur de l'église paroissiale, et que

---

(1) Notice de La Caille, p. 127.

la nef n'est pas d'une époque aussi reculée. On pouvait en juger par une inscription du nom des Dreux, famille de ce lieu, qui était gravée à un pillier en lettres capitales gothiques de l'an 1400. Celle de la construction de cette église, s'accorde avec ce qu'on lit au *Gallia christiana* déjà cité.

On lit dans la *Vie de sainte Geneviève*, par Bodescart, que le maître-autel de cette église fut construit dans l'endroit où saint Denis fut décapité. Ceci est contraire à tout ce qui a été écrit par différens auteurs qui s'accordent à convenir que cette exécution eut lieu à Montmartre (1).

Ce maître-autel est décoré avec un goût exquis. On y remarque surtout les sculptures dorées et celles de la chaire qui sont d'un très bon style; et dans les deux chapelles de droite et de gauche, deux statues en pierre, l'une représentant la sainte Vierge, et l'autre saint Jean-Baptiste. Elles sont de Pigalle (2). Le saint Jean-Baptiste est véritablement un chef-d'œuvre digne de l'admiration générale.

Dans cette église l'office divin s'y célébrait deux

---

(1) Voyez, dans cet ouvrage, l'origine de Montmartre et celui de la ville de Saint-Denis.

(2) Pigalle (Jean-Baptiste), sculpteur célèbre du xviiie siècle, né à Paris, en 1714, d'un menuisier, et y mourut le 20 août 1785.

fois par an en l'honneur de saint Jérôme. « Le zèle de ses admirateurs alla, dit l'abbé Lebœuf, jusqu'à obtenir un os de son corps que l'abbesse de Prelez-Douai, ordre de Citeaux, fit tirer de la table d'autel du chœur de cette abbaye (1). »

L'archevêque de Paris ayant permis, en 1657, d'exposer la relique, dont il vient d'être parlé, à la vénération publique dans l'église de La Chapelle, alors cette exposition attirait tous les ans, jusque vers le milieu du dernier siècle, un grand concours de fidèles.

Cette église fut tellement ruinée à la fin du seizième siècle, qu'en 1595 on aliéna des fonds de la fabrique quelques arpens de terre pour la réparer.

En 1644, un sieur Leschassier fit bâtir la sacristie.

§ IV.— ÉTAT CIVIL DE LA-CHAPELLE-SAINT-DENIS.

L'état civil de cette commune consiste en un maire, deux adjoints, deux secrétaires de la mairie, une brigade de gendarmerie, un notaire, un bureau de papier timbré, un receveur des contributions.

(1) *Histoire du diocèse de Paris*, t. III, p. 126.

NOMS et qualités des personnes qui composent l'état civil.

NOMS.	PRÉNOMS.	QUALITÉS.	PROFESSIONS.
MM.			
COTIN ✳.	Louis-Augustin.	Maire.	Propriétaire.
BOUERY.	Jean-Louis.	1er adjoint.	Id.
VUILLEMAIN.	Guillaume.	2e adjoint.	Id.
PAYEN.	Remi-Valentin.	Secrétaire de la mairie.	
POMMEREUIL.	Pierre.	Secrétaire de l'état-civil.	
		Justice-de-paix	A Saint-Denis.
FOURNIER.	Pierre-André.	Notaire.	
MORIZOT.	Alex.-Hon.-Aug.	Receveur des contrib. dir.	

§ V.—Effectif de la garde nationale.

Environ six cents gardes nationaux, divisés en quatre compagnies qui, avec celle de Saint-Ouen, forment le 2me bataillon de la 1re légion de la banlieue.

Le chevalier Ruelle en est le chef de bataillon.

§ VI.—Industrie commerciale.

L'industrie commerciale de La-Chapelle-Saint-Denis consiste en filature de coton, soie et cachemire, corderies, ébénisterie; fabrique de claviers pour piano, de M. Pleyel; mouvemens de pendules, fabrique de toiles cirées et goudronnées, de visière pour casquettes de chapellerie, épuration d'huile, commerce de vins, d'eau-de-vie en gros, distillerie, féculerie de pommes de terre, vinaigrerie, pharmacie, quincaillerie, maison de transit et de roulage, auberges, marchés aux vaches grasses et laitières tous les mardis, et aux porcs tous les jeudis, nourrisseurs de bestiaux fournissant du lait à la capitale.

(Instruction.)— Écoles primaires pour les deux sexes, institutions pour les garçons et pensionnats.

NOMS DES INDUSTRIELS.

MM.	
MOREAU.	Pharmacie
CHAMMAS.	Parfumerie.
MM.	FABRIQUES
ABLIN.	De claviers de piano,
CHAUDRON et Cie.	D'eaux-de-vie,
LEFÈVRE.	De fécule,
BOURDET.	D'huile,
BASSOT.	De toiles cirées.
FILLION.	De vinaigre.
MM.	NÉGOCE ET COMMERCE
TORTAY.	De bois à brûler,
DE MONÈS-D'ELBOUIX.	— Charbon de terre,
BOUCHER.	— Bois de bâteaux,
ROUX fils.	— Chevaux,
LEFEBVRE.	— Mouvemens de pendules.
DECAN.	— Fourrage,
BOUTRON-GUÉRIN.	Entrepreneur,
LEGENDRE.	Distillateur,

MM. CLAUDE aîné. MARTIN-LANDELLE. MAZILLY. JACQUEMINOT.	Marchands de vins et eaux-de-vie en gros.
MM. DUBERT. DUJARDIN. NÉZOT. LETHELLIER. RIVIÈRE.	Épicerie.
MM. BRUNET, père et fils. DEDDE. PINGEON. BRENNE.	Roulage.

§ VII.—Étendue du territoire; ses productions.

L'étendue du territoire de La Chapelle est maintenant d'environ 15 kilomètres.

Dans le tems de Philippe-Auguste, il y avait un vignoble assez considérable. On rapporte que Dreux, connétable de France, vers l'an 1200, en donna cinq arpens à l'abbaye de Livry, lorsqu'elle commença à se former. (1)

Maintenant ses productions consistent en quantité de beaux légumes.

(1) Lebœuf, *Histoire du diocèse de Paris*, t. iii, p. 126.

§ VIII.— Assainissement des boulevards nord de Paris, des territoires de la Chapelle, de la Villette et de la plaine Saint-Denis.

Il se fait maintenant de grands travaux pour assainir les boulevards nord de Paris, les territoires de La Chapelle, de La Villette et la plaine Saint-Denis.

La ville de Paris a fait construire le long des boulevards nord un long aqueduc souterrain, à une très grande profondeur, pour recevoir les eaux du versant de la butte Montmartre et des collines environnantes; cet aqueduc aboutit au chemin des Vertus. Ces travaux ont été entrepris avec la perspective de l'établissement d'une rigole au travers de la plaine de Saint-Denis qui écoulerait toutes les eaux de cet aqueduc à la rivière. En effet, depuis long-temps on agitait à l'administration, le projet d'assainir les territoires de La Chapelle et de La Villette, au moyen d'une semblable rigole. On sait combien sont infectes les mares renfermées dans l'intérieur de La Chapelle et celles existant au nord, à la sortie de cette commune, sur les accotemens mêmes de la route royale, n° 1. Il n'est personne aussi qui ne connaisse les eaux stagnantes et putrides qui existent à droite de la route royale, n° 2, dans les champs du territoire de La Villette.

Les eaux infectes de La Chapelle sont amenées, au moyen de l'ouverture d'une rue nouvelle, dans le village, presqu'en face des mares, jusqu'à la rue de Chabrol. Un nouveau pavé est pratiqué à la suite de cette rue jusqu'à l'aqueduc établi sous le chemin d'Aubervilliers ou des Vertus, en continuation de l'aqueduc construit sous les boulevards nord de Paris.

L'aqueduc du chemin des Vertus se continue jusqu'à la rue de la Tournelle, et là, il change de direction pour entrer sous un monticule du territoire de La Chapelle, et s'étendre jusqu'au milieu de la distance des rues du Pré-Maudit et d'Aubervilliers. A la suite de cet aqueduc, s'ouvre la rigole à ciel ouvert qui, par des détours peu sinueux, arrive jusqu'à la sixième écluse du canal de Saint-Denis.

La partie nord de La Chapelle est assainie, ainsi que la route royale, n° 1, par un aqueduc qui traverse la route et suit le chemin du Pré-Maudit dans la moitié de sa longueur; à la suite est une rigole à ciel ouvert qui aboutit à la grande rigole dont nous venons d'indiquer la direction.

L'assainissement du territoire de La Villette a lieu au moyen d'un aqueduc pratiqué dans l'accotement gauche de la route royale, n° 2, dans la traverse de cette commune. L'aqueduc commence à une ruelle sise à gauche, vis-à-vis le cassis qui rejette les eaux de la partie droite sur la partie gauche dans les champs du territoire de La Villette. Il est continué jusqu'à la rue de La Chapelle et au-delà ; il entre dans la rue même de La Chapelle, et s'étend sur le quart à peu près de sa longueur. A la suite de cet aqueduc, s'ouvre une rigole à ciel ouvert qui porte toutes les eaux de La Villette dans l'aqueduc du chemin des Vertus, en face de la rue de la Tournelle.

La rigole d'assainissement, amenée jusqu'à la sixième écluse, continue dans la plaine de Saint-Denis en longeant le canal; elle passe sous la route royale, n° 1, puis sous la route départementale, n° 11. Elle côtoye encore le canal jusqu'en face du moulin de Brise-Échalas, après avoir passé sous la route départementale, n° 18, de Saint-Denis au port Saint-Denis; là, sa direction change tout-à-coup en faisant, avec la première direction, un angle de 90°, et elle va se jeter dans la Seine au lieu dit la Maison-de-Seine.

Les travaux d'assainissement de la plaine de Saint-Denis sont exécutés sur un développement total de neuf mille six cent vingt mètres trente centimètres, dont deux mille deux cent seize mètres en aqueduc, et sept mille quatre mètres trente centimètres en rigole pavée à ciel ouvert.

Il y a, tant sur les routes royales que sur les routes départementales et les chemins vicinaux, dix-sept ponticaux. Les ouvrages sur les territoires de La Chapelle, de La Villette et de la plaine Saint-Denis auront coûté plus de six cent mille francs, auxquels ajoutant deux cent mille francs dépensés pour l'établissement de l'aqueduc sous les boulevards nord de Paris, on aura dépensé en totalité une somme de huit cent mille francs.

Tous ces travaux, commencés en 1834, seront probablement terminés entièrement en 1835. C'est au conseil général du département que l'honneur de ces travaux doit particulièrement revenir, puisque c'est lui qui en a facilité l'exécution en y appliquant des fonds convenables. Le zèle et l'activité que les ingénieurs du département ont déployés dans la rédaction du projet et dans son exécution, leur donne une grande part à cet honneur (1).

§ IX.—POPULATION ANCIENNE ET NOUVELLE.

On comptait en 1709, suivant le dénombrement de l'élection, cent trente-six feux. A cette époque, le *Dictionnaire universel de la France* y marquait sept cent quarante-huit habitans, et le dénombrement de 1754 portait cent soixante-

(1) Je dois ces précieux renseignemens à M. Jollois, ingénieur en chef des ponts-et-chaussées, qui s'est empressé de me les communiquer.

cinq feux. Dans ce nombre était compris la rue du village de La Villette, à commencer au coin de Sainte-Perrine, où finit celle de Saint-Laurent, et continuant du même côté jusqu'au bout; c'est ce que les anciens titres appellent La-Villette-Saint-Denis. Le tout, à cette dernière époque, fournissait six cents communians (1).

Personnages célèbres dont il n'est pas fait mention dans la description de La-Chapelle-Saint-Denis, et qui ont leur notice biographique à la fin de cette deuxième section :

Chapelle, poète.
Mézerai, historien.

(1) Voyez le *Dictionnaire universel de la France*.

TABLEAU statistique contenant le dénombrement de la nouvelle population, des naissances, mariages et décès, pendant les années 1830, 1831, 1832 et 1833, d'après celui qui m'a été officiellement communiqué par la préfecture du département de la Seine.

ANNÉES.	POPULATION. SEXE			NAISSANCES. SEXE			MARIAGES.	DÉCÈS. SEXE			DÉCÈS par le choléra.	OBSERVATIONS.
	Masculin.	Féminin.	TOTAL. (A)	Masculin.	Féminin.	TOTAL.		Masculin.	Féminin.	TOTAL.		
1830	»	»	»	92	107	199	63	67	69	146		(A) Cette population est regardée, par décision ministérielle, seule valable pendant 5 ans. Dans le total général des décès, sont compris les décès cholériques.
1831	1164	1276	2440	135	102	237	52	59	66	125		
1832	»	»	»	99	99	195	54	92	101	193	61	
1833	»	»	»	125	125	250	48	73	80	153		

CHAPITRE III.

CLICHY-LA-GARENNE.

Sa situation.— Son origine. — L'église paroissiale. — L'église primatiale. — Seigneuries. — Club de 1795 et 1797 ; événemens de 1814 et 1815.— Châteaux et maisons de campagne. — État civil. — Effectif de la garde nationale. — Industrie commerciale. — Étendue du territoire ; ses productions.— Dénombrement de la population.— Tableaux des naissances, mariages et décès.

§ Ier.— SA SITUATION.

Il existe dans le département de la Seine deux villages de ce nom, savoir : Clichy-en-Launoy et Clichy-la-Garenne, dits, tous deux, en latin, *Clippiacum*. C'est du dernier, qui est le plus ancien, que je donne la description.

Ce village, de l'arrondissement de Saint-Denis, est à trois quarts de lieue de Neuilly, et à une lieue nord-ouest de Paris. Il est situé dans une plaine entre la rive droite de la Seine, que l'on passe sur un pont à Asnière, et la route de Saint-Denis à Versailles, appelée le chemin de la Révolte (1).

(1) Ainsi nommé parce que, sous Louis XV, les ouvriers qui y travaillaient se révoltèrent.

§ II. — SON ORIGINE.

L'abbé Chastélain, mort en 1712, explique comment du vieux mot celtique *Clipp*, dont on a fait en latin *Clippiacum*, on en est venu à dire Clichy. C'est, dit cet auteur, en tranchant d'abord un *p* et en changeant l'*i* en *j*, qu'on a pu dire *Clijacum*; ensuite on a pu changer la lettre *j* en *ch*, ce qui fait *Clijacum* ou *Clichiacum*, le dernier a pu être abrégé et rendu par Clichy. Le surnom de Garenne est en rapport avec celui de clapier, lieu où l'on élevait les lapins.

Ce village comprenait, dans son origine, une immense quantité de terrain qui s'étendait en allant des environs de Montmartre à Saint-Denis-de-l'Étréc, et dont une grande partie fut ensuite démembrée pour ériger la paroisse de Saint-Ouen (1), et pour l'érection de celle du Roule.

Ce qui confirme encore cette grande étendue de terrain, c'est qu'avant le treizième siècle, la rue Saint-Honoré, qui conduit au Roule et à Clichy, était appelée alors la rue de Clichy (2).

---

(1) Cette paroisse, dont je donne ci-après la description, occupe le milieu de ce terrain.

(2) Lebœuf, *Histoire du diocèse de Paris*, t. III, p. 63.

La première occasion où il est fait mention de ce village, date de 625, et de la quarante-unième année du règne de Clotaire II. Frédégaire, le plus ancien de nos historiens, dit que : « Clotaire étant à Clichy, *non-procul parisius,* et que Dagobert l'y étant venu trouver de son ordre avec les Leudes (1) du royaume, s'y maria avec Gomatrude, sœur de la reine Sischilde, et que le troisième jour après les noces le père et le fils entrèrent en ce lieu en de grandes contestations sur le partage des états, et en remirent la décision à douze Francs, la plupart évêques (2). »

Dès le commencement de notre monarchie les rois de France y eurent un palais.

Frédégaire nous apprend encore que quatre ans après son mariage, Dagobert, à son retour de Bourgogne, en 629, répudia Gomatrude au même endroit, et y épousa Nantichilde, qui, auparavant, était servante dans la maison royale (3).

---

(1) Vassaux principaux.
(2) Frédégaire, nom. 13.
(3) Frédégaire fait une prétendue contradiction en disant: « qu'en 625 le lieu où Dagobert épousa Gomatrude s'appelait *Clippiacum,* et qu'en 629, après avoir répudié Gomatrude et s'être remarié avec Nantichilde, le lieu s'appelait *Romiliacum villa.* » Pour comprendre cette apparence de contre-sens, il faut savoir que ceci

En 627, le 26 mai, pendant qu'il se tenait un concile composé d'évêques et de grands du royaume, convoqué à Clichy par Clotaire II pour les affaires de l'état, Ermenaire, fils de Clotaire, et gouverneur du palais de Caribert, y fut assassiné par les gens d'un seigneur saxon nommé Ægina. Si le roi ne fut intervenu, ce lieu aurait été inondé de sang. A cette occasion, Ægina dressa une armée sur *Mont-Mercre* (Montmartre) contre les troupes que Caribert et Brodulfe, son oncle, avaient réunis pour tirer vengeance de cette action cruelle.

Il est à présumer que Sigebert, fils de Dagobert, naquit à Clichy en 630, et que ce fut Amand, évêque de Maëstricht, qui vint le baptiser en présence du roi, qui y résidait.

On voit, au cabinet des médailles, les pièces de monnaies qui furent frappées à Clichy, sous les règnes de Dagobert et de Sigebert, mais non à l'occasion du baptême de ce dernier, comme l'ont dit quelques auteurs.

En 631, étant encore à Clichy, « Dagobert, dit Félibien, fit présent d'Escouen, avec toutes

s'entend du Roule qui faisait partie de l'immense territoire de Clichy et non de Neuilly, ainsi que certains auteurs l'ont écrit, notamment Dom Michel Germain. Saint-Ouen et Villiers-la-Garenne faisaient également partie de ce territoire.

ses dépendances, bois, prés, pasturages, courans d'eau, au clergé et aux pauvres de l'église de Saint-Denis, suivant une charte datée de ce village, signée du roi lui-même et de Dadon, ou Saint-Ouen, son référendaire (1). »

En 636, la quatorzième année de son règne, Dagobert somma les Bretons de réparer promptement les dégâts qu'ils avaient causés. Alors Judicaël, leur roi, se rend à Clichy avec des présens, promet toute satisfaction au roi de France, et lui soumet son royaume. Dagobert l'invite à dîner; mais il n'ose se mettre à sa table, se retire, et va dîner chez le référendaire Dadon (Saint-Ouen), connu pour un très saint homme.

La même année, le 1er mai, Clotaire convoqua un concile à Clichy, où le même Saint-Ouen obtint un privilége pour le monastère de Refrais, récemment fondé par Saint-Éloy, dont Agile fut abbé.

Les Gascons, en 637, ayant à leur tête le duc d'Aiginan, vinrent trouver Dagobert qu'ils avaient offensé à Clichy; mais, craignant sa colère à leur arrivée, ils vont à l'église de Saint-Denis, comme en un lieu de refuge, pour être en sûreté. Bientôt ils députent vers le roi pour lui

---

(1) Félibien, *Histoire de l'abbaye de Saint-Denis*, p. 13 et 14.

demander pardon, et lui faire le serment de lui être toujours fidèles. Dagobert, satisfait, leur donne la vie sauve, mais il ne leur permet de retourner en leur pays qu'après lui avoir juré fidélité sur le tombeau du saint-martyr.

En 640, Æga, maire du palais, et confident intime de Dagobert, mourut à Clichy sous le règne de Clovis II.

En 652, il y eut encore au même lieu un concile, connu par une charte de Clovis, où vingt évêques furent réunis à Clichy, sur sa demande, afin de confirmer tous les priviléges que l'abbaye de Saint-Denis avait obtenus de Saint-Landry, alors évêque de Paris, par le prince et les prélats (1). Toutes ces assemblées prouvent la grande considération dont Clichy jouissait sous la première race de nos rois, mais qu'il perdit depuis que les moines de Saint-Denis en devinrent les seigneurs.

Sous le règne de Thierry III, Saint-Ouen, qui était de retour du voyage de Cologne où le prince l'avait prié d'aller, vient à Clichy pour lui rendre compte de sa mission, tombe malade, et y meurt le 24 août 683.

Quelques auteurs ont cru que Dagobert fit don

---

(1) Félibien, *Histoire de l'abbaye de Saint-Denis*, p. 35 et 36.

à l'abbaye de Saint-Denis de la terre de Clichy ; ils se sont trompés. Ce Clichy, donné par Dagobert, est celui en Launoy ; car Clichy, dont je donne la description, étant une terre royale sous Clovis II et Thierry III, successeurs de Dagobert, ne pouvait avoir été donné antérieurement à l'abbaye.

En 717, la deuxième année de son règne, Chilpéric III, de retour à Compiègne, de la deuxième bataille donnée proche Vinciac, où il fut battu trois fois par Charles-Martel, fit présent à l'église de Saint-Denis, de la forêt de Rouvray, appelée depuis la forêt de Saint-Cloud, à laquelle il ajouta la maison du vieux Clichy, avec des terres et des prés qui en dépendaient (1).

En 1741, Charles-Martel, fatigué à l'excès et consumé par vingt-cinq ou vingt-six ans de travaux que nécessitait son gouvernement, voyant sa mort approcher, ne pensant plus qu'à finir sa vie chrétiennement, alla visiter le tombeau de Saint-Denis, et fit don au monastère du domaine de Clichy.

En 832, un siècle environ après que la terre de Clichy fut entrée dans la mense de l'abbaye de Saint-Denis, l'abbé Hilduin fit une nouvelle

---

(1) *Histoire de l'abbaye de Saint-Denis*, par Félibien, p. 36, et dans les *Preuves*, CHARTE V, p. 5.

réforme et le partage des terres avec ses religieux, et fit même de quelques-unes plusieurs destinations particulières. Clichy fut l'une des terres que cet abbé destina aux Bénédictins, qui alors manquaient de volailles les jours de Pâques et de Noël, pour leur en fournir à cette époque. La suite de la charte met encore Clichy au rang des terres qui étaient du lot des moines. On ignore ce dont il s'agissait, mais il paraît que leur revenu servait à avoir du savon pour les religieux.

En 862, un autre partage qui fut fait confirme encore la nomination de Clichy au rang des terres qui devaient fournir la volaille aux moines entre Pâques et Noël. Cette confirmation fut autorisée par un concile tenu à Soissons.

Depuis cette époque jusqu'au règne de Louis VI, dit le Gros, on ne trouve plus de mention de Clichy. Conjointement avec Alix, sa femme, ce monarque donna aux religieuses de Montmartre un moulin avec ses écluses, et le droit de mouture de tout le village. D'après cette donation, et plus tard, en 1193, d'après un traité que le roi Philippe-Auguste fit avec un nommé Gauché, par lequel ce prince, voulant jouir du château et de la terre de Pierrefont, situés entre Crespy et Soissons, qui était une place importante, lui assigna quatre-vingts livres de rente sur le revenu que la couronne avait à Clichy (1); d'après, dis-je, cette donation et ce traité, l'on voit que le domaine y avait encore des droits, quoique cette terre fût devenue propriété de l'abbaye.

§ III.— ÉGLISE PAROISSIALE.

L'opinion est partagée sur l'ancienneté de cette paroisse; les uns croient que c'est à la construction du palais qu'elle doit son origine, les autres, au contraire, pensent que nos rois y avaient une paroisse avant le palais. Pourtant on peut juger de son ancienneté par saint Médard qui en est le patron de temps immémorial, sous l'invocation duquel cette église a été consacrée. Il est à présumer que cette consécration n'a pu avoir lieu qu'à l'époque de la mort de ce saint, arrivée le 8 juin, vers l'an 545. Si, pourtant, comme on le croit, cette église a été d'abord sous le titre du *Sauveur*, on peut en faire monter plus haut l'antiquité.

Dans cette église, au dix-septième siècle, on exposait à la vénération publique des reliques de ce saint. « Charles Moreau, dit Lebœuf, premier
« valet-de-chambre du roi, ayant obtenu de Jac-
« ques de Nachèze, évêque de Challon (2), abbé

---

(1) Lebœuf, *Histoire du diocèse de Paris*, t. III, p. 69.
(2) Et non *Challau*, comme l'écrit M. Dulaure dans sa citation.

« de Saint-Étienne de Dijon, un morceau du
« chef de ce saint évêque de Noyon, tiré de la
« châsse conservée en l'église de Dijon, l'arche-
« vêque de Paris permit, le 17 août 1660, vu
« les attestations, de l'exposer dans l'église de
« Clichy (1). »

Deux célèbres ecclésiastiques ont été successivement curés de l'église de Clichy, vers le commencement du seizième siècle. L'un, François Bourgoin (2), qui quitta cette cure pour entrer parmi les Oratoriens, dont il devint le troisième général en 1641 ; l'autre, saint Vincent de Paule qui lui succéda en 1612, et qui préféra cette cure à une abbaye qu'on lui avait proposé, ainsi qu'on l'a vu précédemment. Cette église possède une partie de ses reliques.

En 1623, le 22 septembre, ce vénérable pasteur obtint la permission d'établir à Clichy une association de charité. Le 14 avril 1625, il obtint encore celle d'aller, lui et les siens, prêcher, confesser et absoudre des cas réservés dans tout le diocèse.

C'est à lui qu'on doit la reconstruction presque totale de cette église qui tombait en ruine et qui ne fut achevée qu'en 1630.

(1) *Histoire du diocèse de Paris*, t. III, p. 70.
(2) Voyez sa Notice biographique à la fin de cette deuxième section.

En 1830, le 30 juillet, lorsque la révolution éclata, des hommes armés se portèrent avec fureur sur Clichy, et voulurent contraindre le vénérable pasteur, M. Heuqueville, à quitter son presbytère. Mais il s'y refusa en leur adressant un discours digne du successeur de saint Vincent de Paule qu'il invoquait et dont il réclamait l'assistance en leur présence; à peine son discours est-il achevé, qu'il voit ces furieux se regarder l'un et l'autre, et leur fureur se changer en un calme le plus doux qui l'étonne. Soudain ces hommes, revenus à des sentimens religieux, s'en retournent aux cris mille fois répétés : « Vive saint Vincent « de Paule! vive M. le Curé! » L'effet prodigieux que cette scène touchante produisit sur le peuple ne peut se décrire.

§ IV.— ÉGLISE FRANÇAISE DEPUIS LA DERNIÈRE RÉVOLUTION.

Un schisme vient encore de mettre le trouble dans ce malheureux village; je veux parler de la nouvelle église française, dont les dogmes sont entièrement en opposition à ceux de l'église catholique romaine.

Une association, soi-disant religieuse, fondée par les prêtres de Clichy, s'y est établie. Cette église, qui est séparée de celle de l'abbé Châtel, célèbre l'office divin en langue vulgaire. Elle ne reconnaît que des prêtres et des curés; ces derniers sont élus par le peuple, les autres fonctions de la hiérarchie disciplinaire sont électives et temporaires.

L'abbé Auzou est président du comité central; l'abbé Lavordet en est le secrétaire. L'abbé Auzou est curé à Clichy.

Lavordet, Plumet et Paquet sont prêtres desservans. Ils ont établi une succursale à Paris, rue Basse-Porte-Saint-Denis, et à Lèves, près de Chartres, dont l'abbé Ledru est curé.

Beaucoup de personnes, entraînées dans ce schisme par les moyens les plus subtils employés par ces nouveaux sectateurs, paraissent surprises de ce qu'on les blâme de célébrer l'office en français dans leur église; et ajoutent qu'à cet égard ils n'y voient nul inconvénient, mais, au contraire, un grand avantage pour les fidèles qui ne comprennent pas le latin.

Au premier aperçu, leurs observations paraîtraient concluantes sous ce dernier rapport, s'il n'en résultait pas les inconvéniens que je vais démontrer.

Qu'ils apprennent que la liturgie latine est un lien de communication entre les églises de différens pays; la langue latine est commune, universelle, morte, qui n'est plus sujette aux changemens comme les langues vivantes. Il en résulte de là qu'elle convient mieux à l'unité, qui est un des signes qui distingue l'église catholique des sectes.

Adopter la langue vulgaire est tendre à rompre cette unité, parce que d'abord, les peuples ne s'entendraient point entre eux, et qu'ensuite, à la longue des temps, on n'aurait plus de titres de l'antiquité, et la tradition serait perdue; ceux qui prétendent abolir la liturgie latine n'ont que des raisons futiles à donner.

Les peuples, disent-ils, n'entendent pas ce qu'ils prononcent; mais rien de plus facile : ne peut-on pas se procurer des livres avec la traduction?

Après que ce schisme fut consommé, l'archevêque de Paris, M. de Quélen, désigna le curé de Montmartre, M. Ottin, pour desservir la paroisse de Clichy.

§ V.—SEIGNEURIES.

L'histoire ne nous donne connaissance d'aucun nom digne d'être cité parmi les seigneurs de ce village. Quelques Mémoires font mention qu'au commencement du treizième siècle, Alix de Chatillon, femme de Guillaume de Garlande, cinquième du nom, était dame de Clichy-la-Garenne (1), ce qui s'accorde très-bien avec ce que disent ces Mémoires (2) : que cette seigneurie était,

---

(1) *Hist. de Gr. off.*, t. VI, p. 32.
(2) *Hist. de Gr. off.*, t. V, p. 128, et t. VI, p. 658.

au milieu du même siècle, dans la maison de Beaumont, dont descendit Jean de Beaumont, qui était seigneur de Clichy en 1262; et l'on voit, d'après Doublet, que cette famille la possédait jusqu'à 1387, et qu'elle était également seigneur de Courcelles (1). Ces Beaumont tiraient leur origine d'un lieu dit Beaumont-le-Déramé.

Depuis cette époque (1387) jusqu'en 1671, un grand nombre de seigneurs et de dames se succédèrent rapidement.

A cette dernière époque 1671, Édouard-François Colbert, comte de Maulevrier, et Nicolas de Bautru, marquis de Vaubrun, lieutenant-général des armées du roi, en étaient co-propriétaires. La veuve de ce dernier contribua beaucoup, en 1702, au changement qui fut fait au cimetière de la paroisse.

Enfin, en 1755, elle appartenait au fermier-général Grimod de la Reynière.

En février 1343, Philippe de Valois rendit une ordonnance contre les blasphémateurs, qui est datée de Clichy.

En 1786, lors de l'établissement des murs de clôture de Paris, Clichy fut en partie compris dans cette enceinte.

(1) Doublet, p. 735.

§ VI.— club de 1795 a 1797 ; événemens de 1814 et 1815.

Club de 1795 à 1797.

C'est en 1795, 1796, 1797, que ce tenait ce fameux club, dit la *Société de Clichy*. Ce club fut plus d'une fois dénoncé au conseil comme travaillant à la restauration de la monarchie. Il fut entièrement anéanti lors de la révolution du 18 fructidor an 5 (4 septembre 1797.)

Les journées de 1814 et 1815 furent très-désastreuses pour ce village, qui ne se rendit aux troupes étrangères qu'après la convention militaire du 3 juillet.

Clichy a beaucoup souffert de sa résistance. Il fut ravagé et pillé horriblement par les Anglais et les Prussiens.

§ VII.— chateau dagobert et maisons de campagne.

Art. 1er.— Le château.

Ce château qui, en 636, ainsi qu'on l'a vu plus haut, servait de palais à Dagobert, où il s'est tenu un concile sous son règne, et où le roi Jean créa l'ordre de l'Étoile en 1351, existait encore en 1812.

A cette époque, M. Vacquelin, blanchisseur, maintenant adjoint au maire de la commune, en ayant fait l'acquisition, le fit démolir en grande partie à l'effet de faire élever sur son emplacement une habitation pour lui. En faisant des fouilles à ce sujet, on découvrit à quinze pieds de profondeur du sol une grande cave, séparée, par un mur très-solide de deux pieds d'épaisseur, d'un petit cachot dont la voûte était écroulée, mais où il a dû exister une trappe pour y pénétrer, attendu qu'il n'y avait point été pratiqué d'escalier pour y descendre.

Le petit cachot ne pouvait seulement contenir qu'un seul homme dans toute sa largeur. En enlevant les décombres, on y trouva des ossemens humains et une forte clé de prison; séjour affreux où sûrement des victimes étaient englouties toutes vives. On voit encore des vieux piliers qui soutenaient les voûtes. M. Vacquelin a fait de la cave et du cachot des caves pour l'utilité de sa maison qui est construite au-dessus. Il existe encore, sur ce même emplacement, un vieux bâtiment qui date de six siècles environ.

Ce bâtiment et les piliers de la porte d'entrée paraissent avoir été ajoutés plus tard au vieux château; quelques murs de clôture sont élevés sous les anciennes fondations de ce château. On y aperçoit des pierres qui en proviennent, d'après les sculptures qu'on y remarque.

Art. 2.— Maisons de campagne.

Clichy renferme plusieurs maisons de campagne très-agréables. On distingue surtout celle de M. Barré, ancien directeur du Vaudeville (1).

§ VIII.— ÉTAT CIVIL.

L'état civil de cette commune consiste en un maire, un adjoint, un secrétaire de la mairie, une brigade de gendarmerie à cheval.

NOMS et qualités des personnes qui composent l'état civil.

NOMS.	PRÉNOMS.	QUALITÉS.	PROFESSIONS.
MM.			
GILLET.	Louis-Thomas.	Maire.	Cultivateur.
VAQUELIN.	Pierre-Hubert.	Adjoint	Blanchisseur.
FAGET.	Louis-Hippolyte.	Secrétaire.	
		Justice-de-paix	à Neuilly.

§ IX.— EFFECTIF DE LA GARDE NATIONALE

Environ 434 gardes nationaux, divisés en cinq compagnies, forment le deuxième bataillon de la première légion de la banlieue.

M. Joseph Peltier en est le chef.

(1) Voy. sa biographie à la fin de cette deuxième section.

§ X. — INDUSTRIE COMMERCIALE.

L'industrie commerciale de Clichy consiste :
En institutions de garçons et filles ; librairie ; fabrique de céruse ; manufacture de plomb laminé, tuyaux étirés, et plomb de chasse, façon anglaise. C'est par la machine à vapeur, qui y est établie, que l'eau monte dans la tour, qui se fait remarquer par son élégance. Pharmacie ; fabrique de produits chimiques ; fabriques de sel ammoniac, d'eau de Javelle ; blanchisserie ; culture ; commerce d'épicerie, mercerie, quincaillerie, etc. ; aubergistes et voitures publiques.

NOMS DES INDUSTRIELS.

MM.	
ROUVRAY.	Chef d'institution, enseignement mutuel, etc.
LAVERDET.	Librairie, abonnement de lecture, etc.
BENCHART.	Pharmacie.
MM.	**FABRIQUES**
MARTY.	De plomb laminé.
BOARD.	— céruse, minium, blanc d'argent, etc.
RATIER.	— produits chimiques.
PLUVENET et compagnie.	— de tannerie.
LESEUR.	— sel ammoniac.
MM.	
COLLIN.	Cultivateurs.
DELIGNY.	

§ XI.— ÉTENDUE DU TERRITOIRE ; SES PRODUCTIONS.

L'étendue du territoire de cette commune est de 434 hectares (1,300 arpens).

Ses productions sont médiocres. Les habitans s'occupent plutôt de blanchissage de linge que de la culture de la terre.

Ce village a adopté l'éclairage économique de l'ingénieur J.-A. Bordier-Marcet.

§ XII.— POPULATION ANCIENNE ET NOUVELLE.

D'après le dénombrement de l'élection de Paris en 1754, la population s'élevait à cent vingt-neuf feux, et le *Dictionnaire géographique universel du royaume* n'y comptait que six cent soixante-neuf habitans. En 1818, jusqu'en 1822 environ, sa population était à peu près de mille neuf cents, y compris le hameau de Monceaux, dont je vais donner quelques détails, celui des Batignolles, les maisons isolées de Courcelles et de la Planchette.

Aujourd'hui Monceaux et ces maisons isolées sont réunis aux Batignolles.

TABLEAU statistique contenant le dénombrement de la nouvelle population, des naissances, mariages et décès, pendant les années 1830, 1831, 1832 et 1833, d'après celui qui m'a été officiellement communiqué par la préfecture du département de la Seine.

ANNÉES.	POPULATION. SEXE Masculin.	POPULATION. SEXE Féminin.	POPULATION. TOTAL.	NAISSANCES. SEXE Masculin.	NAISSANCES. SEXE Féminin.	NAISSANCES. TOTAL.	MARIAGES.	DÉCÈS. SEXE Masculin.	DÉCÈS. SEXE Féminin.	DÉCÈS. TOTAL.	Décès par le choléra.	OBSERVATIONS.
1830	»	»	(A)	119	99	218	59	84	101	185		(A) Cette population est regardée, par décision ministérielle, seule valable pendant 5 ans. Dans le total général des décès, sont compris les décès cholériques.
1831	1460	1637	3097	70	79	149	34	30	38	68		
1832	»	»	»	79	65	144	33	71	53	124	34	
1833	»	»	»	66	70	136	23	42	44	86		

CHAPITRE IV.

MONCEAUX.

Son origine.—Chapelle, Seigneuries, Châteaux et maisons de campagne.

§ Ier.— SON ORIGINE.

Ce hameau, qui naguères dépendait de Clichy, et qui maintenant est réuni aux Batignolles, est situé aux portes de Paris.

Dans les chartes de Saint-Denis, de 1303, il est nommé *Monticelli* et *Monticellum,* qui signifie *petit mont* : on ne sait trop pourquoi, car on n'y voit aucune élévation; il y a lieu de croire qu'il vient de *musselum* ou *musselli,* qui signifie *lieux mousseux* ou *mousceux,* c'est-à-dire, où il *croît beaucoup de mousse*; d'après cette explication, le nom de *Mouceaux* aurait dû lui rester.

§ II.— CHAPELLE, SEIGNEURIES, CHATEAUX ET MAISONS DE CAMPAGNE.

Ce n'est qu'au commencement du seizième siècle qu'on édifia à Monceaux une chapelle, qui fut consacrée, le 26 mars 1529, par Gui, évêque de Mégare, sous l'invocation de saint Étienne; elle fut destinée à servir de succursale à l'église de Clichy.

Cette chapelle dépendait de la maison de campagne qui appartient maintenant à M. Guingand, ancien notaire, et qui fut celle de Gabriel d'Étrée. On y remarque encore les murs qui ont une épaisseur considérable; la voûte, dont une partie est plafonnée; l'escalier qui montait à la tribune et au clocher, et qui représente une tourelle au-dehors. Cette chapelle s'étendait jusqu'à la porte d'entrée actuelle de la maison, entrée qui était autrefois de l'autre côté de ladite tourelle. L'intérieur de la chapelle, où l'on voit encore une croisée et des anciens balcons, a été divisé pour l'utilité de la maison.

La famille de Charron (1) fut long-temps propriétaire de la seigneurie de ce joli hameau. Un des descendans de cette famille la vendit, en 1746, au fermier-général Grimod de la Reynière, seigneur de Clichy.

Ce hameau est très-bien bâti; plusieurs jolies maisons de campagne s'y font remarquer. Mais ce qui lui donne plus d'importance, c'est le château connu sous le nom de *Folies de Chartres*, que le duc d'Orléans fit élever sur les dessins de Carmontel. Les sommes immenses que ce prince y employa lui a mérité ce nom. Rien de tout ce qui

---

(1) Cette famille était originaire de Grèce; les membres de cette famille ont servi la France sous le règne de Philippe-le-Hardi.

peut contribuer à embellir un jardin anglais ne fut épargné ; l'on y remarquait des ruines grecques, des débris gothiques, des obélisques égyptiens, des tombeaux, des kiosques, des côteaux, des bains ornés de statues, de superbes péristyles, enfin tout ce que l'art peut imaginer. De toutes ces créations pittoresques, il n'en reste plus que quelques-unes. Ce parc enchanteur a été compris dans la nouvelle enceinte de Paris ; mais on obtint que le mur fût bâti dans le fond d'un vaste fossé, afin qu'il ne privât pas de la vue de la campagne.

La Convention ayant décrété que Monceaux ne serait pas vendu, mais qu'il serait entretenu aux frais de l'état pour y faire des établissemens publics, il fut alors exploité comme jardin d'agrément, tels que Tivoli, Beaujon, Marbœuf, etc. Napoléon, à son avènement au trône, en fit cadeau à l'archichancelier Cambacérès ; mais celui-ci trouvant que l'agrément de cette propriété ne compensait point la dépense qu'il était obligé d'y faire pour son entretien, la rendit quatre ou cinq ans après au donateur. Napoléon réunit alors Monceaux à son domaine particulier ; et, à l'époque de sa chute, en 1814, le roi, de retour en France, la rendit au duc d'Orléans, aujourd'hui Louis-Philippe, roi des Français (1).

(1) *Dictionnaire historique et topographique des environs de Paris*, article Monceaux.

CHAPITRE V.

BATIGNOLLES-MONCEAUX.

Son origine et sa situation.— Journées de 1814 et 1815.— Ses fondateurs.—Accroissement, et composition de la population.— L'église catholique romaine.— L'église évangélique protestante.—État civil.—Effectif de la garde nationale.— Industrie commerciale.— Établissemens importans.— Étendue du territoire. — Tableaux statistiques des naissances, mariages et décès.

§ Ier.— SON ORIGINE ET SA SITUATION.

Je donne ici la description d'un lieu qui naguères n'était qu'une vaste plaine où Blucher, général prussien, établit son camp, en 1814. Il ne consistait, il y a dix ou douze ans, qu'en quelques maisons situées proche la barrière de Clichy. C'est aujourd'hui un village si considérable, qu'on pourrait le regarder comme un des plus beaux et des plus riches faubourgs de Paris. Il est traversé par deux routes qui conduisent, l'une à Saint-Ouen, et l'autre à Clichy.

Il n'existait dans ce lieu aucune maison, lorsqu'il prit fantaisie à un nommé Bes de faire construire une petite chaumière à l'embranchement de ces deux routes. En la voyant s'élever, on dit à Bes en le raillant : « Tu bâtis, *gnolle*. » Ces deux mots, dont on fit Batignolles, restèrent à

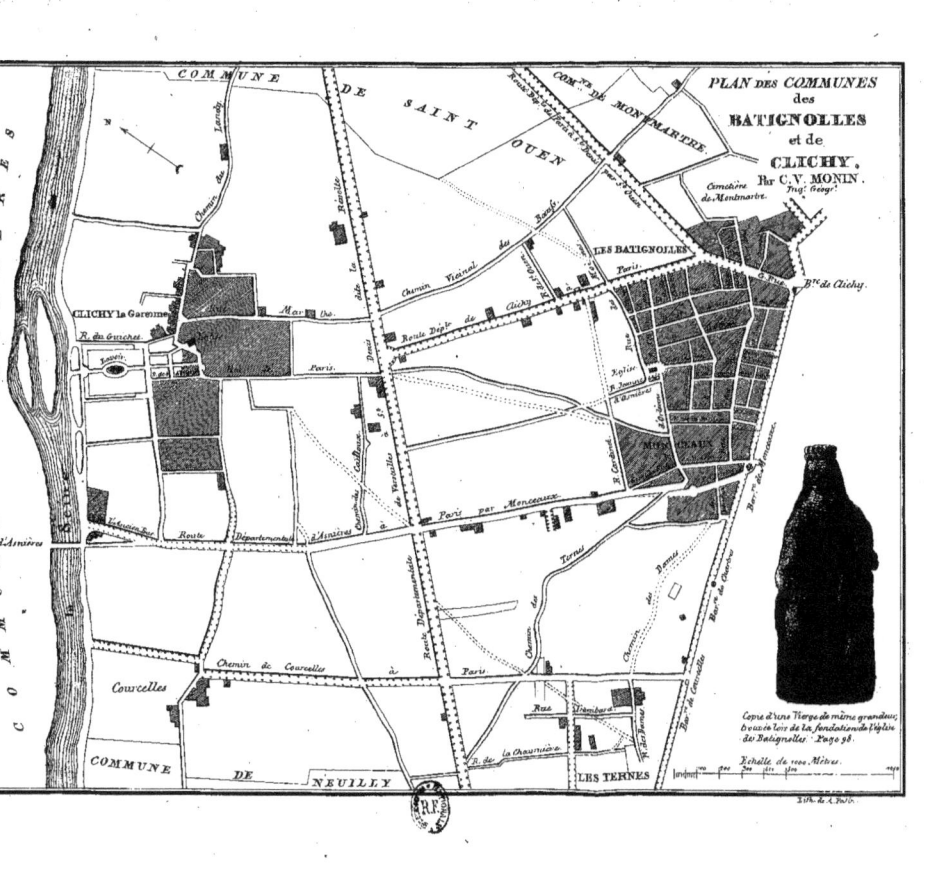

cette chétive habitation, et devinrent le nom du hameau.

Quant à celui de Monceaux qui y est joint, on verra pourquoi ci-après.

§ II.—journées de 1814 et 1815.

Le 30 mars 1814, voulant opposer une vigoureuse résistance contre les troupes étrangères qui les assiégeaient, les grenadiers et les chasseurs se replient sur Clichy, s'emparent des fenêtres et de la plate-forme du bâtiment de la barrière ; et, secondés par les troupes de ligne placées aux créneaux du tambour en charpente, par les canoniers-vétérans qui se réunissent dans les embrâsures, et encore par un feu bien nourri, ils forcent l'ennemi à se précipiter dans les maisons. Se disposant à faire un second point de défense, le général Moncey (1) ordonne un retranchement en arrière avec des charrettes et des bois de chantier. Les pompiers, les femmes, les enfans, tous s'en occupent, l'activité n'a pas d'exemple ; bientôt va s'élever une seconde barricade au bas de la rue, mais on entend la trompette annoncer l'armistice, et les feux de s'éteindre subitement sur toute la route.

Cependant de nouveaux tirailleurs russes se

(1) Voy. sa biographie à la fin de cette deuxième section.

font apercevoir. Aussitôt le combat reprend son activité ; mais de nouveaux ordres qui surviennent promptement, arrêtent cette reprise d'hostilité qui aurait été fatale aux deux partis.

§ III.— SES FONDATEURS ; SA RÉUNION AVEC MONCEAUX.

Les fondateurs de cette commune sont M. Le Mercier, docteur en médecine, et la société Navarre et Rivoire. Le premier, qui y avait établi une maison de santé, vendit à un sieur Bénard et autres des terrains propres à bâtir. Ce sieur Bénard, qui était un simple commis de barrière, parvint à se rendre propriétaire d'une quantité de maisons et de terrains. Plus prudent, il aurait pu se former une fortune considérable ; mais, soit par imprudence ou par fausses spéculations, il a fini par se ruiner entièrement.

Quant à M. Le Mercier, plus digne d'un meilleur sort, et probablement victime des malheureuses circonstances où se sont trouvés une multitude de spéculateurs de ce genre, il y a vu s'écrouler toute sa fortune.

Pour ce qui est de la société Navarre et Rivoire, qui a rendu à cette commune d'importans services, elle a aussi, malheureusement, subi le même sort.

Avant 1830, Les Batignolles et Monceaux, ainsi qu'on l'a vu à l'article de ce dernier hameau, étaient deux annexes qui dépendaient de Clichy ; mais Les Batignolles, qui contenaient déjà trois mille habitans en 1824, ainsi que le hameau de Monceaux furent réunis, à cause de l'augmentation sans exemple de leur population et de la difficulté de communiquer avec le chef-lieu Clichy, et érigés en commune par ordonnance royale, rendue le 10 février 1830.

§ IV. — ACCROISSEMENT ET COMPOSITION DE LA POPULATION.

Depuis 1824, l'accroissement de Batignolles-Monceaux tient du prodige ; il s'y élève journellement de superbes maisons qui rivalisent avec les plus belles de la capitale par leur construction.

Le rapprochement de cette commune du centre de Paris fait que sa population est en grande partie composée d'employés des différens ministères.

On y remarque principalement plusieurs hommes illustres, des savans et artistes distingués qui ont habité et habitent encore ce charmant pays, tels que le maréchal Moncey, le général Dufour, Alexandre Duval, Robertson et Margat, aéronautes, et Lecomte, physicien (1).

Sa population actuelle est de neuf mille habitans environ ; elle s'accroît chaque jour.

---

(2) *Voyez* leur Biographie à la fin de cette deuxième section.

§ V. — L'ÉGLISE CATHOLIQUE ROMAINE.

Cette église, qui n'est pas encore achevée, est située à l'extrémité de la commune, sur un terrain contenant plus d'un arpent; il dépend de son territoire qui lui-même est extrait de l'immense et magnifique plaine qui se présente à l'aspect de l'observateur.

Ce terrain, sur lequel l'église est édifiée, a été donné par MM. Saumaniat, dit Magny, Navard et Giel. Cette donation est d'autant plus importante, que le terrain, à cette époque, valait 60 fr. la toise. Faut-il que les fatals événemens qui ont mis les propriétés à un quart de leur valeur aient entraîné la ruine de ces entrepreneurs si généreux!

Je ne puis passer sous silence un fait assez extraordinaire. A peine eut-on commencé à fouiller la terre pour établir les fondations de l'église, que le second jour on y trouva une petite statue en bronze représentant la sainte Vierge assise, tenant l'enfant Jésus sur ses genoux (1); ce fait est assez singulier dans une vaste plaine où l'on n'avait jamais bâti.

L'édifice, tel qu'il existe maintenant, a été construit par le moyen de souscriptions volon-

(1) *Voyez* le plan de cette commune, où elle est gravée de grandeur naturelle.

taires aux frais des propriétaires et des habitans de la commune. Ce temple a été érigé par les soins de M. Molinos, fils du célèbre architecte de ce nom. La façade représente un péristyle sous lequel on parvient par six degrés; six colonnes d'ordre dorique supportent un fronton au milieu duquel on a placé un cadran.

Cette église n'ayant pas encore de clocher, on a provisoirement mis en dehors, au-dessus du fronton, une petite clochette pour appeler les fidèles. La frise est décorée de triglyphes et de patères. La nef est seulement construite; il reste à faire le chœur et les bas-côtés. Les stalles et le maître autel sont placés, quant à présent, dans le petit sanctuaire pris aux dépens de la nef. Les pierres d'attente que l'on remarque au-dehors donnent une idée de ce qui doit être exécuté.

Mais il fallait le zèle de M. Heuqueville, curé de Clichy, qui, comprenant bien les besoins spirituels de la population toujours croissante de cette commune, apporta tous ses soins pour achever l'érection de cette église comme annexe à la paroisse de Clichy.

Ce fut le 4 octobre 1829 que sa bénédiction eut lieu par M. de Quélen, archevêque de Paris, assisté de MM. Boudot et Desjardins, vicaires-généraux, sous l'invocation de sainte Marie, à cause de la petite statue de la Vierge dont j'ai parlé.

M. de Quélen fut reçu par M. Heuqueville. Cette église qui n'était alors, comme je viens de le dire, qu'une annexe, fut érigée en chapelle le 15 octobre 1831, et M. Heuqueville jeune, qui était alors vicaire, fut désigné par l'archevêque pour administrer l'église.

M. de Quélen, lors de la bénédiction de cette église, fit un don de 1,000 fr., et les deux vicaires-généraux chacun 100 fr. Ces sommes furent employées à l'acquisition de la fourniture de l'autel.

Voici la copie d'une déclaration faite par les membres du conseil de fabrique de l'église de Batignolles-Monceaux, lors de sa création, qui prouve toute la vénération, le respectueux attachement que ses paroissiens lui portaient, et le regret qu'ils ont éprouvé d'en être séparé : « Les
« membres du conseil de fabrique, rassemblés
« sur l'invitation à eux adressée par M. le vicaire
« Chapelain, etc., de la paroisse de Sainte-Ma-
« rie, de Batignolles, déclarent, avant d'entrer en
« fonctions, qu'ils éprouvent le besoin de remer-
« cier M. l'abbé Heuqueville, ancien curé de cette
« paroisse, avant sa séparation, pour les bons
« soins qu'il a donnés jusqu'à ce jour à l'ad-
« ministration du temporel de cette paroisse. Ils
« reconnaissent que c'est en très-grande partie à
« son instance et à son officieuse réclamation au-
« près de monseigneur l'archevêque de Paris que

« la commune de Batignolles-Monceaux doit l'é-
« tablissement d'une paroisse dans son sein; que
« M. l'abbé Heuqueville a fait, de ses propres
« deniers, des avances considérables auxquelles
« on doit l'état satisfaisant du temporel de l'é-
« glise. Ils croient devoir ajouter que, pour don-
« ner une dernière preuve de son attachement
« aux habitans de cette paroisse et faciliter la sé-
« paration de Clichy et des Batignolles, sous le
« rapport spirituel, il s'est empressé de donner,
« entre le choix de Monseigneur et en faveur de
« M. son frère, sa démission pour la portion atte-
« nante au territoire de Batignolles-Monceaux.
 « Les membres de conseil de fabrique soussignés
« prient M. l'abbé Heuqueville de vouloir bien re-
« cevoir ici l'expression de toute leur reconnais-
« sance et des sentimens de leur parfaite estime. »

§ VI.— L'ÉGLISE ÉVANGÉLIQUE PROTESTANTE.

Depuis long-temps les habitans protestans de Batignolles-Monceaux désiraient établir leur culte dans la commune. M. Baraton (Mathias), domicilié à Batignolles-Monceaux, rue Saint-Louis, n° 39, est, depuis nombre d'années, diacre de l'Église réformée de Paris.

La Société protestante de prévoyance et de secours mutuels, dont M. Baraton est un des censeurs depuis sept ans, fut créée en janvier 1825, par ordonnance royale du 12 mars 1829; elle fut reconnue comme établissement d'utilité publique, par une seconde ordonnance royale du 18 septembre 1833, et depuis les nouveaux statuts furent approuvés.

S'empressant d'acquiescer aux vœux de ces habitans, M. Baraton, le 15 septembre 1834, conçut le projet religieux de faire ériger un temple pour y exercer leur culte. Ayant trouvé un collègue digne de lui en M. P.-J. Schmid, que la communauté des Billettes compte au nombre de ses fidèles les plus assidus, ils adressèrent à ce sujet une lettre aux pasteurs de l'Église réformée de la confession d'Augsbourg, le 9 novembre 1834, par laquelle ils exposent qu'ils ont acheté un terrain et passé un contrat avec un entrepreneur, pour y ériger un temple qui pourra contenir quatre cents personnes, afin d'y célébrer le culte et le consacrer. Par cette lettre, ils déclarent que leur intention est d'être attachés, sous tous les rapports, aux Églises nationales et consistoriales reconnues par le gouvernement; qu'ils ont voulu prévenir que jamais l'esprit de séparation, en apparence ou en réalité, ne puisse s'introduire dans leur œuvre religieuse, affaiblir le lien qui les unit aux églises de Paris, à leur vénérable consistoire, et, enfin, qu'ils prient les pasteurs de prendre connaissance de leurs statuts (1); elle termine ainsi :

« Nous vous adressons cette lettre avec une en-
« tière confiance en votre zèle évangélique, et en
« vous priant de compter d'avance sur notre vive
« et respectueuse reconnaissance.

« Communication de la présente lettre a été faite
« à M. le ministre de la justice et des cultes, à M. le
« chef de la division des cultes non catholiques,
« au ministère de la justice et des cultes, aux véné-
« rables consistoires et au diaconat de l'Église réfor-
« mée et de l'Église de la confession d'Augsbourg.
» Nous avons l'honneur d'être,

» *Signé* Mathias BARATON,
« Membre de l'église réformée de Paris et de son
« diaconat.

« Philippe-Jacob SCHMID,
« Membre de l'église de la confession d'Augsbourg
« de Paris. »

Les membres de l'église protestante doivent de la reconnaissance à M. Baraton, qui depuis bien des années se fait remarquer dans le diaconat de cette Église (2). On a vu ci-dessus que le ter-

(1) Leur étendue et la tâche que je me suis imposée ne me permettent pas de les transcrire ici.

(2) Les rapports annuels de cette Société font mention des services que M. Baraton lui a rendus, notamment celui de l'année 1829.

terrain fut acheté le 15 septembre 1834 : peu de jours après l'édifice sortit de terre, et, comme je l'ai dit, son inauguration a eu lieu le 25 décembre 1834.

Ce temple est situé sur le boulevard extérieur de Batignolles-Monceaux, entre les rues de Puteaux et Batignollaise, n° 38, en face du mur d'enceinte de Paris. L'architecture en est simple et sévère, mais non dépourvue d'élégance ; l'aspect général est du meilleur effet ; la forme, qui est celle d'un octogone oblong de quarante-huit pieds de long sur trente pieds de large, est décorée de quatre pilastres sur socles en pierre, ornés de bases et de chapiteaux doriques, et surmontés d'une frise portant pour inscription, en lettres en relief bronzées : *Église évangélique protestante*. Au-dessous règne un entablement sur lequel vient s'amortir la croupe du comble qui, à son faîte, est terminée par une croix bronzée.

La décoration intérieure est des plus simples, et se compose d'une corniche sur laquelle vient s'appuyer le plafond. Au milieu de la voûte est une lanterne vitrée qui, avec deux croisées en verre dépoli placées sur les deux pans latéraux à la chaire, éclaire le temple.

La chaire, découverte, est placée en face de la porte d'entrée : on y monte par un double escalier ; au-devant est la tribune du lecteur. Le sol intérieur est sur-élevé de deux pieds, et le plancher, en sapin, porte sur des traverses qui le garantissent de toute humidité.

Le temple est séparé du boulevard par une cour de soixante-cinq pieds de long sur trente-six pieds de large, fermée d'un mur d'appui qui soutient deux travées de grilles, séparées par des pilastres en pierre portant une grille d'entrée à deux ventaux, qui donne passage aux voitures jusqu'à la porte du temple. A gauche, sur la largeur du terrain, est un passage longeant l'édifice et conduisant à une petite cour, au fond de laquelle est la petite salle du vestiaire pour MM. les pasteurs, ayant une entrée particulière dans le temple au pied de la chaire.

A l'exception du socle de la face qui est en pierre dure, et des pilastres de la grille en pierre tendre, toutes ces constructions sont en moellons et plâtre.

Ces travaux ont été exécutés avec beaucoup d'intelligence et d'activité par les soins de M. Coradi, entrepreneur à Batignolles-Monceaux, et sous la direction de M. Féré, vérificateur des travaux publics de la ville de Paris.

§ VII.— ÉTAT CIVIL.

L'état civil de cette commune consiste en un maire, deux adjoints, un secrétaire, un conseil municipal, composé de vingt-trois membres, un juge-de-paix, un assesseur et un greffier, un commissaire de police, une brigade de gendarmerie à cheval et une à pied, un notaire, une succursale d'huissiers, une direction de poste aux lettres, un bureau de papier timbré, un bureau de loterie, et est le chef-lieu de perception.

Cette commune a adopté l'éclairage économique de l'ingénieur J.-A. Bordier-Marcet.

Noms et qualités des personnes qui composent l'état civil.

NOMS.	PRÉNOMS.	QUALITÉS.	PROFESSIONS.
MM.			
JAIQUE.	Jean-Constant.	Maire, depuis la création de la commune.	Ancien négociant.
MARTHE.	Denis.	Ancien adjoint, époque de la création.	Botaniste du roi.
DIMIER.	Anatole.	Id.	Employé aux postes.
LEBOUTEUX.	Denis.	1er adjoint.	Propriétaire.
LEDREUX.	Alexandre.	2e adjoint.	Maître-couvreur.
BOURDEAUX.	Henri.	Secrétaire de la mairie.	
CHAPELAIN.	Gabriel.	Justice-de-paix	A Neuilly, chef-lieu de cant.
DUMÉNIL.	Jean-François.	Greffier.	
CLOUET.	Jean-Baptiste.	Commissaire de police.	
BALAGNY.	Auguste-Prosper.	Notaire.	

§ VIII.— EFFECTIF DE LA GARDE NATIONALE.

Environ mille hommes, divisés en six compagnies, dont trois ont un premier et second capitaines, et les trois autres n'en ont qu'un, formant le quatrième bataillon de la deuxième légion de la banlieue.

M. Capron (Jean-François-Thermidor) en est le chef.

§ IX.— INDUSTRIE COMMERCIALE.

L'industrie commerciale de Batignolles-Monceaux consiste en impression lithographique, librairie, institutions de garçons et de demoiselles; impression d'étoffes en relief, impression sur toile, apprêts d'étoffe; fabrique de sel ammoniac et sulfate d'ammoniaque; distillation des produits huileux et bitumineux; distillerie de M. Wirt, négociant en eau-de-vie, liqueurs et vinaigre; charbon de terre; fabrique de cire à cacheter et à dépêche; une société des eaux de la Seine; pharmacie; tanneries; restaurans; voitures publiques, dites Batignollaises, et à Paris, cloître Saint-Honoré, près le Palais-Royal.

Outre ces précieux avantages, on y remarque des négocians en laine, en vins, quantité d'épiciers, un grand nombre de jolies boutiques, des cafés, des restaurateurs, et principalement le superbe établissement de M. Lathuille, qui va de pair avec les meilleurs restaurans de Paris, et auquel est ajouté un café très élégant qui communique de l'un à l'autre par une galerie qui y est pratiquée. Cet établissement, qui est tenu par M. Dehelly, beau-frère de M. Lathuille, est chauffé par des calorifères. Les deux établissemens ont chacun un jardin d'agrément rempli de jolis bosquets.

NOMS DES INDUSTRIELS.

MM. REGNAULT. BORCÉ. MAZAIN. BAROUX.	Chefs d'institution.
MM^{mes}. BESNARD-LACARRIÈRE CREUZET. DAMIEN.	Institutrices.
M. NIZON.	Librairie.
MM. ANTHOINE. BALS.	Pharmacie.
M. WIRT.	Distillerie.

MM.	FABRIQUES.
HULOT.	De sel et sulfate d'ammoniac.
LEVRIER.	De sel et produits chimiques.
BERNOUI.	D'apprêt d'étoffes, presse hydraulique, machine à vapeur.
HERBLIN.	De tannerie.
LECUYER.	De cire à cacheter et à dépêches.
Mme Veuve PIERRE.	D'impression d'étoffes en relief, successeur de Ternaux.

MM.	NÉGOCIANS.
CAPRON.	De fourrages.
MARTHE.	Botaniste du roi.
LAPEYROUSE.	De vins en gros et laines.
DEWAILLY.	De vins en gros.
LEBOUTEUX.	Entreprise de bâtimens.

MM.	
ATTENOT.	
BOURDILLAT jeune.	Épiciers en gros.
GOURSAULD.	
HARANG.	

MM.	
LATHUILLE et DEHELLY-AUBRY.	Restaurans et cafés.

§ X. — ÉTABLISSEMENS IMPORTANS PROJETÉS OU EXÉCUTÉS.

Art. 1er. — Projet du chemin de fer de Paris à Rouen.

L'exemple que nous donne l'Angleterre de l'établissement des chemins de fer et des grands avantages qu'ils procurent ne laisse aucun doute sur les résultats qu'ils peuvent obtenir en France.

On ne voyait que cent à cent cinquante voyageurs par jour de Lyon à Saint-Étienne ; maintenant, au moyen du chemin de fer, on en compte mille à douze cents.

Plusieurs lignes seront très productives en France, et notamment celle de Paris à Rouen, surtout par la vallée de la Seine. Les villes y étant rapprochées et populeuses, il y existe de nombreux motifs de communication dans les principales industries de Paris et de Rouen.

Moins dispendieux et plus court que par Gisors, ce tracé n'exigera que trois ponts pour couper les principales sinuosités.

Par la vallée de la Seine, le chemin sera partout presque de niveau et à ciel ouvert, excepté à la sortie de Paris, tandis que, par Gisors, il faudrait des coupures longues et profondes, et plusieurs tunnels ou souterrains de quatre mille mètres.

La crainte que le service des intérêts de leurs fonds ne fût pas fait a détourné quelques capitalistes des chemins de fer : il a donc fallu assurer ce service ; condition qui ne pouvait être remplie qu'en partageant en plusieurs divisions la construction du chemin de Paris à Rouen.

La longueur doit être environ de trente-cinq lieues de quatre mille mètres, divisées ainsi :

La première section de Paris à Poissy a été fixée à huit millions, à cause des tunnels pour sortir de Paris et d'un pont pour traverser la Seine; les intérêts de cette première division seront de 400,000 fr. La compagnie affecte à ces intérêts une garantie hypothécaire sur trente mille toises de terrains, situées quartier Tivoli, sur la place de l'Europe. Cette hypothèque garantit ces intérêts pendant quinze ans. On a la conviction, par les études sur les circulations actuelles, que les produits de cette première division laisseront, toutes les charges et intérêts déduits, un excédant net de 800,000 fr. par an. Cet excédant sera lui-même donné en garantie des fonds qui seront appliqués pour la seconde division, et ainsi de suite jusqu'à Rouen. Pour terminer le chemin de fer de Paris à Rouen, il faudra quatre ans et demi ou cinq ans au plus à cause de la garantie des intérêts; autrement deux années eussent suffi.

Un comité d'ingénieurs, composé de deux inspecteurs-généraux et de deux ingénieurs divisionnaires, choisis parmi les hommes les plus distingués des ponts-et-chaussées, dirigera les travaux, et ces travaux seront exécutés par un ingénieur qui a donné des preuves de son talent et de son expérience dans la construction de plusieurs ouvrages d'art très remarquables.

L'administration sera confiée à une société anonyme, composée de cinq administrateurs qui seront présidés par M. Lafitte, l'un d'eux, et parmi lesquels se trouve M. Riant, ancien notaire, et membre du conseil général. Ces noms suffisent pour ne pas permettre de douter que cette entreprise n'ait été étudiée et approfondie avec conscience, et qu'elle ne soit administrée avec autant de discernement que de probité et d'économie.

Itinéraire du chemin de fer.

Point de départ par la place de l'Europe, qui sera abaissée au niveau de la plaine Saint-Denis; le chemin passera sous le mur d'enceinte, le boulevard et les Batignolles, laissant l'église à gauche; il traversera, à ciel ouvert, la plaine et la route de la Révolte, entrera dans Saint-Denis, place aux Gueldres. Un embranchement sera pratiqué à la gare de Saint-Ouen pour la desservir. De Saint-Denis, le chemin doit franchir la Briche, laisser la Seine à gauche, et passer à Argenteuil par la route appelée *route d'en bas*, etc., jusqu'à Rouen. Ce chemin sort par la place de l'Europe dans les terrains des héritiers Mignon, gérés par l'un d'eux, M. Riant.

Art. 2.— Service des eaux de la Seine.

Batignolles-Monceaux, Montmartre et autres communes circonvoisines, sont celles où la pénurie d'eau se faisait le plus péniblement sentir. Les puits, construits à grands frais, ne pouvaient suffire au besoin le plus indispensable, parce que l'eau y était rare, peu propre à tous les usages domestiques ; elle ne se trouvait qu'à une immense profondeur, et ne s'élevait qu'à force de bras ; et quand survenaient des sinistres ou des sécheresses, il était très dispendieux de s'en procurer.

Dans un rapport présenté, en 1826, au conseil municipal, et imprimé à la suite des *Recherches statistiques*, M. le Préfet de la Seine a signalé les inconvéniens qui résultaient, pour les communes qui environnent la capitale, de cet état de choses, en indiquant en même temps, pour les faire cesser, les procédés ingénieux que l'industrie particulière pouvait étudier et mettre en œuvre. Cet appel a été entendu : plusieurs communes telles que Auteuil, Passy, Vaugirard, Neuilly, jouissent déjà du bienfait d'établissemens qui leur procurent de l'eau de la Seine en abondance et à des prix très modérés.

Batignolles-Monceaux et Montmartre, où le

besoin d'une pareille entreprise se faisait sentir bien plus qu'ailleurs, n'ont plus rien à désirer à cet égard. L'approbation de l'autorité assure à l'entreprise philantropique, fondée par M. Torasse, qui est en pleine activité, le succès le moins douteux et le moins incontestable, puisque c'est le seul établissement qui ait obtenu un droit exclusif consacré par ordonnance du roi. Cet établissement est éminemment utile, et même très avantageux aux capitalistes qui se sont associés à cette entreprise. Dans cette opération, dépenses et revenus, tout est positif.

Le sol de la banlieue est couvert d'établissemens industriels et de jardins auxquels l'eau est nécessaire. On pensait que, pour cette entreprise, il faudrait une mise de fonds au-dessus de 300,000 fr. : on se trompait; car, depuis l'ordonnance de juin, qui lui donne une concession pour quatre-vingt-dix-neuf ans, cette somme a été couverte.

Près du pont d'Asnières s'élève la haute tour, dont j'ai parlé, p. 88, dans laquelle l'eau monte à cent soixante-dix pieds pour redescendre par d'autres tuyaux dans la conduite alimentaire. En élevant l'eau sur la tour, il est facile de faire sans danger des embranchemens sur la conduite, tandis qu'en refoulant l'eau dans la conduite, sans l'élever sur la tour, on expose les tuyaux alimentaires à des coups de béliers d'une puissance incalculable.

Le moteur est une machine de Watt de la force de vingt chevaux; elle est à quatre cents mètres de la rivière. Par heure, elle élève cinquante mille litres d'eau qui descendent de la cuvette de la tour pour se rendre à trois mille six cents mètres dans les réservoirs construits à Batignolles-Monceaux, à dix mètres au-dessus du niveau légal du bassin de la Villette, et qui contiennent six cent cinquante mètres cubes d'eau. Enfin, toute l'entreprise est disposée pour alimenter cent mille âmes à vingt litres par individu.

Pour former une prise d'eau, on pouvait simplement la tirer au moyen d'un aquéduc au bord de la rivière; mais ce moyen était le plus mauvais parce qu'il aurait toujours donné une eau chargée de matières insalubres. On pensait qu'il fallait aller la prendre avec des tuyaux au milieu de la rivière, mais de grandes difficultés se présentaient. Il fallait lutter contre un élément puissant et capricieux; mais les ingénieurs préféraient barrer la rivière au moyen de radeaux; ils faisaient épuiser la tranchée dans laquelle devait être placée la ligne de tuyaux, et procéder pour ainsi dire à pied sec. Ce moyen était le plus sûr, mais le plus dispendieux. On se contentait de jeter à l'eau une suite plus ou moins longue de tuyaux, sans les défendre par aucun ouvrage avancé en rivière; il arrivait alors que des bateaux, en descendant le courant et cherchant à régulariser leur marche en se lâchant sur leurs ancres, détruisaient et entraînaient toute une conduite ; alors les machines à jeu ne puisaient plus que des eaux sales et insalubres, et les cylindres des pompes souffraient de l'introduction des sables sous les pistons : c'est ce qui est arrivé à Clichy à l'usine de M. Lavessière, et à Neuilly-sur-Seine à l'établissement de M. Menot. Presque toutes les prises d'eau sont défendues en rivière, au moyen d'une patte d'oie placée à une distance indiquée par les besoins de la navigation et par l'état du lit des rivières. L'aspiration des machines est formée par un tuyau qui va de la machine à la patte d'oie.

On se sert, le plus souvent, de bateaux solidement attachés les uns au bout des autres et formant momentanément un pan, et quand les tuyaux sont joints ensemble, on les moise entre plusieurs madriers bien boulonnés, et on les amarre à des chèvres espacées sur le pont de bateaux, et à l'aide desquels on les descend au fond de la rivière.

Ce système ne pouvant empêcher le courant d'entraîner les bateaux, et étant sujet à de grands inconvéniens, n'a donné qu'un mauvais résultat.

Ce n'est point ici comme dans un port de mer où les opérations les plus gigantesques, le démâtage d'un vaisseau par exemple, se font comme par enchantement : là, le démâtage d'un vaisseau est le travail de chaque jour ; ici, une prise d'eau est une œuvre exceptionnelle.

M. Torasse a été bien inspiré ; il a fait effectuer la pose d'une conduite en fonte de trente centimètres de diamètre sur soixante-cinq mètres de longueur, destinée à servir la prise d'eau et l'aspiration de la machine. Depuis la berge jusqu'à la patte d'oie, placée au milieu de la rivière, il avait fait battre à une distance de trois mètres les uns des autres des pieux supportant des ponts de service. Sur le premier, et à fleur d'eau, étaient posés les tuyaux emboîtés et enveloppés dans une chemise en bois de sapin frêtée de distance en distance, et disposée de manière à ce que les tuyaux ne pussent jamais se disjoindre. Sur le pont supérieur étaient posées deux moises entre lesquelles on avait ajusté seize poulies, afin de leur donner une force dix fois plus puissante que la force nécessaire. Sur chacune des poulies passait un cordage, attaché d'un bout à une traverse du pont supérieur, de l'autre à un câble assez robuste pour supporter un fardeau de seize mille cinq cent kilogrammes, et auquel étaient attachés les seize petits cordages qui saisissaient les corps des tuyaux pour les lever horizontalement; mais un cordage se tend suivant le poids qu'il porte : comme le poids de l'appareil était divisé en seize parties, et que le cordage n'agissait que par un bout, l'extrémité, près de l'appareil, devait se tendre d'un seizième plus que l'autre. Pour régulariser la tension des cordages et empêcher leur rupture partielle, on maria au câble une barre de fer qui lui donna plus de force; puis, ce câble fut amarré à des moufles, fixés eux-mêmes à des pieux fortement battus au mouton. Un cabestan, à vingt mètres de la rivière, était retenu par un pieu d'amarre ; un autre, au moyen de deux ancres; enfin, le câble, retenu au pieu d'amarre, passait par une grosse poulie pour aller ensuite se rouler sur les cabestans.

Le poids total était de seize mille cinq cents kilogrammes. Lorsque tout a été disposé, le pont qui la portait a disparu sans gêne, et un quart-d'heure a suffi pour descendre les tuyaux par un mouvement rotatif horizontal qui leur a fait draguer leur place dans les sables du lit de la rivière. Des coulisses ou conducteurs dirigeaient leur descente en ligne droite contre les efforts du courant.

Quatre heures après, le passage était rendu à la navigation.

Si, dans ce paragraphe, je me suis permis

quelques détails un peu longs sur ce sujet, c'est parce que ce travail, qui est le premier exécuté, offre, par les moyens employés, un exemple à suivre pour les ingénieurs qui pourront être chargés de travaux analogues.

Art. 3.— Bains.

On doit encore à M. Torasse plusieurs autres établissemens moins importans, à la vérité, que celui que je viens de décrire, mais non moins utiles au pays.

Par exemple, les bains situés rue Lemercier, et qui sont dirigés par M. Casir. Rien ne manque à cet établissement : des bains d'eau de Seine, des bains médicinaux et à la vapeur, un chauffage général à la vapeur, etc., lui donnent de l'importance et en forment un des plus complets, en ce genre, qui existent dans les environs de Paris.

Art. 4.— Théâtre pouvant se transformer en salle de bal.

C'est encore par les soins de M. Torasse qu'il vient d'être érigé un théâtre d'amateurs, fondé par M. Souchet, propriétaire. Ce théâtre a cela de particulier, que, d'abord construit pour donner des fêtes et des bals, il peut être transformé avec la scène en un vaste et joli salon. Ce théâtre est très élégamment décoré ; les sujets, qui sont peints à l'huile, sont disposés de manière à disparaître à volonté. Le plancher, les statues, le parterre, tout est mobile; une demi-heure suffit à deux hommes pour faire de la salle de bal une salle de spectacle, et *vice versâ*.

Art. 5.— Projet de bazar général de comestibles.

Ce bazar, qui n'est pour le moment qu'un projet formé par M. Torasse, reste encore à exécuter. Cet établissement, dans une position toute particulière, serait fort commode, il contiendrait un grand nombre de comestibles, et serait un lieu de promenade aussi agréable qu'utile pour les dames de Batignolles qui viendraient elles-mêmes s'occuper des approvisionnemens de leurs ménages.

Art. 6.— Entreprise des Batignollaises.

Ces voitures ont contribué et contribuent encore à la prospérité du pays; elles se font remarquer par la manière dont elles sont conduites, par la régularité et l'exactitude du service qui, depuis sept heures et demie du matin jusqu'à minuit, s'effectue dix minutes en dix minutes. Les Batignollaises traversent le quartier le plus central et le plus agréable de Paris. Le lieu de leur stationnement, étant cloître Saint-Honoré, se trouve à portée du Palais-Royal et du jardin des Tuileries. Cette entreprise, qui est très bien dirigée par M. Constant, est d'une grande importance pour les habitans de cette commune, en ce que ces voitures partent de Paris après la sortie des principaux théâtres, tels que les Français, l'Opéra-Comique, le Vaudeville, etc. Elle emploie une voiture qui, de Batignolles-Monceaux, conduit d'heure en heure au port Saint-Ouen et correspond avec le service de Paris. Cet établissement est formé par une société en commandite, qui a fait construire à ses frais tous les bâtimens et autres objets nécessaires à son exploitation pour lesquels elle a employé environ 200,000 fr.

Le matériel de cette exploitation ne consiste qu'en six voitures, et pour lesquelles cependant elle emploie près de soixante chevaux. Près de trente individus, tant employés que conducteurs, cochers et palefreniers, y trouvent leur existence.

§ XV.— Étendue du territoire.

L'étendue du territoire de la commune est d'environ douze cents arpens. Ce lieu, à cause de sa grande importance, peut être considéré comme une très jolie ville.

On peut en juger par le plan qui est ci-joint.

TABLEAU statistique contenant le dénombrement de la nouvelle population, des naissances, mariages et décès, pendant les années 1830, 1831, 1832 et 1833, d'après celui qui m'a été officiellement communiqué par la préfecture du département de la Seine.

ANNÉES.	POPULATION. SEXE		TOTAL.	NAISSANCES. SEXE		TOTAL.	MARIAGES.	DÉCÈS. SEXE		TOTAL.	Décès par le choléra.	OBSERVATIONS.
	Masculin.	Féminin.		Masculin.	Féminin.			Masculin.	Féminin.			
1830	»	»	(A)	97	75	172	52	68	55	123		(A) Cette population est regardée, par décision ministérielle, seule valable pendant 5 ans. Dans le total général des décès sont compris les décès cholériques.
1831	3265	3561	6826	119	116	235	68	89	117	206		
1832	»	»	»	128	119	247	56	135	137	272	64	
1833	»	»	»	122	143	265	62	98	98	196		

Batignolles-Monceaux ayant pris un accroissement considérable depuis 1830, époque où le dénombrement de la population a été fait pour cinq ans, j'ai cru devoir ajouter, pour cette commune seulement, ce second tableau qui donne le dénombrement de la population en 1830, 1831, 1832 et 1833, conformément à celui qui m'a été remis par cette commune.

ANNÉES.	POPULATION.			NAISSANCES.					MARIAGES.		MORTS.								
	Masculin.	Féminin.	TOTAL	Légitimes.	Naturelles.	Masculin.	Féminin.	TOTAL	religieux et civils.	civils seulement.	Garçons.	Hommes.	Veufs.	Filles.	Femmes.	Veuves.	Masculin.	Féminin.	TOTAL	CHOLERA.
1831	3428	3586	7014	202	31	124	112	233	67		72	21	7	58	30	13	100	101	201	
1832	3902	4062	7964	199	48	133	114	247	56		93	30	11	86	43	24	134	153	287	33
1833	4231	4359	8590	209	46	125	130	255	61		80	28	13	59	35	16	116	100	246	

NOTICES BIOGRAPHIQUES.

BARRIÈRES.

CLAUDE-NICOLAS LEDOUX.

LEDOUX (Claude-Nicolas), architecte, né en 1736, à Dormans, département de la Marne, fut envoyé en qualité de boursier au collége de Beauvais à Paris. Il en sortit à quinze ans, et se livra à l'étude du dessin, d'abord chez un graveur où il était entré. Les maîtres de l'art reconnurent en lui l'indice d'un talent réel ; mais il quitta la gravure pour l'architecture qui flattait davantage sa naissante passion de s'illustrer. Ledoux passa ensuite sous la direction de Blondel. Le portail de Saint-Sulpice, à Paris, fut l'objet de ses premières études ; elles lui firent sentir l'importance de connaître les monumens anciens. Après avoir suivi, durant plusieurs années, l'académie d'architecture, il remporta le second prix et fut envoyé à Rome. Là, il conçut l'espoir de rectifier le goût français et de reculer les bornes de l'architecture. De retour, il trouva sa réputation établie. A trente-sept ans, il fut admis à l'unanimité à l'Académie royale d'Architecture. Il parut d'abord prendre le goût des Grecs ; mais celui de paraître original l'en fit écarter trop souvent. Parmi les édifices qu'il construisit pour des particuliers, on distingue les hôtels d'*Halleville*, d'*Uzès*, de *Montmorency*, de *Montesquiou*, et enfin l'hôtel de *Thélusson*, imposant dans son ensemble, mais dont on a trouvé trop fastueuse la porte, imitant un arc-de-triomphe, ce qui fit dire à Sophie Arnoult : « Que c'était une grande bouche qui s'ouvrait pour dire une sottise (1). » On distingue encore le *Théâtre de Besançon*, les *Salines d'Arc*, en Franche-Comté, et le *Château de Benonville*, en Normandie.

Mais ce sont les *Barrières* de Paris qui ont achevé sa réputation. Ledoux en fut chargé par M. de Calonne, alors ministre. L'idée d'avoir à décorer les entrées d'une grande capitale, l'emporta sur le soin d'observer les convenances pour de simples bureaux de recette. Ses plans parurent dignes de la splendeur d'une des premières villes du monde, mais trop vastes, et surtout trop dispendieux. Malgré les changemens qu'il fallut y faire, ces barrières, et particulièrement celles du *Trône*, de *Charonne*, d'*Italie*, de *La Villette* et des *Champs-Élysées*, attestent la fécondité du talent de Ledoux.

Il employa sa fortune en partie à faire graver, par les meilleurs artistes, ses œuvres et ses projets. Cet ouvrage devait former cinq volumes ; un seul a paru avec ce titre : *L'Architecture considérée sous le rapport de l'art, des mœurs et de la législation.* Paris, 1804, grand in-folio.

Son plan d'une ville disposée de manière à favoriser le plus possible toutes les branches d'industrie, a été célébré dans le poème de *l'Imagination*, où sont aussi

(1) Cet hôtel a été démoli pour prolonger la rue d'Artois (dite aujourd'hui Laffitte). Au lieu de cet hôtel, on y voit maintenant le joli portail de Notre-Dame-de-Lorette.

CHAPELLE.

rappelées les qualités privées de Ledoux, qui, ainsi que Delille, son ami, conserva toujours de l'attachement pour l'ancien ordre de choses, et fut détenu à ce sujet en 1793.

Ledoux mourut à Paris, après une attaque de paralysie, le 20 novembre 1806.

LA CHAPELLE-SAINT-DENIS.

CHAPELLE.

CHAPELLE, poète. Parmi nos poètes les plus aimables, Chapelle n'est connu sous ce nom que parce qu'il était né à La Chapelle-Saint-Denis, en 1624. Son vrai nom était Claude-Emmanuel Lhuillier, fils naturel de François Lhuillier, maître des requêtes à Paris.

Ce littérateur, doué d'une singulière facilité d'esprit, eut de bonne heure pour maître, dans la philosophie, Gassendi, et sut profiter des entretiens de plusieurs savans qui souvent se réunissaient dans la maison paternelle. Son père l'ayant fait légitimer en 1642, il devint propriétaire d'une fortune assez considérable. La délicatesse et la légèreté de son caractère, jointes à l'enjouement de son esprit, le firent rechercher des littérateurs les plus distingués. Il fut l'ami et même le conseil de La Fontaine, de Molière, de Racine, de Boileau et de Bernier. Épicurien par goût, il mena pendant nombre d'années la vie la plus joyeuse. Cherchant la liberté, il refusa de sacrifier ses goûts même aux offres les plus avantageuses que lui faisaient les plus grands personnages. Le grand Condé l'ayant invité à souper, il aima mieux suivre des joueurs de boules avec lesquels il se trouva et s'enivra. Le bon prince lui en fit des reproches auxquels il répondit : « En vérité, Monseigneur, c'é-« taient de bonnes gens et avisés à vivre que ceux qui « m'ont donné à souper. »

Le duc de Brissac engagea Chapelle à l'accompagner dans ses terres ; celui-ci y consentit. Mais ayant lu dans Plutarque, chez un moine où il dînait, ce passage : « Qui suit les grands, serf devient, » il retourna à Paris, malgré toutes les instances du duc.

Les hommes instruits connaissent sans doute l'anecdote du fameux souper fait à Auteuil. Le vin jeta tous les convives de la joie immodérée dans la morale la plus sérieuse ; les réflexions sur les misères de la vie et sur cette maxime désespérante de quelques sophistes anciens : « Que le premier bonheur de l'homme est de ne point naître et le second de mourir promptement, » leur fit prendre une résolution des plus extravagantes ; tous se déterminèrent à se jeter dans la Seine qui n'était pas loin. La folie va se consommer ; mais Molière leur représente qu'une si belle action ne doit pas être ensevelie dans les ténèbres et qu'elle mériterait d'être faite en plein jour à la face de tout Paris. Cette plaisanterie les arrêta, et Chapelle de leur dire en riant : « Oui, messieurs, ne nous noyons que demain matin, et en attendant allons boire le vin qui nous reste. »

Après avoir tour à tour égayé et fâché ses amis par ses plaisanteries aimables et ses piquans bons mots, il mourut à Paris en 1686 à soixante-dix ans.

On a de lui son *Voyage* écrit avec Bachaumont, dont le style peint son caractère et la tournure de son esprit, et *quelques pièces fugitives en vers et en prose*.

MEZERAY.

Racine lui doit plusieurs traits de sa comédie des *Plaideurs*, et Saumaise lui dédia son excellente édition grecque et latine d'*Achilles Tatius*.

FRANÇOIS-EUDES MÉZERAY.

MÉZERAY (François-Eudes), qui se retira à La Chapelle-Saint-Denis, pendant un temps très-considérable, pour travailler à son *Histoire de France*, naquit, en 1610, à Ry, en Basse-Normandie (1); son père était chirurgien.

Il se donna d'abord à la poésie, que bientôt il abandonna pour l'histoire et la politique. Il exerça, pendant deux campagnes, mais avec dégoût, l'emploi d'officier-pointeur. Doué, dès sa jeunesse, d'une ardeur incroyable pour l'étude et d'une imagination vive, il quitta les armes pour s'enfermer au collége de Sainte-Barbe, au milieu des livres et des manuscrits. Il projetait de donner une Histoire de France; sa trop grande application lui causa une maladie très-dangereuse. Le cardinal de Richelieu, instruit de son triste état et de ses heureux projets, lui fit présent de cinq cents écus dans une bourse ornée de ses armes. Cette générosité ayant enflammé son génie, il travailla plus que jamais, et publia à trente-deux ans, en 1643, son premier volume de l'*Histoire de France*. La cour le récompensa de ses travaux par une pension de quatre mille francs. Il succéda à Conrart, membre de l'Académie française. Cette compagnie lui

---

(1) Et non à La Chapelle, comme le dit M. Isidore de Paty, déjà cité. Ce petit ouvrage serait très-utile, s'il ne fourmillait pas de fautes grossières qui induisent en erreur; je les relèverai lorsque l'occasion s'en présentera.

donna la place de secrétaire perpétuel que son prédécesseur laissait vacante; en cette qualité, il travailla au *Dictionnaire de l'Académie*, et mourut le 10 juillet 1683, âgé de 73 ans.

Je vais citer de lui quelques singularités et quelques bizarreries que peut-être affectait-il à dessein. D'abord, il était si négligé dans sa personne qu'on le prenait souvent pour un mendiant. Sa physionomie peu spirituelle et sa taille médiocre ne prévenaient pas en sa faveur. On raconte qu'un jour, étant arrêté par les archers des pauvres, au lieu d'en être irrité, cette bévue le charma, car il aimait les aventures singulières; il dit aux archers *qu'il était trop incommodé pour aller à pied, mais que, dès qu'on aurait mis une nouvelle roue à son carrosse, il s'en irait avec eux partout où il leur plairait.*

Une de ses bizarreries était de ne travailler, même dans l'été et en plein jour, qu'à la chandelle, et comme s'il se fût alors persuadé qu'il n'y avait pas de soleil au monde, il ne manquait jamais de reconduire jusqu'à la porte de la rue, le flambeau à la main, ceux qui lui rendaient visite.

Il prit un tel attachement pour un cabaretier de La Chapelle, nommé Le Faucheur, où il passait des journées entières, qu'à sa mort, à l'exception de ses biens patrimoniaux qui étaient peu de choses, il le fit son légataire universel. La goutte, dont il était tourmenté, lui venait comme il le disait plaisamment : « De la *fillette* et de la *feuillette*. »

On raconte encore de lui beaucoup d'autres plaisanteries de ce genre, mais je crois en avoir assez dit pour faire connaître le caractère extraordinaire de cet historien.

Ses histoires se ressentent des défauts et des qualités de

son âme. Sa manière d'écrire est dure, basse et incorrecte. Aussi vrai et aussi hardi que Tacite, il dit également et le bien et le mal. Son *Abrégé chronologique de l'Histoire de France*, imprimé, en 1668, en 3 vol. in-4°, et réimprimé en Hollande, en 1673, en 6 vol. in-12, est recherché; mais on ne laisse pas d'y découvrir des fautes très considérables, ce qui lui valut la suppression de la moitié de sa pension : il en murmura, elle lui fut supprimée.

Son *Traité de l'origine des Français* fait honneur à son érudition. On a encore de lui l'*Histoire des Turcs depuis 1612 jusqu'en 1649*, in-folio, et une *traduction française du Traité latin de Jean Sarisbéry,* intitulé *les Vanités de la cour,* et plusieurs *Satyres* qu'on lui attribue, ainsi que beaucoup d'autres ouvrages.

CLICHY-LA-GARENNE.

FRANÇOIS BOURGOIN.

BOURGOIN (François), naquit à Paris, en 1585, et mourut le 26 octobre 1662, âgé de soixante-dix-sept ans. Il quitta, en 1641, la cure de Clichy, pour entrer parmi les Oratoriens, dont il devint le troisième général. Il publia les *OEuvres du cardinal de Bérulle,* dont il avait été un des coopérateurs, avec un Abrégé de sa vie. On a de lui : *Les Homélies des saints,* 3 vol. in-8°; *les Homélies chrétiennes,* in-8°. Bossuet prononça son oraison funèbre.

PIERRE-YON BARRÉ.

BARRÉ (Pierre-Yon), était ancien avocat au parlement et greffier à Pau près le même tribunal. Il fut le fondateur et le directeur du théâtre du Vaudeville. Auteur d'un grand nombre de jolies pièces, elles furent représentées avec plus ou moins de succès. On est obligé de convenir qu'il en partagea la gloire avec MM. Radet, Desfontaines, Piis, Maurice, Bourgueil et Dupaty. « Ils ont, dit « la *Biographie des Contemporains*, par de Boisgelin et « compagnie, résolu un problème inconnu jusqu'à eux, « la coopération de quatre ou cinq personnes pour un ou- « vrage qui exige unité de plan, d'action, de résultat, ce « qui prouve un accord parfait d'idées de vues et d'ex- « pressions. »

M. Barré, en 1815, a été remplacé à la direction du Vaudeville par M. Désaugiers, et ce dernier par Bérard; ensuite, une décision ministérielle rendit la direction à M. Désaugiers. Après avoir possédé une superbe propriété pendant plus de trente ans, Barré vint, plus qu'octogénaire, mourir à Paris le 3 mai 1832.

BATIGNOLLES-MONCEAUX.

ROSE-ADRIEN-JEANNOT DE MONCEY.

MONCEY (Rose-Adrien-Jeannot de), duc de Conégliano, pair et maréchal de France, né à Besançon, le 31 juillet 1754. Destiné à la profession d'avocat au parlement de Franche-Comté, il quitte le collége de Besançon pour les armes. A peine engagé dans le régiment de Conti-Infanterie, il sollicite et obtient de sa famille le rachat de son congé dont il ne jouit pas long-temps ; car, peu après, s'étant encore fait soldat dans le régiment de Champagne-Infanterie, il y sert comme grenadier jusqu'au 17 juin 1773, et y fait la campagne sur les côtes de Bretagne. Ayant obtenu une seconde fois son congé, il revient à Besançon pour se li-

MONCEY.

vrer à l'étude du droit dont il ne s'occupe que peu de temps. Rappelé sans cesse aux habitudes militaires, il reprend, le 22 avril, l'uniforme dans le corps des gendarmes de la garde ; est fait sous-lieutenant des dragons en 1774, dans la légion de Nassau-Siégen. En 1782, lieutenant en second ; en 1785, le 1er juillet, premier lieutenant, et capitaine le 12 avril 1791 ; parvient, en 1793, au grade de chef de bataillon ; il commande cette légion connue sous le nom de *Chasseurs cantabres*, conduite par lui à l'armée des Pyrénées-Orientales ; il s'y distingue au combat de Château-Pignon. Dans ces jours de désordre et d'anarchie, aucunes mesures n'étaient prises pour assurer la défense du territoire du côté d'Espagne. Les troupes manquaient généralement de tout, il fallait inspirer une grande confiance et faire preuve d'une grande habileté. Moncey pourvoit à tout. Ses talens lui valent, en 1794, le grade de général de brigade. Il est employé, en cette qualité, à l'armée des Pyrénées-Orientales, et concourt à la prise de la vallée de Bastan, du fort de Fontarabie, du port du Passage et de Saint-Sébastien. Proposé, le 17 août 1793, pour général en chef de l'armée occidentale, il est soudain pourvu de ce commandement ; le 17 octobre suivant, il s'empare de la vallée de Roncevaux, bat les Espagnols à Lecumbery et à Villa-Nova, tue, prend ou met hors de combat 2050 hommes, enlève deux drapeaux, cinquante pièces de canons, et un matériel estimé 32 millions de francs, ce qui assure à l'armée française la conquête de la Navarre espagnole. Puis il s'empare de Castellane et de Tolosa, passe la Deva, force les Catalans dans Villa-Réal, et à Mondragon enlève le camp retranché d'Eybar, entre dans Bilbao et soumet toute la Biscaye. Alarmée de ses brillans succès, l'Espagne demande la paix, qui est signée à Saint-Sébastien. Appelé au commandement en chef de l'armée des côtes de Brest, rendu à ce poste, il tempère les rigueurs que les circonstances nécessitaient, et parvient à éteindre, en partie la haine que les habitans de ces contrées portaient au gouvernement républicain. En 1799, il prend part à la journée du 18 brumaire, seconde les projets de Bonaparte qui, étant premier consul, lui donne le commandement de la quinzième division militaire. Il commande, en 1800, un corps de 20,000 hommes pour l'armée d'Italie, avec lequel il devait se lier à l'armée de réserve pour descendre en Italie. Ayant franchi les neiges de Saint-Gothard, il débouche, le 22 mai, sur Bellinzona, à la tête du Lac-Majeur, s'empare de Plaisance, arrive, le 7 juin, à Milan, et occupe la partie de la Haute-Lombardie, comprise entre l'Adda, le Tessin et le Pô; il contribue, dans toutes ces circonstances, à la victoire de Marengo. Après la conclusion de l'armistice, il occupe la Valteline. En 1801, employé à la même armée sous le général en chef Brune, il s'avance sur les deux rives de l'Adige avec son corps d'armée; agissant de concert avec le maréchal Macdonald, il cherche à opérer sa jonction avec lui, pour enfermer dans le pays de Trente les corps autrichiens de Wukussowich et de Landon, lorsque l'un de ces deux généraux, près d'être cerné, fait savoir à Moncey qu'une armistice venait d'être conclue; mais cet avis n'était qu'une ruse de guerre. Moncey, ainsi trompé, suspend son mouvement, et Landon, profitant de sa crédulité, fait filer ses troupes afin de les soustraire aux périls qui les menaçaient. Brune, informé de ce qui se passe, se hâte de démentir cette nouvelle, retire le commandement de son aile gauche au général Moncey, et le fait remplacer sur-le-champ par le général Davoust. Mais celui-ci, trop généreux pour profiter de la disgrâce de son compagnon d'armes, se borne au commandement de la cavalerie. Ses brillans succès n'avaient-ils pas racheté cette faute grave? Malgré la connaissance qu'avait Bonaparte de la conduite du général, il ne lui témoigna pas moins de confiance et d'estime. A la paix de Lunéville, il reçoit le commandement de l'Oglio et de l'Adda qu'il garde jusqu'au 3 décembre 1801, et est nommé premier inspecteur de la garde nationale dont il s'acquitte avec un grand dévouement envers le gouvernement de Bonaparte. Sous lui, les gendarmes commencent à s'attirer le mépris du peuple; jaloux de complaire à Bonaparte, et chef d'un corps destiné à protéger les citoyens, il ne fait rien pour empêcher la moralité des hommes qu'il commandait de se pervertir, et gagne ainsi les faveurs de son maître. Il préside, en 1804, le collége de Doubs, et est élu candidat au sénat conservateur par le département des Basses-Pyrénées. En 1804, le 19 mai, Napoléon le comprend dans la première promotion des maréchaux de l'empire, le fait grand'-cordon de la Légion-d'Honneur, et, cinq mois après, il est décoré de l'ordre d'Espagne de Charles III. Envoyé, en 1808, en Espagne, à la tête de 24,000 hommes, il passe la Bidassoa le 30 janvier. Dès les premiers événemens de la Péninsule, il se trouve engagé, marche au mois de juin contre les insurgés de Valence et les défait au défilé d'Almanza. Dans Lérin, il fait prisonnier un corps de 1,200 hommes; il commande sous les murs de Sarragosse, et est remplacé, dans ce poste, par Junot, le 2 janvier 1809. Rappelé en France, il préside encore le même collége électoral, revient à Paris, se rend dans la Flandre quand les Anglais descendent à Walcheren, et prend le commandement de l'armée du Nord, qu'il conserve pendant les années 1812 et 1813. En 1814, Moncey est nommé major-général de la garde nationale ; il y déploie, lors de la bataille livrée sous les murs de Paris, une présence d'esprit qui lui fit le plus grand honneur. Après la suspension d'armes, acceptée par Marmont, Moncey, qu'un ordre imprévu oblige de suivre l'armée, remet au duc de Montmorency le commandement de la garde nationale. Le maréchal adhère, le 1er avril, aux mesures prises par le sénat et le gouvernement provisoire, et est nommé le 13 mai membre du Conseil d'Etat. Après la rentrée de Louis XVIII, il est créé, le 2 juin, chevalier de l'Ordre royal de Saint-Louis et pair de France. Toujours inspecteur-général de la gendarmerie, il rappelle aux gendarmes, par un ordre du jour, lorsque Bonaparte débarque au port Juan, les sermens de fidélité qu'ils avaient faits au roi, ce qui n'empêche pas Bonaparte de le comprendre dans la liste des pairs impériaux. Cette circonstance lui fit perdre son titre de pair en vertu de l'ordonnance du 14 juillet. Au second retour des Bourbons, il est nommé membre du conseil de guerre qui devait juger le maréchal Ney; mais il se récuse et écrit à Louis XVIII une lettre que la tâche que je me suis prescrite m'empêche de transcrire ici. Les motifs de récusation allégués par le maréchal n'étant pas du nombre de ceux que les gouvernemens trouvent plausibles, il fut destitué de son grade et condamné à un emprisonnement de trois mois dans le château de *Ham*. A l'expiration de cette peine, il rentre en grâce auprès du roi, prête entre ses mains serment comme maréchal, le 14 juillet 1816, est réintégré, le

5 mars 1819, dans sa dignité de pair, et est admis, le 30, à siéger après les formalités d'usage. Le 5 avril, il est nommé gouverneur de la 2ᵉ division militaire ; et, le 30 septembre, le roi lui confère la dignité de chevalier commandeur de l'Ordre du Saint-Esprit. En 1823, il est désigné, pour commander en chef, lors de la guerre contre les constitutionnels de l'Espagne. Il arrive le 20 à Perpignan, s'occupe d'une organisation de l'armée de la Foi ; les opérations commencent, rien ne résiste à sa valeur : Perelda, La Jonquière, Camani, ainsi que la Puycerda sont occupés. Rosas et sa citadelle se rendent ; Figuière capitule. Le gouverneur du fort tient seulement ; Moncey lui fait une sommation pleine de modération et de sagesse. Le 2 mai il descend en Catalogne et s'établit dans plusieurs possessions importantes abandonnées par les constitutionnels, il fait ensuite investir Hostalrich, et commence, le 9 juillet, le blocus de Barcelonne. Le 23, les forteresses de Cardona et de Manreza succombent. La redoutable position de Jorba, attaquée et défendue par Milans, est obligée de céder. Le 27 août, il marche à la tête des colonnes, chasse les constitutionnels de la position de la Chapelle-Saint-Jean, et les déloge des hauteurs situées sur la droite de Tarragone. Au commencement de septembre, il établit son quartier-général à Saria, d'où il fait parvenir à Barcelonne, le 11 octobre suivant, le décret de Ferdinand VII, qui ordonne que les places soient remises aux troupes françaises et espagnoles. Les chefs constitutionnels, ignorant les événemens de Cadix, doutent du décret qui leur était envoyé ; mais le maréchal leur adresse, le 14, une nouvelle ampliation ; et comme ils avaient reçu par la voie de Tarragone des détails sur

la délivrance du roi, ils se déterminèrent à entendre des propositions. Bergès est introduit le 18 à Barcelonne, afin de traiter de la remise de cette place et de toutes celles de la Catalogne. Le 2 septembre, une convention, qui stipule la remise aux troupes françaises de Barcelonne, de Tarragone et d'Hostalrich est signée par le général en chef Mina et le maréchal Moncey. A l'issue de cette campagne, Moncey est nommé grand'-croix de l'Ordre royal de Saint-Louis. Le maréchal est compté parmi les pairs qui ont voté le rejet des lois proposées par le ministère Villèle.

Moncey, en 1817, perd un fils dont l'armée avait déjà admiré les talens et le courage. Ce jeune officier périt à l'âge de vingt-cinq ans, victime d'un accident déplorable. Étant à la chasse et voulant franchir un fossé, il prend son fusil pour point d'appui; la secousse fait partir la détente et le coup lui fracasse la tête.

Maintenant, le maréchal Moncey, chargé de nombreux et glorieux lauriers, se repose paisiblement à l'Hôtel des Invalides, dont il est le gouverneur.

GUILLAUME-HENRI DUFOUR.

DUFOUR (Guillaume-Henri), né à Constance, le 15 septembre 1787, de parens génevois, colonel du génie de la confédération suisse, chevalier de la Légion-d'Honneur, membre de plusieurs sociétés savantes, étudia pour entrer à l'École polytechnique, et y fut admis en 1807. A peine en est-il sorti, qu'il passe à l'école d'application du génie, sert la France comme officier de cette arme jusqu'après la bataille de Waterloo. Rentré dans sa patrie, le général Dufour est employé en qualité d'ingénieur civil et d'officier d'état-major. C'est lui qui termine le pont de l'Arve, entre Genève et Carrouge. Ce pont avait été commencé sous Napoléon. Il fut le premier qui livra au public un pont suspendu sur le continent, et où l'on ait employé les câbles en fil de fer inventés par M. Séguin. Ce premier pont, terminé en 1823, fut suivi d'un second qu'il établit d'après une méthode perfectionnée : son ouverture eut lieu en 1825. Divers projets ont été en outre rédigés par lui, et ont contribué à faire connaître ce nouveau mode de construction. Il coopéra à l'organisation du système militaire de la Suisse. Pendant plusieurs années, il dirigea une des branches d'instruction de l'école fédérale établie à Thun. On a de lui : 1° *Le Mémorial pour les travaux de guerre*, 1820, 1 vol. in-8°; cet ouvrage a été adopté par l'école de Thun, et traduit en Prusse et en Pologne; 2° *De la fortification permanente*, ouvrage faisant suite au premier; Genève, 1822, in-4° avec atlas; 3° *Description du pont suspendu à Genève;* Genève, 1724, in-8°; 4° *Géométrie perspective avec ses applications à la théorie des ombres;* Paris, 1827, in-8°. Il a fait insérer des articles dans la *Bibliothèque universelle*, dans le *Recueil des Mémoires de la société de physique, des faits et des sciences militaires,* formant la suite des *Victoires et Conquêtes des Français.*

ALEXANDRE DUVAL.

DUVAL (Alexandre-Vincent-Pineux), né à Renne, en 1767, un des premiers auteurs dramatiques de notre époque, fit ses études au collége de sa ville natale. Il eut pour condisciples Elleviou, acteur célèbre de l'Opéra-Comique, et M. de Corbière, ministre de l'intérieur sous Charles X, etc., etc. Dégoûté de ses études, M. Duval se détermine à entrer dans la marine, se rend à Brest, s'embarque en mars 1781, fait en qualité de volontaire d'honneur les deux dernières campagnes de la guerre de l'indépendance de l'Amérique, sous MM. de Grasse et de La Mothe-Piquet ; il sert jusqu'à la paix sur le continent des États-Unis, et revient, privé d'argent, dans sa patrie, mais imbu des principes d'une sage liberté. Pendant quelque temps, M. Duval mène une vie dissipée avec des jeunes gens de son âge, parmi lesquels étaient Ellevion et Moreau, depuis général, et joue la comédie en société. Placé dans le corps du génie des ponts-et-chaussées, il s'ennuie de vivre en province, revient à Paris, sollicite et obtient la place de secrétaire de la députation des états de Bretagne. Les troubles qui, en 1788, éclatent dans cette province, changent sa destinée en le privant de son emploi. Après avoir travaillé au canal de Dieppe, il est contraint de se rendre à Paris et de reprendre l'équerre et le compas ; il suit les cours de l'Académie d'architecture. La bienveillance d'un architecte distingué, qu'il dut à son zèle et à son assiduité, lui fait obtenir une place dans les bâtimens du domaine du roi ; mais la révolution de 1789, dérangeant ses projets, il retourne à Versailles. Bientôt la suppression de sa place l'oblige de revenir à Paris, bien décidé à ne pas être à charge à sa famille. Une impulsion secrète l'entraînait vers le théâtre ; mais un jeune peintre le fait admettre comme collaborateur à l'entreprise formée par le célèbre Massard (1), pour dessiner les députés de l'Assemblée Constituante. Faits en un demi-quart d'heure, ces portraits étaient payés six francs par tête. C'est de cette

---

(1) Né à Paris, en 1775, Massard est un des plus célèbres graveurs de notre époque.

époque que M. Duval, dont le caractère est mélancolique, connut la gaîté. Il avait pour camarades MM. Gérard, Gros, Isabey, etc., etc. Peu propre pour tant de talens divers, il s'en délassait en composant différens essais dramatiques, dont quelques-uns ont été mis en scène. Il paraîtrait, d'après l'*Almanach des Spectacles*, que M. Duval aurait été engagé au théâtre du Palais-Royal en 1790 et 1791, et qu'il l'aurait quitté en 1792. Orateur et troubadour d'une réunion d'artistes de toutes les académies du Louvre, il y fit la première campagne des guerres de la révolution. Les Prussiens ayant été chassés de la Champagne, il revient à Paris et s'attache la même année au Théâtre-Français.

En septembre 1793, incarcéré aux Madelonnettes avec ses camarades, il en sort et rentre au théâtre de la République dès les premiers jours de 1794. N'ayant pas un talent transcendant pour la scène, on est étonné que M. Duval ait eu la patience de suivre cette carrière pendant dix ou douze ans. Ces années n'ont pas été cependant perdues pour lui; il leur doit l'étude approfondie qu'il a faite des combinaisons dramatiques, et cette entente de la scène qu'on remarque dans ses premiers ouvrages. Les bornes que je me suis prescrites ne me permettent pas, à mon grand regret, de donner ici la nomenclature de ses nombreux ouvrages dramatiques. Il composa, depuis 1791 jusqu'en 1796, différens drames, vaudevilles, opéras-comiques. Picard a été son collaborateur pour quelques-unes de ses pièces. La *Jeunesse de Richelieu*, ou *le Lovelace français*, drame en cinq actes en prose, son premier ouvrage marquant, fut défendu par Bonaparte. De cette époque jusqu'en 1800, il donna deux comédies, un drame et quatre opéras-comiques, parmi lesquels on remarque le *Vieux Château* et *le*

Prisonnier, ou *la Ressemblance*, dont la musique est de Della Maria, jeune compositeur mort à la fleur de l'âge, et digne de tous nos regrets. En 1800 et 1802, il fait représenter quatre autres opéras-comiques, parmi lesquels se trouvent la *Maison du Marais*, *Trois Ans d'absence*, musique de Della Maria, pièce tombée, premier échec que M. Duval éprouve au théâtre; *Maison à vendre; Une Aventure de Sainte-Foix*, qui toutes eurent le succès le plus brillant. En 1802, *Édouard en Écosse*, drame historique en trois actes, lui valut la disgrâce de Bonaparte qui assista à cette représentation; il crut y voir la manifestation de la haine pour lui, de l'amour pour les Bourbons, et dans l'ouvrage un signe de ralliement contre lui. L'auteur, informé des menaces du premier consul, se détermine, par prudence, à aller passer quelque temps dans sa famille, d'où il ne revient que quand il suppose que la colère de Bonaparte était passée. Mais bientôt les rigueurs injustes et inhumaines exercées contre M. Dupaty, au sujet d'un opéra-comique, détermine l'auteur d'*Édouard* à fuir la France et à quitter la profession de comédien. Dès lors il part pour la Russie, et fait représenter à Saint-Pétersbourg son *Édouard*. Cette pièce ne reparut plus qu'en 1814 au Théâtre-Français; mais elle fut encore remise à l'index. Après avoir voyagé en Russie, en Allemagne et en Suisse, et avoir reçu de la part des souverains et des grands seigneurs l'accueil le plus favorable et de riches présens, il revient en France en 1803. A cette époque, il est chargé de composer deux petites pièces, dont l'une est jouée à la Malmaison et l'autre à Mortefontaine, à l'occasion des fêtes qui y furent données. En vain lui promet-on de remettre son *Édouard*. Les courtisans de Bonaparte trouvèrent que dans les petites pièces ci-dessus, il ne l'avait pas assez flagorné. Il n'eut point de part dans les récompenses qu'on donna au compositeur Plantade, au comédien Michot, etc., etc. M. Duval, à la persuasion de son frère, compose *Guillaume le Conquérant*, drame historique en cinq actes, lorsque Bonaparte conçoit le projet d'attaquer les Anglais dans leur île; la pièce est applaudie, et surtout la *Chanson de Roland*, par le parterre; mais les loges sont courroucées de ne voir dans ce drame que l'audace et la gloire de Guillaume, et point d'allusion à Bonaparte, qu'on se disposait à faire empereur. L'auteur aurait subi le même traitement que M. Dupaty, si Joséphine n'eût conjuré l'orage; la pièce fut défendue à la deuxième représentation. De 1804 à 1806, il donna aux Français *Shakspeare amoureux*, *le Tyran domestique*; cette pièce survécut aux injures de Geoffroy, et fut désignée en 1810 par l'Institut comme ayant droit aux prix décennaux. Mais Regnault-de-Saint-Jean-d'Angely ne le cita point parmi les titres qui méritèrent à M. Duval le fauteuil académique. En 1805, il donna *le Menuisier de Livonie*, dont la première représentation fut très-orageuse, et *la Jeunesse d'Henri V*. De 1804 à 1813 il composa un drame pour la Porte-Saint-Martin, et quatre opéras-comiques, parmi lesquels on remarque *Joseph*, drame en trois actes, musique de Méhul.

En 1808, il est appelé à la direction du théâtre Louvois, et y donne *la Tapisserie*. Les comédiens qu'il dirigeait ayant passé la même année à l'Odéon, qu'on venait de rebâtir, il composa par ordre, pour l'ouverture, qui eut lieu le 15 juin, *le Vieil Amateur*, prologue en vers, et donna à ce théâtre, en 1809, *le Faux Stanislas*, et en 1810, *le Retour d'un Croisé*. La direction de ce théâtre, auquel était réuni l'opéra *buffa*, fut pour lui une source de tracasseries et de persécutions plus ou moins importantes qui compromirent son honneur et sa fortune, quoique sa gestion et sa conduite fussent irréprochables. Sa déchéance eut lieu en 1815. En 1812, M. Duval remplaça Legouvé à l'Institut, et fut nommé membre de l'Académie française par ordonnance du 21 mars 1816. Cet auteur si fécond a réussi dans la comédie, dans le drame et l'opéra-comique; mais c'est surtout au Théâtre-Français qu'il obtint les plus brillans succès, dans les comédies de mœurs et de caractères. En 1809, après de nombreuses corrections, *le Chevalier d'Industrie, la Femme Misanthrope,* tombée en 1811, sont remises au théâtre; et pour pièce nouvelle, il donne, en 1817, *la Manie des Grandeurs*; en 1818, *la Fille d'Honneur*; en 1821 *le Faux Bonhomme;* et enfin, dans la même année, *le Jeune Homme en Loterie.* M. Duval a publié ses OEuvres complètes en 1823, 9 vol. in-8°; elles contiennent quarante-neuf pièces, dont une tragédie, un grand opéra, huit drames ou mélodrames, vingt-trois comédies et seize opéras-comiques, parmi lesquels neuf n'avaient point été représentés sur la scène, pour différens motifs. Après la disgrâce de M. Decazes, une de ses pièces, intitulée *la Princesse des Ursins,* comédie en cinq actes, fut mise à l'index par la censure, et enfin représentée au Théâtre-Français en 1826, réduite en trois actes. L'auteur adressa une petite requête en vers à M. de Corbière, nouvellement ministre, pour obtenir l'autorisation de faire jouer sa pièce, long-temps retenue par la censure; cette pièce lui fut renvoyée sans réponse et sans autorisation. Dès-lors il quitta une carrière qui, si elle fut traversée par quelques désagrémens et quelques tracasseries non méritées, a été illustrée par de nombreux et brillans succès.

ROBERTSON PÈRE.

ROBERTSON (Étienne-Gaspard), né à Liége, le 15 juin 1763, d'un riche négociant, fit ses études à l'université de Louvain, et fut destiné à l'état ecclésiastique; mais il préféra la peinture, qui était plus conforme à son caractère vif, qui paraissait ne pouvoir se fixer. M. de Villette, ami de Nollet, remarquant dans le jeune Robertson un goût décidé pour les inventions, lui inspira celui de la physique, et guida ses premiers pas dans cette science. M. Robertson obtint, au concours, la chaire de physique du département de l'Ourthe, lorsque la Belgique fut réunie à la France. Il fut chargé d'offrir au gouvernement le *Miroir* d'Archimède, auquel il avait adapté un mécanisme aussi simple qu'ingénieux. Il est le premier qui ait fait connaître en France le galvanisme. Volta trouva établi sa véritable théorie du galvanisme, lorsqu'il vint à Paris pour l'y enseigner. M. Robertson fut appelé aux démonstrations galvaniques que Volta entreprit à l'Institut, devant Bonaparte, alors premier consul, et après cet illustre savant il y fit une expérience regardée comme importante, l'inflammation du gaz hydrogène par l'étincelle galvanique, ce qui prouvait clairement l'identité du fluide galvanique avec le fluide électrique. Le triomphe que ses recherches procurèrent à la théorie de Volta, le lia intimement à ce physicien, et le fit admettre à la Société galvanique de Paris. On lui doit le *Fantôme de la fantasmagorie*, qu'il offrit au public et aux magistrats de sa ville natale, en 1787. Encouragé par ce succès, il répéta ses expériences à Paris et à Londres; l'intérêt qu'il sut y exciter lui mérita un brevet d'invention. Les meilleures sociétés de Paris assistèrent à ces démonstrations physiques. On y admirait son *Automate-trompette*, une gondole mécanique, mue par un moyen qui paraissait applicable aux *aérostats;* enfin, un télégraphe pour correspondre à toute espèce de distance, même dans l'intérieur d'un appartement. Il doit l'immense célébrité dont il jouit à cinquante-neuf voyages aérostatiques exécutés dans les principales cours de l'Europe. Sept langues étrangères qu'il possédait, lui facilitèrent les moyens de parcourir l'Europe entière. Son voyage à Hambourg, le 18 juillet 1803, dans lequel il s'éleva à trois mille six cent soixante-dix toises, lui ouvrit les portes de la Société des Sciences et des Arts de cette ville. En 1804, l'Académie des Sciences de Saint-Pétersbourg le charge d'exécuter une ascension. Dans le but d'augmenter ses connaissances physiques, il s'élève à Wilna, le 15 janvier 1809, par un froid de dix-huit degrés. Il accompagne le comte Golownin, ambassadeur de Russie en Chine, pour offrir à l'empereur, à Pékin, une ascension aérostatique. Il est le premier qui ait offert le spectacle d'un parachute, d'abord fort imparfait; invention attribuée à tort à M. Garnerin. M. Robertson est auteur d'un instrument qu'il appelle *Phonorganon*, et qui imite la parole de l'homme. Ce physicien célèbre, après avoir habité long-temps l'Allemagne, l'Espagne, et visité les côtes d'Afrique, s'est fixé enfin à Paris, où il s'occupe de réunir *ses Observations*. Il a fourni des articles à différens journaux scientifiques. On a de lui un *Manifeste sur le danger des Montgolfières*, en espagnol et en allemand, et une brochure en français, intitulée : *La Minerve, vaisseau aérien destiné aux découvertes, et proposé à toutes les académies de l'Europe*. M. Robertson, qui est maintenant retiré aux Batignolles, est directeur du jardin de Tivoli.

MARGAT, AÉRONAUTE (1).

Ce fut en 1783 que MM. de Mongolfier tentèrent les premiers de faire des expériences aérostatiques. Depuis cette époque, les aéronautes se succédèrent; plusieurs obtinrent quelques succès, mais personne n'était encore parvenu à la juste célébrité que méritent les belles et surprenantes expériences de M. Margat. Ce célèbre aéronaute, né à Issy, près Paris, le 11 octobre 1786, fit son unique étude de l'art aérostatique. Je vais donner ici, le plus succinctement possible, une relation de quelques ascensions faites par M. Margat, dont la première date du 4 juin 1817 à Tivoli, de Paris. Là, à sept heures un quart du soir, monté sur un cerf nommé *Coco*, qu'il avait acheté de MM. Franconi et dressé lui-même pour ce genre de spectacle, il s'éleva dans les airs.

En 1824, le 29 août, M. Margat, surnommé le Lapeyrouse des airs, entreprit et exécuta une nouvelle expédition aérienne, accompagné du cerf dont je viens de parler dans sa périlleuse traversée. Cette expérience était hardie et majestueuse. Un orage qui se forma alors, mêlé d'éclairs, détermina l'aéronaute à effectuer sa descente dans la plaine dite des Bruyères, à une demi-lieue d'Asnières, d'où les habitans le conduisirent en triomphe, et toujours monté sur le cerf, jusqu'à la maison du maire. Son ascension du 8 juin 1825, en illustrant son nom, doit être à jamais consignée dans

---
(1) M. Margat est propriétaire aux Batignolles depuis 1822.

les annales françaises. Ce jour-là, des réjouissances publiques étaient données par la ville de Paris; M. Margat fut chargé par le gouvernement de faire une ascension avec une couronne royale qui décorait son ballon. Les Champs-Élysées étaient choisis pour point de départ. Là, à cinq heures précises, au milieu d'une foule immense, il s'élève majestueusement, reste long-temps visible aux habitans de Paris, et descend deux heures après pour la première fois, à la barrière du Trône, au milieu de la fête publique. Mais bientôt il s'élève de nouveau, se maintient à une hauteur convenable pour être toujours observé, revient planer au-dessus des Tuileries, où il reçoit les justes tributs de l'admiration des spectateurs, et aux Champs-Elysées où la fête était en pleine activité. Il retourne et descend dans le parc. Entouré par la foule et par plusieurs personnes de distinction, on le ramène triomphant au milieu de la fête populaire à la barrière du Trône, toujours dans son ballon; mais, pour cette fois, retenu par de simples guirlandes. L'accueil que M. Margat reçut des autorités civiles et militaires qui partageaient l'admiration de trente mille habitans, fut des plus flatteurs, surtout au moment où le célèbre aéronaute déposait la couronne royale qui lui avait été remise par M. le préfet de la Seine, aux cris de *vive le roi!*

M. Margat s'est élevé quarante-neuf fois dans les airs. Toutes ses ascensions, d'après les relations intéressantes qu'il en a données, font connaître les périls immenses qu'il a bravés si courageusement, et offrent à la curiosité les événemens les plus singuliers et même les plus bizarres. Le grand nombre de ses relations et la tache que je me suis imposée ne me permettant pas de les décrire ici, j'ajouterai seulement à celle qu'on vient de lire, et qui suffit pour immortaliser à jamais ce célèbre aéronaute, qui a surpassé dans son art tous ceux qui l'ont devancé, celle qu'il fit à Alger, dans l'armée de l'expédition d'Afrique, la voici :

En utilisant son art, M. Margat avait prouvé, un an avant la campagne d'Alger, à une commission d'officiers supérieurs du génie, nommée spécialement à cet effet par le ministère de la guerre, qu'il avait perfectionné l'art aérostatique jusqu'à pouvoir remplir un aérostat qui aurait la capacité d'enlever deux voyageurs en moins de deux heures, procédé pour lequel on employait plusieurs jours à l'armée de Sambre et Meuse. L'intrépide M. Margat fut chargé, le 4 juillet 1830, de faire la campagne d'Alger. Là, placé avec ses appareils sous le feu de l'ennemi pour faire, à ballon captif, une reconnaissance au fort l'Empereur, il ne cessa d'y être en péril. Echappé quatre fois au naufrage, et plus de dix fois aux balles et aux boulets, il revient en France, emportant avec lui la satisfaction des chefs de l'état-major général, ce qui est constaté authentiquement par un extrait de l'état-major général de cette armée, qui est entre ses mains.

Mais M. Margat n'est pas le seul qui mérite une attention particulière. Je veux parler de son héroïque compagne, qui, à partir du 4 juin 1818 jusqu'au 11 septembre 1831, a fait aussi douze fois le voyage aérien. Les préparatifs du départ de madame Margat, qui furent dirigés par son mari en homme habile et prudent, ont été généralement admirés.

Madame Margat, le 16 juillet 1818, fit sa première ascension nocturne dans un ballon lumineux, à l'occasion d'une fête qui eut lieu au jardin Beaujon. Les assistans ne furent pas aussi nombreux qu'à l'ordinaire. Il faut en attribuer la cause au funeste événement de Madame Blanchart, dont le souvenir frappait de stupeur toutes les personnes qui étaient présentes. Elle s'éleva, ce jour-là, à une hauteur prodigieuse, et descendit à minuit, sans aucun accident, à cinq lieues de Paris, dans le parc de Grosbois, qui appartenait à la princesse de Wagram.

Il est un trait de dévouement de cette aéronaute qui lui fait trop d'honneur pour que je le passe sous silence.

L'ascension aérostatique de M. Margat, qui était sa quatrième descente en parachute, et qui a failli lui être funeste, a donné lieu à ce trait de dévouement. Cette ascension se fit à Nantes le 30 juin 1828, dans le terrain des Gardiniers, au bout du cours de Henri IV, à six heures du soir. Des hauts personnages et une multitude immense assistaient à cet imposant spectacle. A huit heures du soir, M. Margat commença à faire planer dans les airs une giraffe parfaitement imitée. Bientôt après partit le petit ballon d'essai, et le signal du départ fut donné. Il monte dans son étroite corbeille placée au-dessous du parachute, à une assez grande distance du ballon, coupe les cordes qui retiennent l'aérostat captif, le vent nord-ouest qui soufflait avec force, le pousse contre une des maisons voisines les plus élevées ; là, il se trouve malheureusement engagé dans la toiture, froissé par le mur contre lequel sa corbeille était pour ainsi dire collée, il fait de vains efforts pour se dégager de cette position périlleuse ; les spectateurs placés aux fenêtres parviennent à le retirer, malgré lui, de la corbeille; le ballon, qui était alors au-dessus des maisons, faisait craindre à chaque instant qu'il ne se déchirât. Soudain plusieurs hommes courageux montent sur les toits, malgré les plus grands dangers, et réussissent à le dégager. On eut beaucoup de peine à empêcher M. Margat, qui était désespéré de ce fatal accident, de remonter dans sa nacelle. Madame Margat arrive ; l'état affreux dans lequel elle voit son mari, qui était dans l'impossibilité de continuer son voyage, lui fait prendre une résolution hardie. Soudain, n'ayant d'autre motif que celui de sauver les jours de son mari et de remplir les obligations contractées envers le public, elle s'élance dans la corbeille. M. Margat se précipite vers sa femme pour l'empêcher de partir, rien ne peut la faire changer de résolution, elle fait lacher la corbeille à la multitude qui la retenait, et s'élève avec rapidité en disant : Tout pour l'honneur, et en laissant son mari et le public dans les plus vives anxiétés. Arrivée à une très grande hauteur, le ballon poussé par un vent du Sud, fut bientôt perdu de vue ; mais l'inquiétude et les angoisses dans lesquelles était plongé M. Margat furent bientôt calmées par une lettre qui lui annonçait qu'elle était descendue près Nantes, à Ancenis.

Cette action héroïque fait le plus grand honneur à madame Margat. Son intrépidité prend sa source dans un dévouement d'amour conjugal qui mérite d'être apprécié. Digne émule des Durosier, des Blanchart on l'a vu dans des occasions périlleuses conserver un sang-froid et une présence d'esprit à toute épreuve. Aussi les Muses se sont-elles empressées de célébrer le courage et la gloire des deux époux aéronautes, dignes de partager également les couronnes qu'on leur a décernées.

M. COMTE, PHYSICIEN.

COMTE (Louis-Christian-Emmanuel-Apollinaire), célèbre engastrimithe, est né à Genève, le 18 juin 1788, d'un père français. Destiné par sa famille au barreau, il passa plusieurs années dans les études de quelques hommes de loi du département du Léman. Entraîné par son penchant, il étudia les sciences des magiciens modernes. Il était doué, par la nature, de cette facilité de parler dans laquelle la voix semble sortir de l'estomac ou du ventre, ce qui a fait donner à ceux qui la possèdent le nom de ventriloques ou d'engastrimithes. Résolu d'exercer les talens qu'il avait acquis dans la magie blanche, M. Comte quitte Genève, voyage en Suisse où son succès fut complet. Il fut présenté à tous les souverains, et reçut de Louis XVIII le titre de physicien du Roi. Le roi de Prusse lui donna sa grande médaille des arts et des sciences, et il reçut des autres monarques de riches présens. En 1812, il créa, à Paris, un théâtre d'un nouveau genre, où il fit représenter, par de jeunes enfans, des pièces morales à l'usage des colléges. On l'a vu occuper successivement le théâtre de la rue Thionville, l'Hôtel-des-Fermes, le passage des Panoramas; et, plus tard, il fit construire un théâtre sur un terrain qu'il acheta passage Choiseul. Les journaux ont raconté la plupart des aventures de M. Comte, et M. J. Fontenelle les a consignées dans son *Manuel des Sorciers*. Tantôt M. Comte fait accroire à des paysans de la Suisse que, près d'eux, il y a un homme qu'on a jeté dans un four à briques, et qui pousse des cris de désespoir. Tantôt il persuade à la foule rassemblée dans une église, qu'on entend sous les larges pierres dont elle est pavée, la voix d'une personne qui implore les secours les plus pressans, qu'étant enterrée vivante, l'état de léthargie dans laquelle elle se trouve vient de cesser, et enfin qu'elle se plaint de la gêne qu'elle éprouve dans le cercueil. Les assistans sont saisis d'effroi, et le mystificateur s'évade prudemment avant le dénouement. Convaincu de sortilége, M. Comte, cent ans plutôt, eût été brûlé vif, en place de Grève, pour le salut de son ame. Mais aujourd'hui les personnes les moins éclairées savent que tout l'art de l'engastrimithe ne consiste vraiment qu'à savoir modifier la voix naturelle, afin d'en obtenir des variations, des changemens divers dans les tons et dans les inflexions, et que le ventriloque parle naturellement comme tous les hommes.

JEAN-JACQUES BEAUDRILLARD.

BEAUDRILLARD (Jean-Jacques), employé à l'administration des eaux-et-forêts, né à Givron (Ardennes), le 20 mai 1774, mourut à Batignolles-Monceaux, le 14 mars 1832. On a de lui un *Nouveau Manuel forestier*, traduit de l'allemand, par Burgsdorf, 2 vol. in-8°; *Expérience de physique sur le rapport de combustibilité des bois entre eux*, in-12, 1823; *Instruction sur la Culture des Bois, à l'usage des forestiers*, traduit de l'allemand de G. L. Harlig, in-8°; et enfin l'*Annuaire forestier*, in-12, 1811, 1812 et 1813.

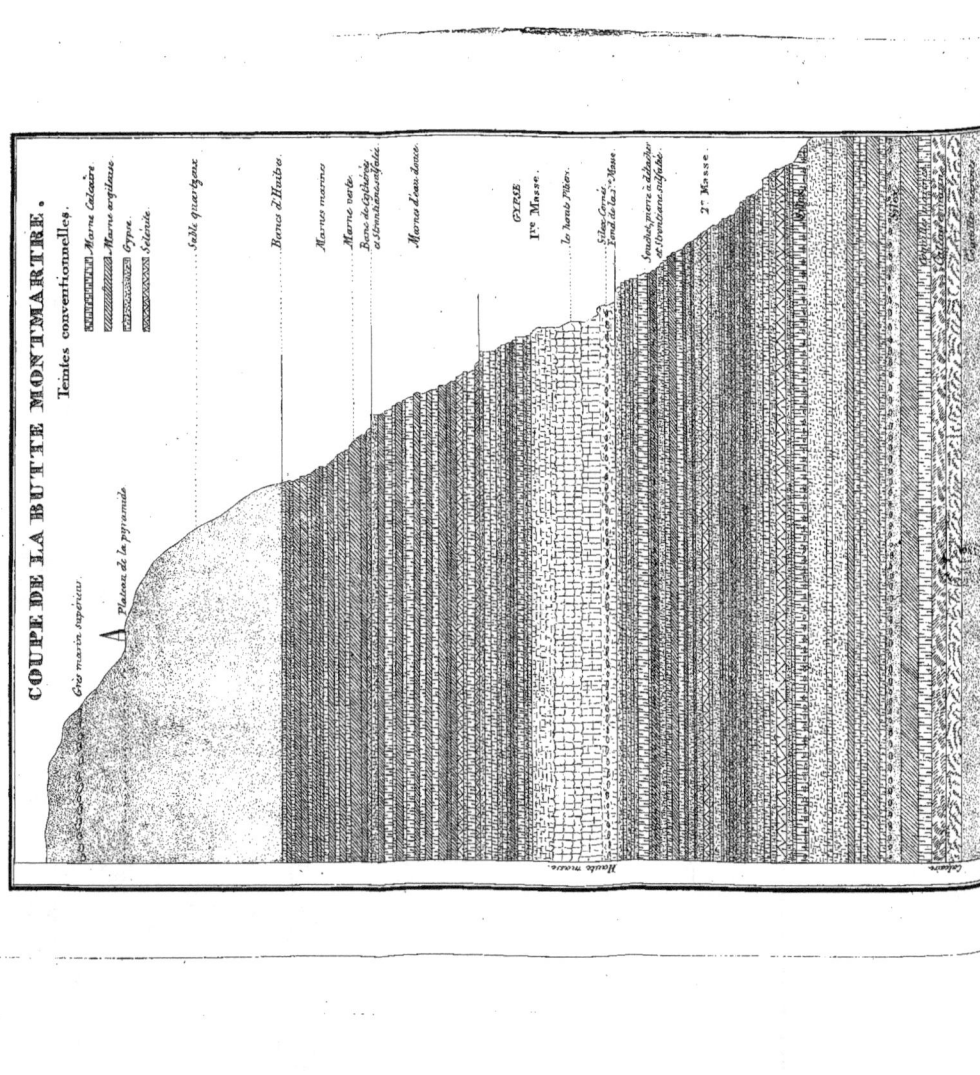

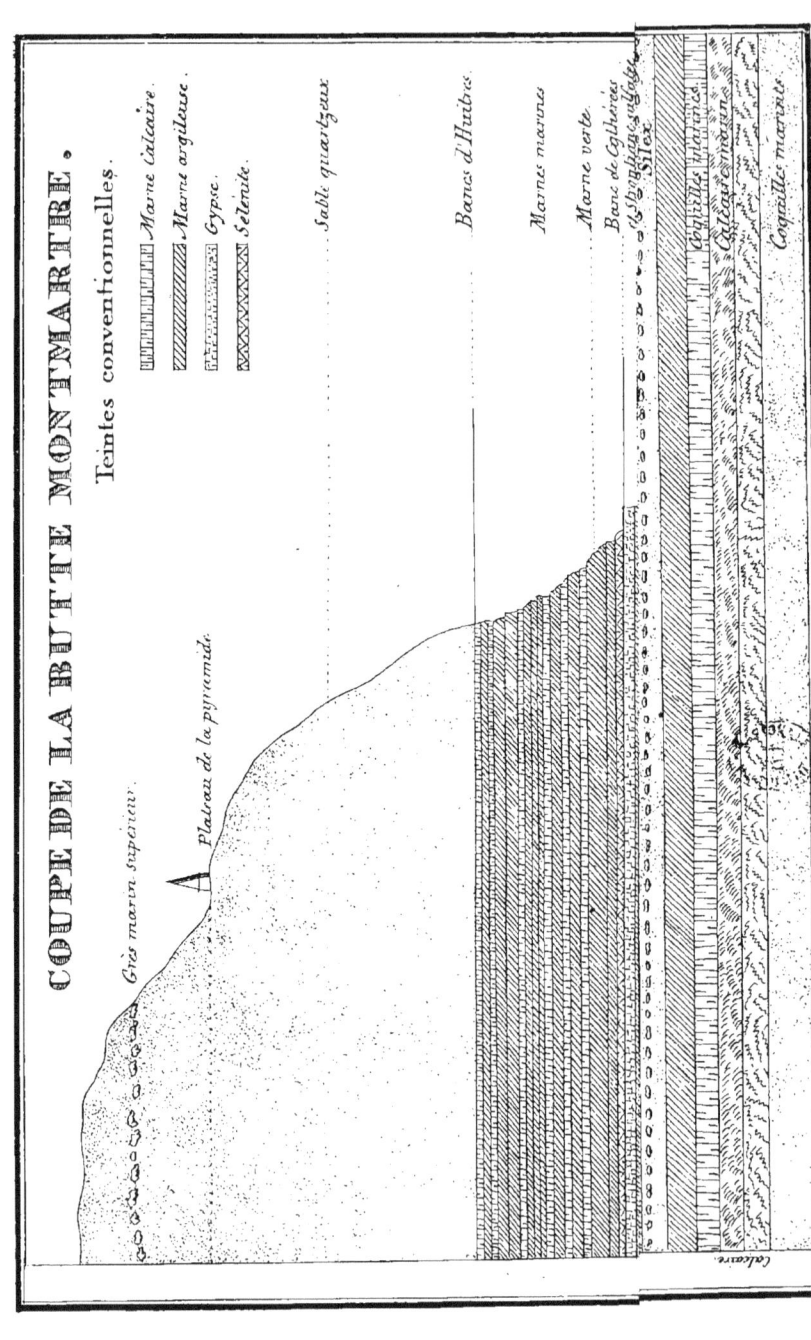

TROISIÈME SECTION.

De Montmartre à la plaine Saint-Denis.

SOMMAIRE.

DESCRIPTION DE MONTMARTRE, DE CLIGNANCOURT. — NOTICES BIOGRAPHIQUES.

CHAPITRE PREMIER.

État physique et géologique de la butte Montmartre.— Son origine et ses antiquités. — Sa situation.— Description de l'obélisque.— Des fontaines.— De l'église et autres monastères.— De l'abbaye.— De l'Asile de la Providence.— Des cimetières.— Défense et attaque de Paris.— État civil.— Effectif de la garde nationale.— Industrie commerciale.— Établissement des eaux sur la butte.— Étendue du territoire et ses productions.— Ancienne population.— Tableaux statistiques contenant la nouvelle population, les naissances, mariages et les décès de cette commune, années 1830, 1831, 1832 et 1833.

MONTMARTRE.

§ Ier.— SON ÉTAT PHYSIQUE ET GÉOLOGIQUE.

Me voici sur cette montagne si célèbre par tous les événemens qui s'y sont passés depuis les temps les plus reculés jusqu'à nos jours.

Il est impossible de reconnaître comment s'est formée cette montagne élevée au nord, et sur laquelle est situé un village à très peu de distance des murs de Paris. Les opinions, à cet égard, sont très partagées, et tellement, qu'on a peine à ajouter foi à ce qu'en ont dit la plupart des historiens. Tout, jusqu'au IXe siècle, n'est que conjectures.

Je vais d'abord décrire son état physique et géologique.

L'abbé Lebœuf, dans son article sur Montmartre (1), révoque en doute ce qu'a dit l'auteur d'un écrit inséré dans un journal de France, qui date de l'époque où Lebœuf écrivait (2), que cette montagne était formée de terres que les débordemens de la Seine auraient ramassés.

Quoique je n'adopte pas irrévocablement cette idée, je serais bien disposé à l'admettre, d'après la description géologique qu'en ont donné MM. Cuvier et Brognart, puisque d'après lui, il est constant que les deux masses de sable qu'on trouve au sommet de Montmartre, ont été formées et déposées dans un liquide analogue à l'eau douce, attendu qu'il nourrit les mêmes animaux, tandis qu'on voit par les mêmes détails qu'il donne de la troisième masse, qu'elle offre des faits bien re-

---

(1) *Histoire du diocèse de Paris*, t. III, p. 96.
(2) Il y a aujourd'hui environ cent ans.

marquables, telle que la présence des coquilles marines bien constatées au milieu des marnes de gypse et du gypse même. On ne peut donc douter que ces premières couches de gypse n'aient été déposées dans un liquide analogue à la mer.

Pour mieux faire connaître ces effets de la nature, je donne ici un détail succinct des substances qui composent le sol de la butte Montmartre, d'après l'ouvrage de ces savans minéralogistes (1).

La description de cette butte donnera une idée suffisante des substances à peu près pareilles de la chaîne des collines dont elle dépend.

Deux bancs de sable composent la partie supérieure de Montmartre; le premier, formé de grès rougeâtre, mais friable, qui renferme des moules de coquilles (2), est composé de grains de quartz assez gros, non cristalisés; il est infusible au feu de porcelaine. Le second banc se compose de sable argileux, jaunâtre, et qui n'est point calcaire, mais qui éprouve un commencement de vitrification.

Leur épaisseur, mesurée depuis la porte du ci-

---

(1) *Recherches sur les ossemens fossiles*, t. II, 2ᵉ part., p. 471, nouv. édit.

(2) On observe que la matière de la coquille n'existe plus et qu'on ne voit dans le sable aucun débris de coquille.

metière, jusqu'à leur extrémité inférieure, est de 28 à 30 mètres.

On trouve des bancs de marnes calcaires, blanchâtres au-dessous des deux premiers bancs. Les premiers de ces bancs de marnes calcaires blanchâtres, argileuses, grises, marbrées de jaune fragmentaire, renferment un grand nombre de petites huîtres ; mais cette dernière est plus argileuse dans son milieu, et contient beaucoup plus d'huîtres.

Le huitième banc de marne calcaire blanche, friable dans quelques parties, et dure dans d'autres, renferme des coquilles d'huîtres d'une espèce différente et d'une plus grande dimension que celle du premier et sixième banc. Quelques-unes l'ont jusqu'à un décimètre au plus fort. On trouve dans le même lit des débris de crabes et de balanes (1).

Toutes les couches de 2 à 8 inclusivement, paraissent appartenir au même système, carac-

---

(1) *Crabe*, genre de crustacées, de l'ordre des décapodes, famille des brachyures, section ou tribu des arqués.

Balane ou *Balanite*, genre de testacés de la classe des multivalves, dont les caractères sont d'avoir une coquille conique, fixée par sa base, composée de six valves articulées, et dont l'ouverture est formée par un opercule de quatre valves.

térisé par la présence des huîtres et par la rareté des univalves.

Le onzième banc est pétri de débris de coquilles; quoique presque toutes écrasées, on a pu en reconnaître les genres et les espèces. On y trouve aussi des fragmens de palais de *raies* analogue à la *raie aigle*, et on a recueilli un fragment d'aiguillon d'une *raie* voisine de la *pastenague* (1).

Le banc n° 18, se compose d'une marne argileuse d'un vert jaunâtre. Cette couche épaisse n'est point fissible, mais friable; elle fait une assez vive effervescence avec l'acide nitrique, et se réduit par la fusion en un verre noirâtre homogène. On n'y voit aucun débris de corps organisés. Cette marne renferme des géodes (2) globuleuses, mais irrégulières qui se dissolvent dans l'acide nitrique; ces géodes verdâtres ont leurs fissures et leur intérieur tapissés de chaux carbonatée.

Dans le dix-neuvième banc (*bis*), on a vu à Montmartre que quelques *cerithium plicatum* et des cythérées bombées (3).

(1) Sous-genre indiqué par Adanson dans le genre des *raies*, et qui a pour type celle de ce nom. Il se reconnaît principalement à l'aiguillon, dentelé des deux côtés, dont sa queue est armée.

(2) *Géodes*, coque pierreuse.

(3) Lamark a donné ce nom aux coquilles, qu'il avait d'abord appelées *Mérétrices*.

La première masse qui se trouve après ces bancs, est formée de gypse marneux (1).

Le 1er banc est friable, un peu jaunâtre dans ses fissures, et fait une très vive effervescence.

Le 5e banc est composé de marne calcaire blanchâtre fragmentaire; elle est d'un blanc jaunâtre, ses nombreuses fissures sont couvertes d'un vernis jaune et de dendrites noirâtres (2).

C'est dans cette marne que l'on a trouvé un tronc de palmier et de tout autre arbre monocotylédon pétrifié en silex (3).

Les bancs qui suivent sont plus purs que les précédens.

Cette première masse est la première exploitée. Les ouvriers l'appellent aussi *haute marne*.

Elle est en tout de 15 à 20 mètres.

Elle est distinguée par les ouvriers en plusieurs bancs, auxquels ils donnent des noms, mais qui varient un peu, suivant les diverses carrières.

Je ne fais mention, ainsi que le lecteur s'en est

---

(1) Terre, plâtre sulfaté de chaux, pierres gypseuses que le feu change en plâtre.

(2) Ou *arborisations*.— On donne ce nom aux figures qui représentent des végétaux, et qu'on observe fréquemment dans les substances du règne minéral.

(3) *Minéralogie ancienne*.— Les anciens ont désigné par ce nom (*silex*) les pierres qui donnent du feu lorsqu'on les frappe avec du fer.

déjà aperçu, que de ceux qui offrent quelques faits remarquables.

A. *Les fleurs.* Il renferme des lits très minces de marne calcaire.

B. *La petite corvée.* On y a trouvé cette petite couche de silex de 3 à 4 millimètres.

C. *Les heures ou le gros banc.*

D. *Les hauts piliers.*

Ces deux dernières assises se divisent en prismes verticaux. Delà le nom de *hauts piliers* qu'on a donné à la seconde assise, en raison de la hauteur des prismes.

E. *Les piliers noirs.* Il est très compacte.

F. *Les fusils.*

Cette dernière assise, de la première masse, est composée de gypse assez homogène qui fait effervescence. Elle est remarquable par les silex cornés qu'elle contient. Ces silex sont des sphéroïdes ou des ellipsoïdes (1) très aplatis; ils semblent pénétrés de gypse, et s'y fondent d'une manière insensible.

G. *Gypse laminaire jaune d'ocre* à grandes lames, mêlées de marne sablonneuse. 0,03

---

(1) Sphère dont un diamètre est plus grand que l'autre (*sphéroïdes*), t. de cristall., se dit du diamant à quarante-huit faces. (*Ellipsoïdes*), solide formé par la révolution d'une ellipse autour de l'un de ses axes.

H. *Gypse jaunâtre friable,* renfermant
des petits lits de marne blanche. . . . 0, 03
Ici se termine ce que les ouvriers
appèlent *haute marne*; elle a environ
depuis les huîtres jusqu'aux *cythérées*. .   9
Depuis les cythérées jusqu'au sommet de la forte masse de gypse.   13
Depuis ce sommet jusqu'au-dessous
des fusils. 20
                                              42

En ajoutant à cette somme pour l'épaisseur de la masse de sable.   29

On a en tout . . . . 71 m.

La seconde masse commence également par le gypse friable (1).

Le 3ᵉ banc se compose d'un gypse compacte (tête de moine) peu effervescent, quoiqu'impur, c'est-à-dire souillé d'argile.

Le 6ᵉ se compose d'une marne calcaire compacte. Elle est fragmentaire et tachée de jaune et de noir sur le parois de ses fissures naturelles.

Le 7ᵉ d'une *masse calcaire* assez *compacte* (faux ciel), renferme, vers sa partie inférieure, de gros cristaux de sélénite en *fer de lance*.

---

(1) Je fais observer encore ici que je ne mentionne que des couches qui offrent quelques particularités.

Le 8ᵉ est formé d'une marne argileuse verdâtre (souchet); lorsqu'elle est humide, elle est grisâtre, marbrée de brun; lorsqu'elle est sèche, elle est compacte dans sa partie supérieure, et très feuilletée dans celle inférieure.

Cette marne, qui ne fait effervescence que lentement, se vend sous le nom de *pierre* à détacher.

On y voit de gros rogons volumineux (1), on n'y remarque point de fissures tapissées de cristaux comme dans la première masse, mais on y observe un grand nombre de canaux à peu près verticaux et parallèles; ils sont tantôt remplis de marne et tantôt vides; ils semblent indiquer par leur forme le passage du gaz qui se serait dégagé au-dessous des masses de strontiane (2) et qui les aurait traversées. Dégagées de marne, les parties de ces rognons ne font point effervescence.

Le nombre de bancs de cette seconde masse s'élève à trente.

Elle ne paraît renfermer aucune coquille, comme on le voit dans le peu de détail que j'en ai donné. Elle a en totalité, depuis les fusils jus-

(1) Mine en rognon, en marrons qui se trouve en fragmens et non par couches ou filons suivis.
(2) Oxide métallique d'un gris blanchâtre d'une saveur urineuse.

qu'au-dessous des rousses, environ dix mètres.

La *troisième masse*, qui contient trente-et-un bancs, n'offre, dans les quinze premiers, que des marnes diverses de gypse compacte des sélénites (1) que les ouvriers nomment *moutons*, *tendrons et gros bancs*.

Le seizième banc se compose de *marnes calcaires blanches* (marne prismatisées), renfermant quelques débris de coquilles.

Le dix-huitième se forme de *marne calcaire jaunâtre assez tendre;* la partie supérieure de ce banc est remarquable par la grande quantité de moules et de coquilles marines qu'elle renferme; car la coquille, proprement dite, a disparu. On ne voit que le relief de la surface extérieure, tout le milieu est marne. On y a trouvé, en outre, des oursins (2) du genre des spatangues, différens du *spatangus coranginum* qu'on trouve dans la craie, et des petits oursins qu'on remarque à Grignon, et qui appartiennent au genre clypéastre (3). On a retiré de cette marne des pattes et des cara-

(1) Sulfate de chaux, ainsi nommé à cause de ses lames brillantes.

(2) L'oursin spatangue établi par Lamarque, genre de vers échinodermes (hérisson), vers marins hérissés d'épines du genre des crustacés, qui offrent pour caractère un corps irrégulier.

(3) Même genre que ci-dessus.

paces (1), des crabes, des dents de squales glossopêtres (2), des arêtes de poissons et des parties considérables d'un polypier rameux qui a quelque analogie avec les *Isis* (3) et les encrines (4), et que M. Desmarets a décrit sous le nom d'*amphitocle parisienne*.

Le lit supérieur renferme des pyramides quadrangulaires formées de la même marne, et dont les faces sont situées parallèlement aux arêtes des bases. Ces pyramides ont jusqu'à trois centimètres de hauteur sur une base carrée de six centi-

(1) On appelle ainsi le test, qui est la subtance des mollusques conchylifères, des tortues, des crustacés et des oursins.

(2) On comprenait sous ce nom les dents fossiles ayant appartenu à des espèces de poissons de la famille des squales ou chiens de mer, genre de poissons de la division des *chondroptérygiens* dont les nageoires sont soutenues par des espèces de rayons cartilagineux.

(3) *Isis* genre de polypiers qui a pour caractère d'être branchu, composé d'articulations pierreuses, striées longitudinalement, jointes l'une à l'autre par une substance cornée ou spongieuse et recouverte d'une enveloppe corticiforme, molle, charnue, poreuse, parsemée de cellules polypifères.

(4) Encrine, genre de polypiers qui a pour caractère une tige osseuse ou pierreuse ramifiée en ombelle à son sommet, articulée ainsi que ses rameaux, recouverte d'une membrane, et ayant ses rameaux garnis d'une ou plusieurs rangées de tubes polypifères.

mètres de côté. On observe dans leur réunion entre elles une disposition très remarquable ; elles sont toujours réunies six ensemble, de manière qu'elles se touchent par leurs faces et que tous les sommets se réunissent en un même point.

Le milieu de la couche de marne que je décris, renferme des cristaux de sélénite (1) et des rognons de gypse. Enfin, la partie inférieure ne contient aucune coquille.

Le vingt-septième banc est composé de *calcaire tendre* (souchet) (2); il renferme des coquilles marines.

Les trois assises 25, 26, 27, contiennent les mêmes espèces de coquilles; les moules de ces coquilles sont ici différens de ceux de la marne que contient le dix-huitième banc. On y voit en creux le moule de l'extérieur de la coquille, et en relief celui de l'intérieur ou du noyau ; la place de la substance même de la coquille est vide.

On ne connaît point l'épaisseur de ce lit, ni le terrain sur lequel il repose.

Cette troisième masse, mesurée en totalité à la carrière de la *Butte-au-Garde*, et prise du banc

(1) **Sulfate de chaux**, ainsi nommée à cause de ses lames brillantes (cette note est une répétition).

(2) **Pierre** qui se tire au-dessous du dernier banc des carrières.

de gypse le plus haut, c'est-à-dire un mètre au-dessus du souchet, a, dans sa partie la plus haute, de dix à onze mètres.

Par les détails succincts que je viens de donner, on voit que cette troisième masse offre des faits remarquables, tels que la présence des coquilles marines bien constatées au milieu des marnes du gypse même, ce qui n'est pas le moins intéressant.

D'après cette description géologique, l'observateur ne peut douter que les premières couches n'aient été formées et disposées dans un liquide analogue à l'eau douce, puisqu'il nourrissait les mêmes animaux, et que les premières couches de gypse n'aient été disposées dans un liquide analogue à la mer, ainsi que je l'ai dit au commencement de cette description.

Quant à la preuve incontestable de l'existence d'un sol habité très anciennement par des quadrupèdes de diverses espèces, par des reptiles, des oiseaux et des poissons d'eau douce, elle résulte de ce que les carrières à plâtre des environs recèlent, dans des profondeurs qui sont au-dessous des couches maritimes, les ossemens épars d'animaux indiqués ci-dessous, rassemblés par Cuvier avec un art admirable, et auxquels il a appliqué des noms. Ce célèbre naturaliste, en reproduisant leurs formes, leur a presque rendu une nouvelle existence et a étendu le domaine des sciences naturelles.

En voici l'énumération :

Le palæotherium (1). On a découvert, dans les carrières des environs de Paris, cinq espèces de ce grand quadrupède.

1°. *Le palæotherium magnum*. Il a les proportions d'un tapir (2) qui serait grand comme un cheval. Deux squelettes de cette espèce furent découverts à Montmartre.

2°. *Le palæotherium crassum*. Cette espèce ressemble beaucoup plus au tapir que la précédente; elle en a la grandeur. Sa stature était celle d'un porc; elle avait les pieds larges et courts.

3°. *Le palæotherium medium*. Il avait aussi la forme d'un tapir, plus haut sur ses jambes; ses pieds étaient plus longs et plus déliés. Sa stature approchait de celle du cochon ordinaire.

(1) Animal farouche, genre des mammifères fossiles, dont dix espèces ont été reconnues et établies par Cuvier, depuis la taille du mouton jusqu'à celle du rhinocéros.

(2) Quadrupède pachyderme * d'Amérique qui ressemble au cochon, et dont le museau se prolonge en sorte de trompe; il vit en domesticité et sert de nourriture.

* Signifie épais, terme d'histoire naturelle, ordre de quadrupèdes à cuir épais qui ont plus de deux doigts, dont chacun est protégé par une corne; exemple : *l'éléphant*.

4°. *Le palæotherium minus.* Le squelette de cette espèce a été trouvé presque entier dans les carrières de Pantin ; il devait être plus petit qu'un mouton, et avait les jambes grêles et légères.

5°. *Le palæotherium curtum* avait des jambes courtes et grosses.

Un autre genre de quadrupède, également trouvé dans les carrières à plâtre des environs de Paris, est nommé par M. Cuvier *anaplotherium.* Il en a découvert cinq espèces.

1°. *L'anoplotherium commune.* Les individus de cette espèce avaient la stature d'un âne ou d'un petit cheval, et une queue remarquable par sa longueur et son épaisseur. Leurs corps étaient allongés comme celui d'une loutre (1), avec laquelle ils avaient une grande ressemblance. Ils devaient, comme elle, être nageurs, herbivores et couverts d'un poil lisse. On découvrit à Montmartre les principales parties d'un squelette, et à Antony une tête de cette espèce.

2°. *L'anoplotherium secundarium.* Semblable à l'espèce précédente, sa stature était celle d'un cochon. On n'a trouvé, de cette espèce, que des dents molaires et l'os appelé *tibia.*

3°. *L'anoplotherium medium* devait présenter

---

(1) Petit quadrupède carnivore de la famille des martes.

des formes sveltes, élégantes, et avait la grandeur et la légèreté de la gazelle ou du chevreuil.

4°. *L'anoplotherium minus* n'était pas plus gros qu'un lièvre et paraissait en avoir les formes.

5°. *L'anoplotherium minimum*. Sa structure était encore plus petite. On n'a découvert qu'une mâchoire de cette espèce.

Ces carrières ont aussi offert tout ou partie de la mâchoire, et une dent molaire de quadrupèdes d'un genre intermédiaire entre les chiens, les mangoustes (1) et les genettes (2); une portion du pied de devant d'un animal carnassier; le squelette presque entier d'un petit quadrupède du genre des sarigues (3), animal qui vit en Amérique. « Il y a donc dans nos carrières, dit M. Cuvier, « des ossemens d'un animal dont le genre est au- « jourd'hui exclusivement à l'Amérique. »

On trouve aussi dans ces carrières des osse-

(1) Genre de mammifères carnassiers digitigrades *, voisins des civettes **.

(2) Quadrupède carnivore du genre des civettes. On le trouve en Espagne ou au Levant, où, vivant comme les chats à l'état de domesticité, il fait la guerre aux souris.

(3) Ou didelphes, genre de quadrupèdes pédimanes, ayant sous le ventre une poche musculaire.

* Qui marche sur les doigts de derrière.
** Animal quadrupède carnivore qui a au-dessous de l'anus une petite poche où s'amasse une liqueur odorante appelé aussi *civette*.

mens fossiles d'oiseaux, et celles de Montmartre ont fourni à M. Cuvier le squelette d'un oiseau, le plus complet de tous ceux qu'il a découverts.

On a aussi déterré dans le même lieu des ossemens de tortues, de reptiles, de poissons d'eau douce, tels que brochets et truites, et le squelette d'un spare (1) très bien déterminé (2).

§ II.— SA SITUATION; SON NOM ET SON ORIGINE; SES ANTIQUITÉS.

Art. 1er.— Sa situation.

Montmartre est placé sur une montagne très élevée au nord de Paris, il jouit d'une étendue de vue considérable. Sa situation est l'une des plus remarquables qui existent en France. L'observateur y découvre la ville de Paris tout entière, ainsi que ses environs. La montagne, remplie de carrières à plâtre qui sont très renommées, a cent cinq mètres de hauteur.

Le village dépend du département de la Seine,

---

(1) Poisson de mer, genre de poissons thoraciques *.
(2) *Recherches sur les ossemens fossiles des quadrupèdes*, t. III, par M. Cuvier, contenant les os fossiles des environs de Paris, et notamment le septième Mémoire ou Résumé.

* Ordre de poisson dont les nageoires sont situées un peu en arrière des pectorales.

de l'arrondissement de Saint-Denis et du canton de Neuilly.

Art. 2.—Son nom et son origine.

Je vais dire avec précision ce que racontent les historiens sur le nom de cette montagne. Son véritable nom en français, suivant Sauval, serait *Montmarte* et non *Montmartre*, comme on l'écrit aujourd'hui, l'usage et la tradition l'ayant emporté. Voici deux mauvais vers cités par Sauval qui le prouvent, et un proverbe du même qui prouve le contraire :

> C'est du vin de Montmarte,
> Qui en boit pinte en p.... quarte.

C'est un devin de Montmartre qui devine les fêtes quand elles sont venues.

Je t'envoierai paître à Montmartre et boire au marais.

Il y a plus de Montmartre à Paris que de Paris à Montmartre (1).

Ce proverbe vient du plâtre qu'on a tiré de

---

(1) Sauval, t. 1, liv. 4, page 350, édition 1750. Cet historien du dix-septième siècle, auteur de l'*Histoire des antiquités de la ville de Paris*, 3 vol. in-fol., pour laquelle il employa vingt ans à faire des recherches sur les agrandissemens de cette ville, sur le changement des lieux les plus considérables, etc., était avocat au parlement de Paris. Il y mourut, en 1670, avant d'avoir mis la dernière main à son ouvrage, qui ne fut publié qu'en 1724. On en a donné une autre édition en 1750.

cette montagne pour bâtir Paris, d'où est venu le nom de *Ville-Blanche* que quelques auteurs anciens et célèbres ont donné à Montmartre, à cause de la couleur du plâtre. Les historiens latins l'appellent *Mons-Mercore*, dont certains copistes ignorans ont fait *Mercomire*, et quelques savans *Mercurii*. S'il faut en croire Hilduin, qui écrivait sous le règne de Louis-le-Débonnaire, son premier nom aurait été *Mons-Mercurii aut martyrum*, à cause que, suivant lui, saint Denis et ses compagnons y auraient souffert le martyre. Mais Frédégaire, le plus ancien des historiens français, qui écrivait au septième siècle, la nomme *Mons-Mercore* du nom *Mons-Mercurii*.

Il résulterait de là, d'après Grancolas, docteur en Sorbonne, et qui mourut en 1732, que *Mons-Martis* ne serait qu'une corruption des mots *Montmairte* ou *Montmercre*; et que, d'après lui, Hilduin serait peut-être l'inventeur de ce qu'il dit dans les *Actes de Saint-Denis*, que son premier nom était *Mons-Martis* (1), et que quelques lé-

(1) Abbon, moine de Saint-Germain, en 886, auteur d'un poème du siége de Paris, nomme ainsi cette montagne. Il dit qu'au pied de cette montagne était le champ de Mars où nos derniers rois de la première race faisaient, le 1er mai de chaque année, élever leur trône, qu'ils s'y plaçaient publiquement et y donnaient audience au peuple ; c'est là qu'ils recevaient et donnaient

gendaires, selon lui, l'ont appelé *Mons-Martyrum*, ce qui a toujours été suivi depuis.

Ce qu'il y a de certain, c'est que ce lieu était destiné à l'exécution des criminels (1).

Art. 3. — Ses Antiquités.

Sauval fait mention des ruines des deux temples qui, suivant lui, étaient dédiés aux faux dieux. A ce sujet, il dit que les anciens titres de l'abbaye, les terres des environs prenaient, tan-

---

des présens que l'on nommait *estrennes*. De là l'origine de cet usage. Jean Desser, pour prouver l'autorité de maire du palais, s'exprime ainsi : « Dorénavant, on
« ne verra plus nos rois qu'une fois l'an, le 1er mai,
« dessus leurs chars, garnis de verdure, de fleurs, et
« tirés par quatre chevaux pour se rendre au Champ-
« de-Mars. Qui aura à faire à eux qu'il les cherche en
« leurs chambres, parmi leurs passe-temps, qu'il se
« garde de leur parler d'affaires, car il sera renvoyé au
« maire qui fait ce qui est de l'état. » Sauval regarde ce récit comme fabuleux.

(1) Ce nom *Marte*, est commun à plusieurs lieux de France ; un grand nombre de villes ont des places ainsi nommées. Plusieurs pierres druidiques ont conservé les noms *Marte*, *Martet*, *Marteray*, *Martel*, etc.

Les rues et barrières qui conduisent à Montmartre, s'appellent rues et barrières des Martyrs. Une rue qui aboutit à la place de Grève, lieu où l'on exécutait de temps immémorial les criminels, se nommait Martrai ou Martroi, qui, en vieux langage, signifie supplice.

tôt le nom de *terre du Mont de Mercure*, tantôt de *terre du Temple*, et tantôt *des terres du Temple de Mercure*; il ajoute que, si dans son temps, ces terres ont été appelées terres du palais, c'est un nom que les religieuses leur avaient donné, afin de parvenir à bannir, de leur montagne, la mémoire et le culte des idoles (1).

C'est donc en conséquence des noms *Mons-Mercurii* que Sauval et des historiens modernes y ont placé un temple à Mercure et un autre au dieu Mars. Sauval assure même qu'il en a vu des restes et qu'ils ont été abattus. Mais ces restes provenaient-ils bien d'un temple? n'étaient-ils pas les débris de quelques vieilles masures du bas empire, telles que celles qu'on a découvertes et fouillées en 1737 et au commencement de 1738 vers le nord de cette montagne? Il est permis d'élever ce doute, car il n'est pas sûr que Sauval se connût en bâtisse romaine des premiers temps. Une statue de Mercure et une de Mars, élevées dans divers lieux, auraient pu suffire pour lui donner le nom de ces fausses divinités. « J'ai vu, dit Lebœuf,
« (qui suivit les fouilles dont je viens de parler)
« en cet endroit de la montagne, du côté du cou-
« chant, quelques fondemens de l'édifice qui a
« passé pour être un temple de Mercure; ces

(1) Sauval, t. 1, liv. 4, p. 350.

« fondemens m'ont paru trop peu épais pour
« avoir soutenu un temple. » Et il ajoute : « que
« cet édifice n'était que des bains de la maison de
« quelques anciens habitans du troisième siècle,
« ou environ, où l'eau d'une fontaine, située au-
« dessus, se rendait par des tuyaux, et que ces bâ-
« timens ne furent renversés que parce qu'ils
« n'avaient point de fondemens (1) ». On dressa
procès-verbal de ces fouilles en présence de plusieurs magistrats. Un individu qui, par plaisanterie, s'imagina d'emprunter les formes et même
les noms des magistrats, osa publier une description des découvertes que les fouilles avaient pro-
duites. C'était, suivant lui, des restes de superbes
temples enrichis d'un très grand nombre de statues
d'or et d'argent, des colonnes de marbres précieux, etc. Plusieurs Parisiens furent dupes de
cette mystification.

Le comte de Caylus, né en 1692 et mort le 5
septembre 1765, amateur instruit, opulent et
zélé, qui a recueilli toutes les découvertes que
ces recherches ont mises au jour, n'y a reconnu
qu'un bâtiment destiné à des fonderies. On
remarqua effectivement les restes d'un bâtiment
dont le plan offrait un parallélogramme divisé
intérieurement en cellules ; dans quelques-unes il

(1) *Histoire du diocèse de Paris*, t. III, p. 96 et 97.

y existait des fourneaux; on y a reconnu les restes de deux chambres soigneusement cimentées en dedans et en dehors. L'eau venait à cet édifice du côté du midi par un canal qui descendait de la fontaine du Buc; après avoir côtoyé la moitié d'une face de l'enceinte, elle y arrivait par une ouverture à côté des fourneaux. (*Voyez* la pl. 1re et son explication.)

Au bas de la montagne, sur la partie située au nord-est, en creusant un puits on aperçut deux fragmens de bas-reliefs en marbre blanc, représentant des enfans ailés occupés à monter sur un char et à le diriger. (*Voy.* la planche 11 ci-après.)

On trouva aussi dans ces mines un vase de terre d'un travail grossier, une tête de bronze, grande comme nature, et un bras de pareil métal qui semble, d'après ses proportions, avoir appartenu à une statue de huit pieds huit pouces et huit lignes de hauteur. (*Voy.* la même planche.) On n'est pas certain que cette dernière antiquité provienne de Montmartre. Le comte de Caylus en a fait graver les dessins, ainsi que le plan de Montmartre et de la fonderie (1). (*Voy.* la pl. 1re et son explication). On a aussi découvert dans ces débris des poteries romaines et un petit buste décrit et gravé dans l'ouvrage de la *Religion des*

---

(1) *Recueil d'antiquités*, etc., t. III.

Gaulois, par Dom Martin (1), bénédictin de la congrégation de Saint-Maur.

Tout cela prouve qu'au bas de cette montagne il existait quelques maisons bâties et habitées par des Romains, ou quelques établissemens dont il ne reste plus aucun vestige (2).

Art. 4. — L'obélisque.

On voit au sommet de la montagne un obélisque de pierre surmonté d'une lance. Sur sa face méridionale était gravée l'inscription suivante, détruite en partie par le vandalisme révolutionnaire :

L'AN 1736,
CET OBÉLISQUE A ÉTÉ ÉLEVÉ PAR ORDRE DU ROI,
POUR SERVIR D'ALIGNEMENT
A LA MÉRIDIENNE DE PARIS DU CÔTÉ DU NORD;

SON AXE
EST DE 2931 TOISES 2 PIEDS DE LA FACE MÉRIDIONALE
DE L'OBSERVATOIRE.

Cet obélisque était un des quatre-vingt-seize qui

---

(1) Né à Tours en 1619, mort le 9 août 1696, âgé de soixante-dix-huit ans, dans l'abbaye de Marmoutiers, dont il était prieur.

(2) Voir ci-après l'explication des planches.

devaient être élevés, d'espace en espace, dans toute la longueur du méridien de Paris qui traverse la France du sud au nord. Cette ligne, qui passe par l'église de Saint-Sulpice et dont la perpendiculaire est élevée à l'Observatoire royal, a puissamment servi au travail de la carte générale de France.

A la latitude de l'Observatoire de Paris on a trouvé que le degré de latitude était de 37,568 toises, la minute de 626 toises, et la seconde de 10 toises et demie; et dans l'hypothèse que, par ses pôles, la terre est aplatie d'un cent quatre-vingt-septième, ce degré est de 37,822 toises. On a trouvé que, par la latitude, le degré de Paris à Amiens était de 57 toises.

Tous ces degrés de latitude ont été rectifiés d'après différentes observations faites en France, qui ont donné lieu de croire que le quart du méridien ne s'éloignait pas beaucoup de la longueur de 5,132,430 toises, et la dix-millionième partie de cet arc répondant à 3 pieds 11 lignes 44 centièmes; dans l'impatience où l'on était de prononcer à ce sujet, on décréta, d'après la loi du 18 germinal an III, relative aux points fondamentaux et essentiels du système métrique proposé par l'Académie, que telle serait la dimension du mètre provisoire. Mais il était indispensable de constater celle que le mètre définitif devait tirer de la mesure parfaitement exacte du grand arc du méridien. En conséquence, on a choisi celui qui passe de Dunkerque à Montjouy, vers Barcelonne, et qui embrasse 9 degrés 2 tiers, ce qui fait plus du dixième de l'arc qu'on avait à connaître.

Cet arc offrait, outre la grande étendue, l'avantage d'avoir ses deux points extrêmes au niveau de la mer, de traverser le parallèle moyen (1) et de suivre la méridienne déjà tracée en France, ce qui donnait le moyen de vérifier, par les travaux déjà faits, ceux que l'on se proposait d'achever. Les académiciens Méchain et Delambre, furent chargés de ce vaste travail. Au milieu de beaucoup d'obstacles physiques et moraux, ils s'en sont acquittés avec un degré d'exactitude inconnu jusqu'à ce jour.

Deux bases ayant été mesurées, une entre Melun et Lieussaint, l'autre entre Vernet et Salces, auprès de Perpignan, toutes les opérations faites à cet égard ont permis d'opérer toute réduction avec la justesse la plus rigoureuse. Cette opération, dans ses différentes parties, surpasse par son étendue et égale par sa précision, tout ce qui a été fait de plus accompli en ce genre. Non seulement

---

(1) L'arc mesuré contient environ 6 degrés au nord, et 3 degrés et demi aux Indes du 45ᵉ degré de latitude.

elle a donné des renseignemens précieux sur le nivellement de la France, sur la figure du globe et son aplatissement aux pôles, mais encore elle a fourni toutes les données nécessaires pour fixer les bases du nouveau système métrique.

« La méridienne, entre Dunkerque et Montjouy, « qui sous-tend un arc céleste de 9 degrés 6,738 « dix-millièmes, est de 551,584 toises 72 centiè- « mes. En prenant cet arc pour base, on en a dé- « duit le quart du méridien par un calcul rigou- « reux dans l'hypothèse elliptique, en comptant « l'aplatissement de la terre pour un 334e, et l'on « a trouvé que le quart du méridien terrestre, sup- « posé au niveau de la mer, est de 5,130,740 toi- « ses (1), dont la dix-millionième partie est de 3 « pieds 11 lignes 296 millièmes, ou 443 *lignes*. « Telle est donc la dimension du mètre (2). »

Cet obélisque qui, d'après l'ordre du roi, fut élevé par l'Académie des Sciences, est maintenant placé derrière un moulin à vent, et masqué par des constructions.

(1) La toise à laquelle on a rapporté toutes les opéra- tions est celle de l'Académie, dite *toise du Pérou*, parce qu'elle a servi à y mesurer plusieurs degrés de 1737 à 1741. C'est sur cette toise qu'on avait ajusté celles dont la déclaration du 16 mai 1766 ordonnait le dépôt au Châtelet et dans les principaux bailliages.

(2) *Manuel pratique et élémentaire des poids et me- sures, et du calcul décimal*, par Tarbé.

§ III.— FONTAINES ET MONUMENS.

La première des deux planches ci-jointes représente un plan général des différentes hauteurs de Montmartre; l'on y remarque la situation des ruines anciennes, et les fontaines qui y existent ou qui se trouvaient alors sur cette montagne. Je décris chaque objet en particulier, d'après Caylus, et je renvoie à la première planche par les lettres de l'alphabet.

Le plan 3 indique sous les majuscules suivantes :

A. Ruine de la fonderie dont on vient de lire la description.

B. Fontaine du Buc dont la source fournit assez pour faire un petit cours d'eau ; elle est placée un peu plus loin que l'obélisque.

C. Fontaine Saint-Denis; elle donne assez d'eau pour s'écouler, mais en petite quantité, jusqu'au pied de la montagne. Il en est fait mention dans la vie de Gaston, baron de Renty, issu d'une ancienne maison d'Artois, né au diocèse de Bayeux, en 1611, mort le 24 avril 1649. Cette fontaine y est citée comme un lieu de dévotion où il prenait ses repas, et se distingua pour le salut des ames (1).

(1) *Vie du baron de Renty*, p. 127, in-4°, 1651.

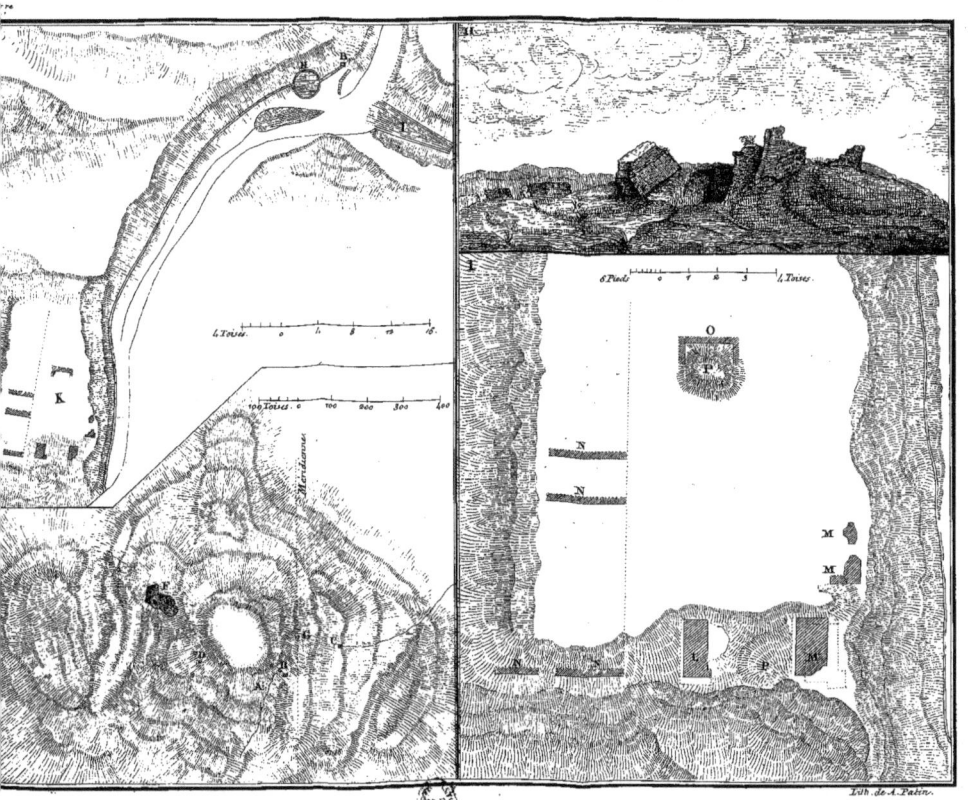

Mille folies passaient par la tête des paysans de Montmartre, relativement à cette fontaine dite de Saint-Denis, et à la chapelle de Montmartre. En voici un exemple :

Sauval rapporte que les malheureux maris qui sont les martyrs de la méchanceté des femmes, étaient dans l'usage d'aller faire une neuvaine dans cette chapelle. Quant aux femmes, elles avaient aussi un saint dans l'église de l'abbaye, qu'on appelait saint Raboni, et qu'elles invoquaient dans la même occasion, parce que, disaient-elles, il avait la vertu miraculeuse de rabonir les maris. Voici ce qui donna lieu à cette superstition.

Sainte Anastasie, ayant pour époux un homme méchant, raconta à saint Chrisogone, en qui elle avait toute confiance, le tourment qu'elle endurait. Elle l'invita à prier Dieu pour elle. Le saint homme se mit en prière, et le mari mourut dans la même semaine.

D. Du côté de la montagne qui fait face à la plaine Saint-Denis, au couchant de Clignancourt, on voit sur la pente une autre fontaine dite *la Bonne-Eau*. Cette eau était portée dans une maison de campagne de quelques anciens Romains ou Gaulois. C'est là que les bains, suivant Lebœuf, ou la fonderie, ce qui est plus probable, suivant Caylus, ont été découverts. C'est celle dont on fait le plus d'usage; on y remarque à côté, un peu au-dessous, un regard des eaux de la même fontaine; mais ainsi que le dit Caylus, elle ne donne aucune preuve d'antiquité.

E (1). Fontaine nommée la Fontenelle; elle fournissait autrefois un filet d'eau, mais à l'époque de Caylus, en 1759, elle était tarie depuis quinze ans. Ce dessèchement, suivant toute apparence, fut causé par l'excavation considérable (marquée F) qui a eu lieu alors à cette époque, et qui se continuait toujours à peu de distance, afin d'en tirer des pierres à plâtre.

G. Pyramide de pierre construite à l'occasion de la méridienne, que l'on voit tracé sur le plan par une ligne de points. Elle va se rendre à celle qui traverse la grande salle de l'Observatoire.

Le plan n° 4 donne la représentation générale des ruines, n° 2, avec le terrain des environs jusqu'à la fontaine du Buc (*B*), dont l'eau se décharge dans un bassin *H*, qui paraît avoir été fait pour l'usage des blanchisseuses.

I. Abreuvoir qui provient d'une source qui semble diminuer depuis quelques années.

K. Toutes les parties que l'on voit sur cette espèce de petit plateau, indiquent en plan les restes de la fonderie et du monument que l'on

---

(1) *Nota.* €et *E* qui indique cette fontaine qui est placée sous l'excavation *F*, a été omis par le lithographe.

voit sur les plans à côté, n°s 1 et 2, et dont l'échelle est plus grande.

Le plan n° 1 indique comme ci-dessus :

LM. Masses de pierres, ou plutôt corps de murs.

N. Portions de murs à fleur de terre, dont quelques-unes semblaient indiquer des naissances de voûtes.

O. Corps d'un mur qui forme une petite enceinte; c'était vraisemblablement les restes d'une salle. Ce qu'il y a de certain, dit Caylus qui les a vus, c'est qu'on y a trouvé les débris de différens fourneaux.

P. P. Ces deux endroits ont été fouillés et regardés comme des souterrains qui étaient, d'après le même, en partie pavés de tranches d'albâtre, lors de la fouille que l'on commença le 4 janvier 1737.

Il dit encore qu'on y a trouvé différens morceaux qui ne peuvent avoir servi à une fonderie. Il en possédait quelques-uns de terre cuite, ainsi qu'un bout de corniche d'albâtre d'environ six pouces d'épaisseur. On y voyait une doucine couronnée de listel ou carré. On a trouvé dans toute l'étendue de ce terrain des éclats de cette pierre, sur laquelle on distingue l'ancien travail.

Ce fut à l'occasion d'un prétendu trésor que cet endroit renfermait qu'on entreprit cette fouille.

La cour des Monnaies y fit une descente avec la justice de l'abbaye de Montmartre.

La seconde planche se trouve en rapport avec la précédente, attendu que c'est dans la même fonderie que la tête qu'on y remarque a été trouvée. Voici le fait :

Caylus, en visitant le catalogue du cabinet d'un sieur Génévrier, médecin de la Faculté de Paris, y lut : « une tête de bronze grande comme nature, « qui représente C. Coelius Caldus, consul; ache- « tée douze livres, d'un ouvrier qui travaille à la « fouille de Montmartre. » Ce prix modique prouve la vérité de l'emplète. Cette tête passa du cabinet de M. Génévrier dans celui de M. Lainé. Caylus, qui n'en connaissait pas l'origine, et qui avait conseillé de l'acheter à un de ses amis, l'a retrouva chez lui. Averti par le catalogue que je viens de citer, il désira pouvoir joindre cette antiquité à celles qu'il a rassemblées comme venant de Paris.

Le volume et le poids de cette tête ont pu permettre de la transporter de Rome, mais elle a été trouvée dans une fonderie. Cette circonstance fait naître un doute. Le travail du visage est sec, et la ressemblance en est peinée; cependant la tête est très bien dans ses proportions, et les cheveux sont d'une très belle exécution. La disposition de cette tête laisse ignorer si elle a toujours fait un

Pl. II.

Antiquités trouvées à Montmartre.

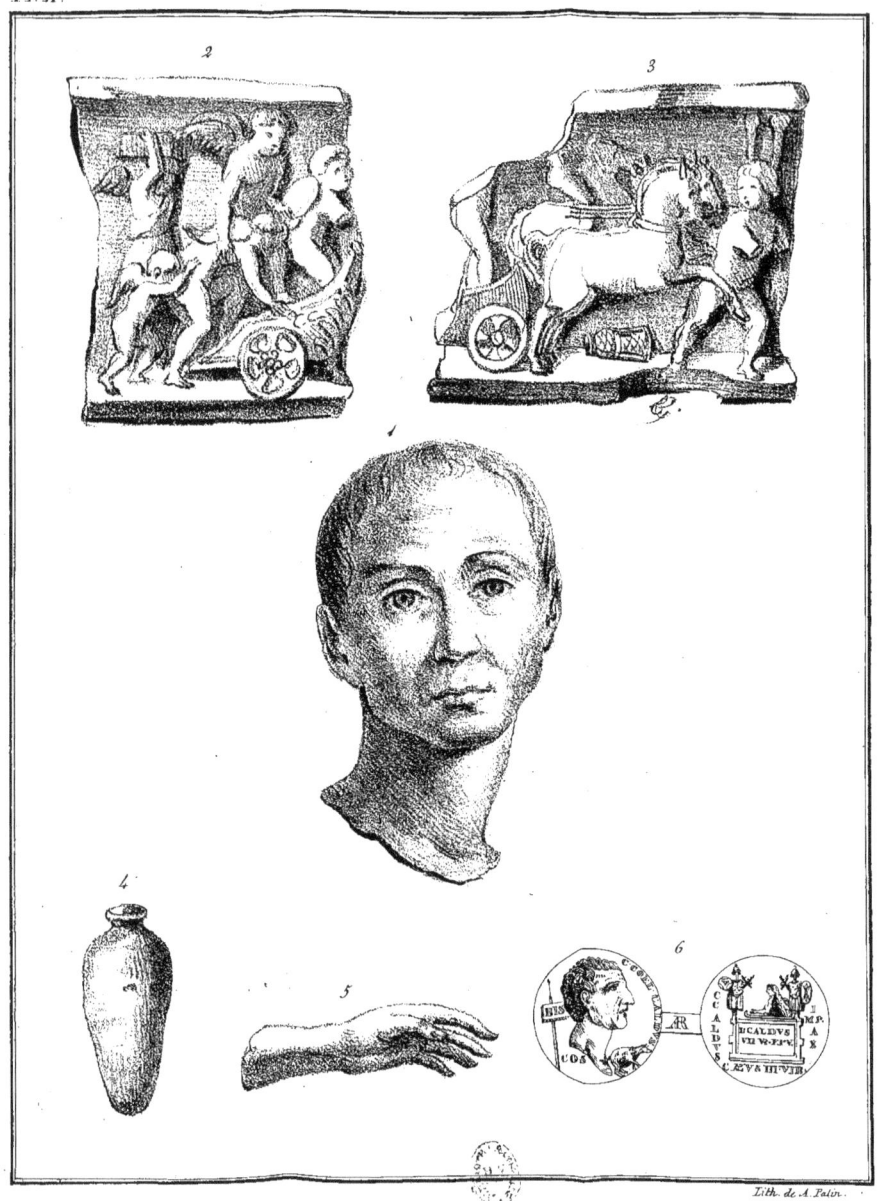

Lith. de A. Palin.

buste, ou si elle faisait partie d'une statue. Cette tête, avec la proportion du cou, telle qu'on la voit sur la planche n° 1, a treize pouces de hauteur. C. Cœlius Caldus, dont j'ai joint la médaille n° 6, fut consul l'an 660 de Rome, 94 ans avant l'ère chrétienne. Caylus ne pense pas que ce portrait ait été fondu sous le consulat de ce Romain, mais qu'il peut l'avoir été long-temps après sa mort. On peut avoir fait venir un creux d'Italie et l'avoir fait jeter en bronze à Paris. Caylus a choisi cette médaille en bronze parmi celles que renfermaient le cabinet d'un sieur Pélerin.

Les deux bas-reliefs qui sont sous les n°s 2 et 3, ont été trouvés comme je l'ai dit, en 1762, en fouillant un puits, mais à 32 pieds de profondeur. J'ajouterai à ce qu'on a lu à ce sujet, que ce groupe d'Amours, qu'on remarque dans le n° 1, n'offre simplement qu'une idée agréable ou qu'une allusion particulière. Voici les idées vagues que le premier bas-relief représente. Un plus petit Amour pousse, de toutes ses forces et par derrière, celui qu'un autre semble soulever par les épaules pour le faire entrer dans le char et pour le placer à côté d'un autre déjà entré; le bras de ce dernier qui est mutilé empêche de déterminer l'action. Cet Amour que l'on force à monter est triste et paraît se soumettre avec peine à la volonté des autres. Un cinquième Amour, chargé d'une cassette qu'il apporte pour mettre dans le char, semble indiquer une longue absence ou un grand voyage. Ces enfans ailés, ayant été souvent dans le paganisme les emblêmes de l'ame après la mort, font peut-être allusion à cette cruelle séparation. La longueur de ce fragment est de seize pouces et sa hauteur de seize pouces et demi.

L'autre bas-relief, n° 3, est d'un travail fort supérieur au précédent, mais plus mutilé. Ils ont pu, l'un et l'autre, faire l'ornement du même endroit. Le char à deux chevaux, dans lequel on remarque seulement les cuisses et les jambes d'un enfant, est précédé d'un enfant qui semble porter deux torches. Les conjectures sur les cérémonies pratiquées par les Romains, tant pour les mariages que pour les actions civiles, s'étendraient à l'infini, et le vase renversé que l'on y voit ne ferait que multiplier les contradictions. Il suffit de faire remarquer la seule singularité qu'il offre. On y aperçoit un troisième cheval monté qui n'a aucun rapport avec l'attelage, et qui suit ou accompagne le char. Ce bas-relief porte onze pouces et demi de hauteur et quinze pouces de longueur.

Quant au bras de bronze, n° 5, il accompagnait la tête trouvée dans la fonderie de Montmartre.

Caylus, qui jusqu'ici ne l'avait pas perdu de vue, l'a retrouvé dans le cabinet de Sainte-Geneviève.

Les Génovéfains le lui ayant confié, lui ont donné la faculté de le faire dessiner et de le décrire. L'avant-bras et la main gauche, suivant Caylus, appartenaient à une figure de jeune homme de vingt ou trente ans, ce dont les muscles et les articulations des doigts ne permettent pas de douter. Cette antiquité est du meilleur goût. Quoique le doigt majuscule soit plié, la main seule a huit pouces et demi de longueur; ce qui reste de l'avant-bras et qui paraît être sorti d'une draperie (car cette partie est coupée), est d'une longueur égale; ce qui donne à la totalité de ce morceau un pied cinq pouces. Ces mesures, que Caylus a comparées avec celles de l'Apollon du Vatican, statue qu'il a choisie à cause du rapport de l'âge, donnent une figure de huit pieds deux pouces neuf lignes de hauteur.

Le vase, n° 4, n'est que de terre cuite; son mérite ne consiste que dans l'antiquité. Sa hauteur est d'un pied cinq pouces neuf lignes, et sa largeur de neuf pouces quatre lignes. Ce vase, qui était dans le cabinet d'un sieur Vivant, mort fort âgé, en 1784, portait l'aveu de cet ancien antiquaire qui chargeait d'étiquettes tous les morceaux qu'il pouvait rassembler. Sur un papier, collé sur le vase, on lisait ces mots : *Vase trouvé auprès de la fontaine de Mercure à Montmartre.* Sa forme commune et le travail grossier prouvent qu'il ne peut avoir été destiné, du temps des Romains, qu'à contenir du vin, de l'huile ou d'autres liqueurs à l'usage domestique.

En descendant à gauche, j'ai remarqué à côté l'un de l'autre, dans des pièces de vignes qui appartiennent à M. Pichelin et autres, rue des Rosiers, au-dessous de la fontaine du Buc, deux espèces de rochers construits en cailloux, avec un ciment plus dur que le fer, de la hauteur de cinq à six pieds environ. L'endroit où ils sont situés s'appelle le *Lieu du Trésor*; ce nom lui provient de diverses traditions anciennes qui se sont perpétuées jusqu'à nos jours. Je m'y suis transporté plusieurs fois, accompagné de M. Pichelin, pour chercher à pénétrer les motifs qui les ont fait élever. Rien à l'extérieur ne peut donner aucun indice. Plusieurs récits m'ont été faits par les habitans du lieu. Les uns disent que ces rochers ferment des anciens souterrains bâtis par des Romains; les autres, qu'on croyait que le veau d'or y était enfoui; qu'ils étaient convaincus, d'après ce qu'ils ont entendu dire, qu'il y avait autrefois une porte entre ces deux petits rochers; un autre ajouta qu'en fouillant sur son terrain il avait aperçu une trappe, mais qu'il n'avait pas osé la lever; et plusieurs m'ont assuré qu'en cet endroit, sur lequel sont les vignes, il existe des souterrains voûtés d'une hauteur et d'une grandeur immense. Sans s'arrêter à tous ces récits, dont la plupart sont plus qu'incroyables, il est certain que cette partie de terrain renferme ou des monumens ou des restes de temples qui pourraient être enrichis de statues, de vases, de colonnes de marbre précieux, etc. Pourquoi, dans ce moment où l'on s'occupe sérieusement à faire des fouilles dans tous les lieux qui peuvent offrir à la curiosité la découverte de monumens antiques, ne s'arrangerait-on pas avec les propriétaires, qui s'offrent à vendre cette partie de terrain à un prix très raisonnable, et n'y opérerait-on pas les travaux nécessaires?

§ IV. — ÉGLISES, MONASTÈRES; ABBAYE; SON ORIGINE; INCENDIE DE L'ABBAYE; SÉPULTURES DANS L'ÉGLISE; DÉSORDRE DANS LE MONASTÈRE; RÉTABLISSEMENT DE L'ORDRE; PREMIÈRE RÉFORME; DEUXIÈME RÉFORME; CAMP FORMÉ PAR HENRI IV; LES RELIGIEUSES ABANDONNENT LE MONASTÈRE; AMOURS DE HENRI IV AVEC MARIE DE BEAUVILLIERS ET GABRIELLE D'ESTRÉES; MARIE DE BEAUVILLIERS RÉTABLIT L'ORDRE DANS LE MONASTÈRE; L'ÉGLISE PAROISSIALE.

Art. 1er. — Églises.

Au commencement du septième siècle, d'après Frédégaire (1), il y avait à Montmartre une maison dans laquelle Clotaire II, étant à Clichy, en-

---

(1) Frédégaire, chron., no 25.

voya un grand seigneur saxon, nommé Ægine, dont les gens avaient tué Ermenaire, maire du palais de Caribert, son fils. Ce seigneur y séjourna avec ses amis et quelques troupes pour y soutenir un siége auquel il s'attendait bien, mais cette affaire fut assoupie par le roi.

Il paraît certain, d'après une charte rapportée par le père Dubreul, bénédictin de Saint-Germain-des-Prés (1), et par le père Marrier, religieux de Cluny (2), qu'il y avait une église sur le haut de cette montagne, et au bas une chapelle dédiée à saint Denis; ce qui serait constant d'après ce que dit l'auteur de la première collection des *Miracles de saint Denis*, qui écrivait sous Charles-le-Chauve; il assure « que l'église du titre « de Saint-Denis, située sur la montagne depuis « peu, appelée *Mons-Martirum*, eut besoin, de son « temps, d'une charpente neuve, tant l'ancienne « était usée (3). »

Cela fait croire que cette église fut bâtie pour la première fois sur cette montagne, vers l'an 700 ou 750, qu'elle fut dédiée à saint Denis, et que l'on

(1) Dubreul (Jacques), né à Paris en 1528, mort en 1614.

(2) Marrier, né à Paris en 1572, mort en 1644.

(3) *Lib. miraculum S. Dionis.*, Lebœuf, *Histoire du diocèse de Paris*, t. III, 97.

commença à changer le nom de la montagne en celui de *Mont des Martyrs*, non peut-être à cause de saint Denis, puisque d'autres paraissent y avoir aussi souffert le martyre.

En 886, les bâtimens élevés sur cette montagne souffrirent beaucoup durant le siége de Paris, par les Normands. Ce fut de dessus la hauteur de ce lieu, que pendant ce siége, Eudes, comte de Paris, qui était allé trouver Charles II pour avoir du secours, se fit voir aux assiégés, afin de favoriser son passage à travers les ennemis. Là, ce même prince étant arrivé, campe son armée, et les deux frères, Thiéry et Aldéram, si renommés dans l'histoire, se détachent avec six cents hommes, passent sur le corps des Normands, et entrent dans Paris.

Ce ne fut, comme on l'a vu, qu'en 944, dans le temps de l'ouragan, que l'église de Montmartre fut abattue, et qu'on disait alors que les démons y contribuèrent.

En 978, l'empereur Othon II vint camper à Montmartre, mais il fit respecter les églises ; son arrivée, d'ailleurs, n'eut pour objet que d'accomplir ce qu'il avait fait dire à Hugues Capet qui était renfermé dans Paris : « Que l'*Alleluia* qu'il ferait « chanter pour remercier Dieu de ses victoires, « serait dit si haut qu'il n'en aurait jamais été en- « tendu de semblable. » En effet, on chanta le *Te Martyrum canditatus laudat exercitus*, si fort, que Hugues Capet et tout Paris l'entendirent.

La famille du nom de Bouchard, qui a formé la maison de Montmorency, et de laquelle sont sortis tant de seigneurs illustres (1), mérita par ses nobles exploits qu'une partie de Montmartre lui fut donnée en bénéfice par le prince.

Bouchard IV, en 1097, fit savoir par acte que l'église située sur cette montagne, l'autel et le sanctuaire, compris le cimetière, un espace considérable de terrain aux environs, la troisième partie de la dîme, et le tiers des hôtes avec la moitié du labourage, faisaient partie du territoire qu'ils y possédaient bénificiairement (2).

Cet acte, que Bouchard mit sur l'autel, n'était que l'assentiment qu'il donna à la cession, qu'un nommé Vautier-Payen et sa femme Hodierne, qui tenaient de lui toutes ces choses, en firent au prieuré de Saint-Martin-des-Champs.

D'après cela, il paraîtrait que cette église, qui n'avait été, il y a 678 ans, au moment où j'écris, qu'une paroisse dont Vautier, quoique laïque, était possesseur (3), devint un couvent dépen-

(1) Je donnerai connaissance des principaux faits qui ont illustré cette famille historique, en donnant la description de la vallée et de la ville de Montmorency.

(2) *Histoire de Saint-Martin*, p. 318 et 319.

(3) Il y a eu tant d'exemples semblables à cette époque, qu'il est inutile de le faire remarquer.

dant du prieuré, dont Urse ou Ursions était alors prieur.

Le nom et le temps de ce prieur sert à fixer l'époque du don qui fut fait au même monastère par d'autres laïques de la petite église située sur la pente de la montagne, ce fut à lui qu'elle fut remise. Comme cette église, ainsi qu'on l'a vu précédemment, portait le nom de Saint-Denis, on croyait alors que lui et ses compagnons avaient été martyrisés en ce lieu. « On ignore, dit Le-« bœuf, s'il y eut un monastère ou un pricuré de « Saint-Martin à Montmartre; aussitôt la dona-« tion rapportée ci-dessus, les moines de l'ordre « de Cluny n'y restèrent pas long-temps (1). » Si toutefois il fut alors construit, car, en 1133, ces moines cédèrent l'église de Montmartre et la chapelle à Louis-le-Jeune qui régnait déjà, afin d'y établir une communauté religieuse; ce qui eut lieu dans la même année, par Louis-le-Gros et la reine Adelaïde, en faveur des bénédictines. L'abbesse alors devint dame de la meilleure partie de la montagne, et eut seule le droit de nommer à la cure (2). En récompense, le roi donna aux moines l'église de Saint-Denis-de-la-Châtre, à Paris.

(1) *Histoire du diocèse de Paris*, t. III, p. 101.
(2) Félibien, *histoire de l'Abbaye de Saint-Denis*, t. I, liv. IV, p. 356.

Art. 2.—L'abbaye de Montmartre; son origine.

Cette abbaye, comme on vient de le voir, qui fut fondée en 1133, par Louis VI et la reine, pour y mettre des religieuses de l'ordre de Saint-Benoît, reçut de la munificence royale et de personnages éminens, des présens considérables.

Ce monastère était d'abord sur la cime de la montagne, et non où on le voyait avant le désastre révolutionnaire. Christienne ou Christine, dont il est fait mention dans une bulle du pape Innocent II, et qui, en qualité d'abbesse, avait succédé, en 1137, à la première (Adélaïde), l'était encore, lorsqu'en 1147, le 20 avril, après avoir célébré la fête de Pâques dans l'abbaye de Saint-Denis, le pape Eugène III vint faire la dédicace de l'église du monastère de Montmartre, accompagné de saint Bernard, évêque de Clairveaux (1).

Art. 3.—Incendie de l'abbaye.

En 1559, un violent incendie réduisit en cendres cette abbaye; tous les ornemens furent brûlés, et même ceux dont saint Bernard s'était servi lorsqu'il officia avec le pape Eugène. « Mais « heureusement, dit l'abbé Lebœuf, d'après Sau- « val, on sauva une chasse de reliques des mar-

(1) *Annales des bénédictins*, t. vi, p. 417.

« tyrs qui ont souffert sur cette montagne, et qui
« paraissent être autres que saint Denis et ses
« compagnons (1). » Il cite encore plusieurs actes
qui prouvent l'authenticité de ces reliques.

Outre ces reliques qui étaient conservées à
Montmartre, et qui, probablement, ont donné
lieu à l'érection de la première église, l'abbaye
fut encore enrichie de plusieurs corps et autres
reliques de saints.

Art. 4. — Sépultures dans l'église.

Parmi les sépultures de l'église abbatiale, on
remarquait celle de la reine Adélaïde de Savoye, femme de Louis VI, fondatrice du monastère. Cette reine, qui eut la double douleur de
voir mourir son époux et le connétable Mathieu
de Montmorency, qu'elle épousa en seconde noces, s'y retira et vint y terminer sa pieuse et illustre carrière, l'an 1154, après lui avoir légué la
terre de Barbery, village du diocèse de Senlis,
qui provenait de son douaire. Modèle de piété
et de résignation, et douée de qualités éminentes, elle parvint à inspirer à ses religieuses, qui
surent imiter ses nobles vertus, le goût de la retraite et de la vie contemplative.

La renommée publia leurs vertus et leur régularité jusqu'à la cour d'Angleterre.

(2) *Histoire du diocèse de Paris*, t. III, p. 104.

En considération de leur sainteté, Mathilde, première femme du roi Étienne, et fille d'Eustache III, comte de Boulogne, les autorisa à prendre tous les ans la quantité de cinq mille harengs, à Boulogne-sur-Mer.

Adélaïde de Savoye fut inhumée dans l'église de ce monastère, au pied du maître-autel. Son fils, Louis-le-Jeune, en venant visiter le tombeau de sa mère, confirma la donation qu'elle avait faite.

« Dans cette abbaye, dit Sauval, reposait le « corps d'Olanus, roi de Mauresque, *Alias* de « Norvègue, païen, mais converti par Robert, « évêque de Rouen (1). »

« Si c'est Olanus, roi de Norvègue, dont « Sauval a voulu parler, dit Lebœuf, le temps « auquel il vivait, s'accorde, à la vérité, avec « celui de cet archevêque; mais comment le reste « peut-il être vrai, et comment sera venu le corps « du saint roi, mort en 1026 (2)? »

Art. 5.—Désordre dans le monastère.

Il paraît, d'après Sauval, qu'à mesure que le nombre de ces religieuses diminuait, leur zèle se ralentissait. Au douzième siècle, il leur fut fait défense, par ordre de Louis VII, confirmé par

---

(1) Sauval, p. 356 et 357.
(2) *Histoire du diocèse de Paris*, t. III, p. 108.

le pape Alexandre III, l'an 1175, de passer le nombre de soixante.

Pendant les guerres du quatorzième siècle, ce nombre fut tellement diminué, qu'en 1403, elles n'étaient plus que six.

Il faut le dire avec douleur, ces religieuses, si remplies de ferveur dans leur sainte origine, oublièrent les vertus et la piété de leur illustre fondatrice.

Méprisant leur ancienne régularité qui les avait fait admirer même des étrangers, elles sortaient du monastère pour les cérémonies extraordinaires; et l'on trouve, dit l'historien (1), qu'en 1462, elles assistèrent aux funérailles de Charles VII. Elles secouèrent un joug qui leur parut trop austère; et au lieu de se créer une nouvelle règle conforme à leur état, elles tombèrent dans l'excès du désordre.

Art. 6.—Rétablissement de l'ordre; première réforme.

Jean Simon, qui fut évêque de Paris depuis 1492 jusqu'en 1542, conçut le dessein d'y introduire une réforme, que son successeur, Étienne Porcher, voulut exécuter. Ce fut sous la direction de l'abbesse Marguerite Langlois, qui mourut le 11 juin 1503, que cette réforme commença.

(1) *Histoire de Saint-Denis*, p. 358.

Cette année, l'évêque de Paris mit dans l'abbaye de Montmartre des religieuses de l'ordre de Fontlevrault, tirées des prieurés de la Magdeleine-lès-Orléans et de Fontaines, dans le diocèse de Senlis, afin de faire renaître dans ce monastère les sentimens religieux, l'amour de l'ordre et de toutes les vertus, fruits d'une sage discipline.

Lebœuf raconte que l'abbesse Marguerite Langlois fit chanter pour elle un service des morts un peu avant qu'elle ne mourut, comme si elle eût été décédée (1).

« On voit, dit encore le même auteur, dans
« les registres du parlement du 18 juillet, même
« année 1503, ce qui arriva en conséquence des
« vicaires-généraux, et que quelques raisons
« m'empêchent de rapporter (2). »

La même année, Marie Cornu, tirée de l'abbaye de Chelles, fut la première abbesse triennale de l'abbaye de Montmartre.

Art. 7. — Seconde réforme.

En 1547, sous l'évêque Jean du Bellay, il y eut encore une réforme. Le *Gallia christiana* parle de la déposition de l'abbesse qui fut faite alors.

(1) *Histoire du diocèse de Paris*, t. III, p. 109.
(2) *Ibid.*

Depuis cette époque, le roi y nomma des abbesses titulaires (1).

La première, Catherine de Clermont, fut bénite, le 12 août 1549, dans le chœur de son église, par François d'Interville, évêque d'Auxerre. Alors il y avait plus de soixante religieuses (2).

ART. 8. — Camp formé par Henri IV. — Les religieuses abandonnent le monastère.

Le camp que forma Henri IV, pendant les guerres de la Ligue, fit que plusieurs religieuses abandonnèrent le monastère. Celles qui y étaient y vivaient sans régularité : le désordre alors y régna plus que jamais.

ART. 9. — Les amours de Henri IV avec Marie de Beauvilliers et Gabrielle d'Estrées.

Parmi ces religieuses, Henri IV remarqua Marie de Beauvilliers, âgée de dix-sept ans, qui, à cause de son extrême beauté, embrasa soudainement son cœur; ils se virent et devinrent amans. Lorsqu'il fut contraint de quitter Montmartre, Henri IV ne pouvant se séparer de sa jeune maîtresse, elle consentit à le suivre à Senlis : elle y fut reçue magnifiquement. Mais sa

---

(1) *Gallia christiana*, t. VII, col. 619.
(2) *Histoire d'Auxerre*, t. II, p. 214 des Pièces.

joie fut de courte durée ; son royal amant vit Gabrielle d'Estrées (1), et les brillans attraits de cette belle eurent plus d'empire sur le cœur du monarque que la douceur des charmes de la tendre et naïve religieuse. Mais Henri IV conserva toujours pour elle beaucoup de considération.

Mais le voyant heureux avec sa rivale, Marie prit la courageuse résolution de se retirer à Montmartre. Sept ans après, en 1598, l'abbesse étant morte, le roi la nomma à cette abbaye. Ainsi, les historiens qui ont avancé qu'elle était abbesse dans le temps qu'elle était aimée d'Henri IV ont été mal instruits.

ART. 10.—Marie de Beauvilliers rétablit l'ordre dans le monastère.

A la paix, mieux éclairée sur ses devoirs, cette abbesse repentante et remplie de dignité, frappée du désordre qui régnait dans le couvent, prit la pieuse résolution de faire revivre l'esprit monastique dans son abbaye, que le malheur des temps avait banni de ce séjour divin. Elle fut aidée dans sa sainte résolution par les avis de plusieurs bons religieux. Après beaucoup de peines, d'affreux tourmens, et de persécutions inouïes (2)

---

(1) Marie et Gabrielle étaient cousines-germaines, filles des deux sœurs Françoise et Marie Babou.

(2) L'histoire rapporte que les religieuses furent si

qui faillirent lui coûter la vie, Marie de Beauvilliers eut le bonheur de voir ses nobles vœux couronnés de succès.

Sauval, qui visitait cette abbesse, rapporte qu'elle lui disait : « qu'au moment de son élévation à cette dignité, le jardin était en friche, « les murs à terre, le réfectoire converti en bûcher, le cloître, le dortoir et le chœur en promenade. A l'égard des religieuses, que peu « chantaient l'office; les moins déréglées travaillaient pour vivre et mouraient presque de faim; « les jeunes faisaient les coquettes; les vieilles « allaient garder les vaches et servaient de confidentes aux jeunes. »

Tout fut réparé par les soins de Marie de Beauvilliers; elle fit transporter dans le chœur et placer devant le maître-autel le tombeau de la reine Adélaïde, fondatrice du monastère.

L'abbesse qui lui succéda, Rénée de Lauraine, fit renouveller ce tombeau sur lequel on grava l'épitaphe que voici :

Ici est le tombeau de très illustre et très pieuse princesse madame Alix de Savoye, reine de France, femme du roi Louis, dit le Gros, mère de Louis VII,

furieuses contre elle, qu'elles attentèrent à ses jours en employant le poison, et que des antidotes pris à propos lui sauvèrent la vie.

dit le Jeune, et fille à Humbert II, comte de Savoye, et de Gisle de Bourgogne, sœur du pape Calixte II.

Voici l'épitaphe en vers :

Cy gist madame Alix, qui de France fut reine,
Femme du roi Louis sixième, dit le Gros :
Son ame vit au ciel ; et son corps en repos,
Attend dans ce tombeau la gloire souveraine.
Sa beauté, ses vertus la rendirent aimable
Au prince, son époux, comme à tous ses sujets ;
Mais Montmartre fut l'un de ses plus doux objets.
Pour y vivre et trouver une mort délectable ;
Un exemple de grand, ô passant ! te convie
D'imiter le mépris qu'elle fit des grandeurs ;
Comme elle, sèvre-toi du plaisir de la vie,
Si tu veux des élus posséder les splendeurs.

Tout ce qui a été dit jusqu'ici regarde le monastère de Montmartre dans sa situation primitive au sommet de la montagne.

Le froid y était très vif ; la rigueur qui se faisait sentir dans ce couvent, où les religieuses ont resté cinq cent cinquante ans, fit que saint Louis, par commisération, leur fit donner de quoi avoir des bottes fourrées (1). On statua qu'on paierait à chacune dans la suite, le jour de la Toussaint, la somme de trois sous à cet effet.

(1) Voy. *Gallia christiana*, t. VII, col. 615.

Malgré l'éloignement de l'église de Montmartre de la cathédrale de Paris, le clergé de cette ville, dans l'origine et peut-être depuis le sixième siècle, y venait processionnellement le premier jour des Rogations, qui, instituées à Vienne, s'étendirent dans les Gaules.

La petite église de Saint-Denis, bâtie à mi-côte, n'avait encore que le titre de chapelle en 1181. Constance, comtesse de Toulouse, fille de Louis VI, y établit un chapelain, tenu de prier Dieu pour ses aïeux et pour l'ame de son frère Louis VII qui venait d'expirer.

« En 1304, dit Sauval, Philippe-le-Bel, averti
« du peu de revenu de cette chapelle, lui assi-
« gna, sur son trésor de Paris, vingt livres pari-
« sis de rente. »

Hermer ou Hermener, écuyer, et Catherine, sa femme, y fondèrent, en 1305, un second chapelain chargé de prier pour Philippe III, dit le Hardi, et sa femme, pour Philippe-le-Bel régnant, et pour la reine Jeanne. Les fondateurs réservèrent tous droits seigneuriaux, propriété et patronage aux religieuses. L'abbesse, madame de Mincy, en approuvant cette fondation, se réserva le pouvoir de faire démolir les maisons des deux chapelains, si elle voulait établir un prieuré en ce lieu, à la charge de leur en rebâtir d'autres (1).

(1) *Histoire du diocèse de Paris*, t. III, p. 114.

C'est dans cette chapelle, qu'en 1524, saint Ignace de Loyola et neuf de ses compagnons vinrent, le jour de l'Assomption, prononcer leurs vœux (1).

Vers l'an 1600, les guerres de la Ligue avaient tellement dégradé le bâtiment, qu'on fut obligé de le rétablir entièrement. « En 1596, dit Le-« bœuf, l'autel était démoli, les murailles en-« tr'ouvertes, la voûte et la couverture tombées, « le dedans, dont la longueur n'était que de neuf « toises, comblé de démolitions; mais l'abbesse, « Marie de Beauvilliers, aidée des charités de dif-« férentes personnes, travailla promptement au « rétablissement de ce saint lieu, et même à « agrandir ce vaisseau (2). »

En 1611, le 13 juillet, les maçons, en fouillant au chevet de la chapelle pour continuer les nouvelles fondations, percèrent une voûte sous laquelle ils trouvèrent un escalier de cinq pieds de large; et après avoir descendu quarante degrés, ils aperçurent une cave souterraine qui, en tirant vers le haut de la montagne, avait plus de six toises inégales dans sa largeur. On trouva dans cette cave, qui était prise dans une carrière à plâtre, un autel de quatre pieds de long sur deux de large, au milieu de laquelle

---

(1) On a vu ce qu'a dit Sauval à ce sujet.
(2) Voy. sa Notice biographique à la fin de cette 3ᵉ sect.

était gravée une croix sur une pierre à plâtre qui formait cet autel. On aperçut aussi aux murailles une ou deux petites croix, et différens mots formés par quelques lettres qui faisaient MAR CLEMIN DIO; après ces mots, le reste était effacé, on ne pouvait le lire. « Cette découverte, dit Lebœuf, « fit croire que c'était là le lieu où saint Denis « avait célébré les saints mystères en secret (1). « La reine Médicis et plusieurs dames de qualité « l'étant venu voir, on y accourut de tous côtés, « et le concours procura beaucoup d'argent pour « le nouvel édifice (2). »

Non seulement ce concours, mais aussi les libéralités de plusieurs grands personnages, tels que la reine Marie de Médicis, la duchesse de Guise, etc., produisirent à l'abbesse des sommes considérables qui lui servirent à agrandir la chapelle des Martyrs, à étendre l'enceinte du monas-

(1) Je ne comprends pas pourquoi M. Dulaure, qui presque toujours révoque en doute ou rejette généralement ce qui peut contribuer à propager la foi et à faire triompher la religion chrétienne, dit, dans ses *Environs de Paris*, t. II, p. 361, « que ce bruit était dépourvu de fondement. » Il serait très possible que ce ne fut pas saint Denis qui, en ce lieu, célébra les saints mystères; mais, pour éviter les persécutions, il est probable que ce sont d'autres martyrs ou tout autre personne pieuse.

(2) *Histoire du diocèse de Paris*, p. 115.

tère, de manière à y renfermer la nouvelle église qui, en 1662, fut érigée en prieuré. Alors la collation devant appartenir à cette abbesse, et les deux chapelains dont j'ai parlé ayant été révoqués, dix religieux de l'abbaye commencèrent à y célébrer le service divin.

« Il y eut donc, dit Lebœuf, de cette manière « deux communautés religieuses dans une même « enceinte, l'une sur le haut de la montagne, « dans la maison conventuelle, l'autre au-des- « sous, dite des Martyrs, ce qui forma par la suite « quelques difficultés (1). » Pour y mettre fin, Louis XIV fit bâtir dans le bas, pour toutes les religieuses, des logemens dont elles prirent possession en 1681. Alors, par ordre, tous les lieux réguliers furent démolis. On y laissa cependant une grille pour les stations que les religieuses y faisaient. Dès-lors il n'y eut plus de prieuré. L'église de l'ancien couvent des filles servit à agrandir celle de la paroisse du village.

Art. 11. — L'église paroissiale.

J'ai visité cette église qui fut bâtie au douzième siècle, qui passa, comme on l'a vu, de la main laïque aux religieuses de Saint-Martin-des-Champs, et dont le portail et la nef paraissent être du trei-

(1) *Histoire du diocèse de Paris*, t. III, p. 116.

zième siècle. Je l'ai trouvée parfaitement restaurée et bien décorée.

Maintenant on y remarque encore le chœur des Dames, qui fait partie du bâtiment qui n'est pas rendu au culte et qui sert au télégraphe.

Il est question dans ce moment de réunir à l'église paroissiale cette partie abandonnée qui se dégrade continuellement.

C'est derrière ce chœur qu'est placé le télégraphe; il est élevé sur les murs de la chapelle où les religieuses venaient, par un couloir, de leur abbaye, assister à l'office divin.

Cette église possède quatre colonnes en marbre noir et blanc d'un seul morceau, surmontées d'un chapiteau à feuilles d'acanthe, d'un style dégénéré; ces colonnes, dont deux sont placées à l'entrée de l'église, et les deux autres à l'extrémité de l'édifice, sous le télégraphe, sont d'une haute antiquité, et proviennent sans doute d'un temple païen. Bonaparte les admira, lorsqu'il vint visiter les hauteurs de Montmartre.

La pierre des fonts a près de trois cents ans; elle porte le millésime de 1537.

L'église possède dans son intérieur un calvaire avec ses stations; il fut érigé en 1805, et doté d'indulgences très étendues par le pape Pie VII. Depuis la révolution de juillet, le calvaire du Mont-Valérien étant détruit, le curé actuel de

Montmartre a eu l'heureuse idée de rétablir le pèlerinage, abandonné depuis long-temps, en invitant les paroisses de la capitale à venir successivement pendant les octaves de la Croix. Ce qui, en attirant un grand concours de fidèles aux mois de mai et de septembre, est tout à la fois avantageux à la religion et à la commune.

Tous les alentours sont couverts de ruines; nombre de carrières à plâtre remplissent le clos immense des ex-religieuses. Il ne reste plus maintenant que la maison abbatiale, habitée par divers particuliers, place de l'abbaye, n° 4, et qui appartient, ainsi que le clos, à M. Houllié. On remarque dans une pièce qui servait de salle d'audience aux religieuses, et qui est habitée par M. Houllié, une cheminée en marbre qui fut donnée aux religieuses de l'abbaye de Montmartre en reconnaissance de l'hospitalité qu'elles accordèrent au savant Amyot, lors de son arrivée à Paris, et qui n'avait encore que treize ans. Cette cheminée, qui peut donner une idée de l'art de travailler le marbre à cette époque, porte, au-dessous de la tablette du chambranle, cette inscription gravée :

EX DONO AMYOT (1).

(1) Ce célèbre traducteur des *OEuvres de Plutarque*, naquit à Melun le 30 octobre 1514; son père était un

Sauval (1) parle d'une chapelle de saint Benoît, bâtie sur la même montagne, où avait existé une terrasse qu'il vit démolir. On assure que cette terrasse était si solide, qu'elle servit à Henri IV pour braquer le canon contre Paris, lorsqu'il en fit le siége en 1590.

Il paraît, d'après Lebœuf, que Montmartre eut pour pasteurs plusieurs curés illustres; cependant il ne cite que Jacques Merlin, docteur en Sorbonne, sous François Ier (2).

§ V.— CIMETIÈRES DE MONTMARTRE.

Art. 1er.— Ancien cimetière.

Il existe à Montmartre deux cimetières. Le premier, qu'on appelle l'ancien cimetière, est situé auprès de l'église, et fermé au public depuis longtemps, mais le gouvernement permet d'y enterrer les personnes qui ont des concessions à perpétuité. Ce cimetière contient un certain nombre de familles de Paris, telles que les Montesquiou et Lalive, les Fitz-James, les Vaudreuil; de Vesc, Portal, Dumas, la maréchale de Duras, dont l'épitaphe qui suit est d'une touchante simplicité :

petit marchand mercier. Il mourut à l'âge de 79 ans, le 6 février 1593.

(1) T. 1, p. 353.
(2) Voyez sa biographie à la fin de cette 3e section.

Après avoir passé presque toute sa vie dans la prospérité, d'un rang éminent à la cour, où ses vertus lui attirèrent la plus grande considération, elle supporta avec une grande résignation les épreuves personnelles les plus cruelles de l'horrible tempête révolutionnaire. Dieu la récompensa en cette vie, en lui donnant un courage égal à ses infortunes; puisse-t-il lui accorder toutes les récompenses célestes qui sont promises aux justes!

La fabrique de l'église de Montmartre fait célébrer gratuitement, chaque année, le 11 mai, un service solennel pour toutes les personnes inhumées dans ce cimetière.

Art. 2.—Le grand cimetière.

Ce cimetière est digne de fixer l'attention de l'observateur. Placé entre Paris et Montmartre, il est le plus ancien de ceux des environs de la capitale, et vient d'être considérablement agrandi. Il fut d'abord nommé *Champ de repos*. Cette dénomination philosophique n'est plus en usage.

Formé sur des carrières à plâtre, ce cimetière se compose d'une vallée profonde qui est entourée et terminée par trois collines. Sur celle à droite, on aperçoit le tombeau de l'auteur du *Mérite des Femmes* (Legouvé), poète célèbre, né à Paris le 23 juin 1764, mort le 30 août 1812 (1).

---

(1) Il expira doucement, comme un malade à demi-assoupi qui exhale son dernier soupir au milieu d'un songe.

Voici les vers qu'on lit avec attendrissement sur la face principale de ce tombeau :

> Vous que j'ai tant aimées, vous me devez des pleurs;
> Sur ma tombe, en offrande, apportez vos douleurs.

Et sur la face qui regarde Paris :

> Quelquefois mes amis s'entretiendront de moi,
> Je reste dans leur cœur, je vivrai dans leurs larmes.
> Ce tableau de la mort adoucit les alarmes.
> Et l'espoir des regrets que tout mortel attend,
> Est un dernier bonheur à son dernier moment (1).

Dans le vallon, s'élève une tombe d'une extrême simplicité ; elle est ombragée d'un peuplier et d'un cyprès. On lit sur cette tombe cette touchante inscription :

CI-GÎT
JEAN-FRANÇOIS SAINT-LAMBERT, NÉ EN 1716,
LE 16 DÉCEMBRE,
DE L'ANCIENNE ACADÉMIE FRANÇAISE,
MILITAIRE DISTINGUÉ,
POÈTE ET PEINTRE DE LA NATURE,
GRAND ET SUBLIME COMME ELLE;
PHILOSOPHE MORALISTE,
IL NOUS CONDUISIT AU BONHEUR,
PAR LA VERTU.

(1) *Les Souvenirs*, par Legouvé.

HOMME DE BIEN, SANS VANITÉ
COMME SANS ENVIE.
LE MONDE ET SES AMIS LE PERDIRENT,
LE 9 FÉVRIER 1803 !
CELLE QUI FUT CINQUANTE ANS SON AMIE (1),
A FAIT METTRE CETTE PIERRE
SUR SON TOMBEAU.

Épitaphe gravée sur le tombeau de madame de Montmorency-Luxembourg, abbesse de Montmartre :

ANNE-FRANÇOISE-CHARLOTTE
DE MONTMORENCY-LUXEMBOURG,
VEUVE D'ANNE LÉON
DUC DE MONTMORENCY,
NÉE LE 17 NOVEMBRE 1752,
DÉCÉDÉE LE 24 MARS 1829.

§ VI. — DÉFENSE ET ATTAQUE DE PARIS.

Toutes les fois qu'il a été question de la défense ou de l'attaque de Paris, la position de Montmartre a toujours été regardée comme très importante. Tour à tour nous y avons vu camper les Normands, Othon II, les Anglais, les Armagnacs, l'armée de Henri IV. Au 10 août 1792, l'assemblée nationale ayant décrété la formation d'un camp de 20,000 hommes autour de la ca-

_____
(1) Madame d'Houdetot.

Mme DE MONTMORENCY LUXEMBOURG.

pitale, autorisa les canonniers de Paris à y établir des esplanades d'artillerie sur la hauteur, pour contenir l'ordre dans la grande cité.

En 1814 et 1815, cette montagne fut transformée en forteresse, lorsque Napoléon crut la défense de Paris possible, et lorsque les armées des puissances coalisées menaçaient d'envahir cette capitale. C'est là que le 30 mars 1814, au matin, Joseph Bonaparte, qui se croyait bien tranquille à Montmartre, tandis qu'on se battait avec acharnement au nord et à l'est, à Pontoise et à Romainville, s'écria lorsqu'on lui fit remarquer toute l'étendue des forces ennemies : « Puis« qu'il en est ainsi, il ne reste plus qu'à parle« menter. » Mais les guerriers ayant remonté son courage, on continua à se battre : pourtant il perdit bientôt tout espoir, et abandonna son poste.

C'est le lieu où les horreurs de la guerre se sont le plus manifestées.

Joseph ayant abandonné Montmartre, n'avait laissé sous le commandement d'un colonel seul, et pour défendre cette position, qu'environ quatre cents hommes. L'armée de Silésie, composée de 20,000 hommes, tant infanterie que cavalerie, s'avançait avec audace contre cette poignée de Français animés par l'amour de la patrie et de la gloire. Mais loin de chercher à fuir, ces 400 braves s'obstinent à défendre le poste confié à leur courage. Embrasés de valeur et fermes aux pieds de leurs pièces, ils chargent avec une telle intrépidité qu'ils ont la gloire de repousser plusieurs fois cette masse effrayante d'assaillans, ce qui est incroyable... Ces 400 intrépides combattent contre 20,000 étrangers, avec quelque avantage ; cependant leurs rangs s'éclaircissent bientôt, ces nouveaux Spartiates vont tous périr victimes de leur valeur guerrière, quand leur commandant, s'apercevant qu'ils vont être tournés par la plaine de Neuilly, fait sonner la retraite.

Oh! combien l'ennemi dut être stupéfait de tant d'audace ! Ce fait d'armes peut être regardé comme un des plus beaux de ceux qui ont illustré la campagne de 1814. Alors vers les trois heures après midi, Montmartre fut occupé par les Russes.

Qu'elle fut effrayante et brillante à la fois la nuit qui précéda l'entrée des troupes alliées dans Paris! Quel beau spectacle, mêlé de crainte, s'offrait à notre aspect horriblement frappé de terreur, en apercevant sur la longue chaîne des collines qui, de l'est à l'ouest, sert de ceinture à Paris, les innombrables feux allumés dans les bivouacs!

Si ces feux annonçaient aux Français la suspension de leur gloire militaire, ils préludaient aussi au bonheur de la France, à la paix générale qu'elle ne pouvait espérer sans le retour de son souverain légitime.

En 1816, la Chambre des Députés proposa d'ériger sur la montagne un monument à Louis XVI, mais cette proposition n'eut pas de suite.

§ VII.— ÉTABLISSEMENS IMPORTANS.

Art. 1er.— Asile royal de la Providence.

Cette maison, qui est située près la barrière de Montmartre, mérite le titre qui l'honore infiniment; elle fut fondée, en 1804, par M. Micault de la Vieuville (1) : soixante vieillards des deux sexes y sont soignés avec un zèle qui ne peut se décrire. Un digne aumônier et un habile médecin sont attachés à ce touchant établissement, qui est régi par un administrateur en chef et par des sœurs hospitalières remplies de dévouement. Les dépenses de cet asile sont acquittées d'abord par les dons du roi, de la famille royale et du gouvernement, et ensuite par une société nombreuse, dont chaque membre paie annuellement la modique somme de 20 francs. N'ayant d'autre but que la bienfaisance, lorsque ses dépenses sont acquittées, cette maison emploie ce qui lui reste à élever quelques orphelines et à secourir des familles indigentes. Il y a, dans cet établissement tout paternel, des places à pensions et des places gratuites. Ces dernières sont nommées

(1) Voy. sa Notice biographique à la fin de cette 3e sect.

par le ministre de l'intérieur. Quant aux premières, elles sont, en général, de 600 francs; cependant, pour les plus malheureux, la société acquitte une partie de cette somme qu'ils ne peuvent pas payer, de sorte qu'ils ne sont obligés que de donner 500, 400 et même 300 francs.

Il se fait, tous les ans, un service funèbre pour les membres de l'association décédés dans l'année. Toutes personnes charitables peuvent coopérer au bonheur de soixante vieillards infortunés qui adressent tous les jours des vœux au ciel pour leurs bienfaiteurs et la prospérité de cette maison, asile de l'infortune.

M. le baron de Tourolles, digne successeur de M. de la Vieuville, et qui remplit avec zèle les intentions de l'illustre fondateur, en est l'administrateur en chef. Il est parfaitement secondé par M. le baron Eug. de Bray, administrateur-trésorier de la société, et par la supérieure qui, ainsi que M. de Tourolles, ont bien voulu me donner les renseignemens qui m'étaient nécessaires.

La chapelle est remarquable par sa belle simplicité et la beauté de ses ornemens. Elle est sous l'invocation de sainte Geneviève et saint Vincent de Paul.

Art. 2.— Maison de santé.

On remarque à Montmartre une maison de

MONUMENT ÉRIGÉ À MONTMARTRE.

santé du premier ordre, dirigée par le docteur Blanche. C'est dans cette maison que madame de la Vallette, si connue par son dévouement conjugal, lors de la condamnation de son mari à l'époque de la restauration, a été placée et guérie.

Il n'est point de jour que le directeur de cet utile établissement ne reçoive de nouvelles preuves de la munificence des personnes guéries chez lui.

Art. 3. — Service des eaux de la Seine.

Qui aurait pu croire qu'il serait venu dans l'idée de pouvoir amener les eaux de la Seine sur la plateforme si élevée de la butte Montmartre. Il faut convenir que l'industrie est à son apogée.

Ainsi que je l'ai dit, dans la description de Batignolles, à l'article relatif à la prise d'eau, Montmartre est une des communes circonvoisines où la pénurie de cet élément se fait le plus sentir. Cette commune voit s'élever un monument servant de réservoir qui recevra l'eau de la Seine refoulée dans des tuyaux par une machine hydraulique mue par une pompe à feu établie sur les bords de ce fleuve auprès de Saint-Ouen.

Voici quelques détails de cet important établissement :

C'est auprès de la maison de santé, dont il vient d'être fait mention, que le réservoir est situé. Son plan est un octogone inscrit dans un cercle de 9 mètres de diamètre; on remarque sur les côtés de cet octogone qui regarde Paris, un avant-corps construit en pierre de taille; la façade, décorée dans le style de la renaissance, offre deux ordres superposés. On a pratiqué dans la partie inférieure une niche dont l'intérieur est revêtu en marbre. Dans cette niche est un vase en fer fondu qui verse l'eau qu'il reçoit dans une cuvette en pierre placée au-dessous, il est orné de tous les attributs qui peuvent rappeler sa destination.

La partie supérieure de la face de l'avant-corps se termine par un fronton, dans le tympan duquel on voit des sculptures allégoriques surmontant une table de marbre blanc destinée à recevoir diverses inscriptions. Cette table est couronnée par une légère corniche, supportée par deux figures de femmes, bas-relief, sculptées dans la pierre. La cavité du réservoir a la forme d'un cône tronqué; il se termine par un segment sphérique, et peut contenir une quantité d'eau représentée par 125,000 litres; lorsque le réservoir est plein, le niveau supérieur du liquide s'élève à 4 mètres 60 centimètres au-dessus du sol sur lequel ce monument est construit.

Indépendamment de ce réservoir principal, il existe un réservoir supplémentaire en bois contenant 25,000 litres. Il est destiné à alimenter les habitations situées sur le point culminant de Montmartre. Dans la hauteur de Montmartre, on a élevé une construction en pierres découpées à jour en forme de châssis et de croisillons ; elle est surmontée par un entablement qui couronne l'édifice et qui porte sur des pilastres élevés sur les angles. Sur cette construction repose le comble, dont toutes les pièces sont en fer et qui est couvert en zinc.

On n'a rien négligé pour donner à cet édifice remarquable toute la solidité qu'exige l'usage auquel il est destiné, ainsi que sous le rapport du style et de l'embellissement.

C'est à M. Bourelly à qui l'on doit l'idée de cet utile établissement, et pour lui donner le développement dont elle était susceptible, il s'est entouré d'hommes habiles dans les arts qu'elle embrassait. M. Titeux de Frenois, architecte, a dressé les plans et dessins de toutes les constructions, dirige les travaux et fait exécuter, par M. Baudeville, ceux qui concernent la sculpture.

Les machines destinées à alimenter le réservoir de Montmartre sont situées sur les bords de la Seine, auprès de la gare de Saint-Ouen. Elles se composent d'une machine à vapeur de la force de 20 chevaux, avec 2 chaudières en cas de réparations de l'une d'elles, et d'une machine hydraulique que la première met en mouvement.

La machine hydraulique consiste en un système de pompes perfectionnées qui aspirent l'eau dans la Seine et la refoulent dans la colonne d'ascension, laquelle est composée de tuyaux de fonte. Le développement de cette colonne est d'environ 3,700 mètres depuis la machine, qui est son point de départ, jusqu'au réservoir qui se trouve à 99 mètres 56 centimètres au-dessus du niveau de la Seine. Tous les plans, nivellemens et dessins des terrains qui la reçoivent, ont été exécutés par M. Robert-Caillet, géomètre à Montmartre.

L'ensemble des constructions présente deux petits bâtimens de service et d'habitation. Un second bâtiment, dans lequel sont les deux fourneaux et leurs chaudières, et enfin, un troisième qui contient les machines. La cheminée, qui est prise aux dépens de cette dernière partie, s'élève à 20 mètres au-dessus du sol; elle a, à sa base, 2 mètres de son côté, et à son sommet 1 mètre.

La pompe à feu a été établie dans les ateliers de M. Thonellier, et la machine hydraulique dans ceux de M. Gailard, jeune, ingénieur-hydraulicien. Les travaux de maçonnerie ont été exécutés par M. Gaudelet fils, et les conduits en fonte seront fournis par M. André.

Les travaux, qui s'exécutent avec une rapidité sans exemple sous la surveillance de l'architecte et du fondateur-gérant, font espérer que les eaux arriveront au réservoir dans un bien court délai.

Pose de la première pierre.

C'est le 26 mars 1835 que, me trouvant par hasard à Montmartre pour faire mes recherches, j'assistai à l'intéressante cérémonie de la pose de la première pierre de cet utile établissement.

Voici le détail des objets qui y sont enfermés :

Une plaque d'étain sur laquelle sont gravés les noms suivans :

M. Bourelly, fondateur-gérant.

M. Gailard, jeune, ingénieur-hydraulicien, entrepreneur-général de la société.

M. Titeux de Fresnois, architecte, rue du Temple, n° 101.

M. Gaudelet, entrepreneur de maçonnerie.

M. Thonnellier, mécanicien.

M. Varé, président de la société, quai des Grands-Dégrès, n° 25.

M. Lozouet, commissaire, rue du Temple, n° 101.

M. Belhomme, commissaire, à Montmartre.

M. Lelong, commissaire, rue Saint-Martin, n° 207.

M. Fournier, notaire de la société.

M. Véron, maire de Montmartre.

Plusieurs pièces de monnaie de diverses valeurs à l'effigie de Louis-Philippe, roi des Français, et quantité de médailles avec des inscriptions différentes.

Quelques personnes ont joint des objets au dépôt; quant à moi, je n'ai pu y déposer qu'une carte de visite. Le tout a été enfermé avec beaucoup de précaution dans la pierre, qui, de suite, a été posée par M. le maire de Montmartre, en présence d'une foule nombreuse, de la garde nationale et des habitans qui attendent avec impatience le moment de jouir de l'inappréciable bienfait de cette entreprise qui assure aussi à ceux des communes voisines un service régulier de distribution, non-seulement pour leurs besoins domestiques, mais encore pour la fertilisation, car la position du réservoir offre autant d'avantages que ceux de Londres qui alimentent tous les étages des maisons.

Art. 4.—Fabrique de pierres artificielles.

Cette composition de pierres artificielles, qui offre le plus grand avantage pour les arts, est dirigée par M. Texier, ancien employé à cette fabrique, et qui succède à M. Dreux. Par d'heureux perfectionnemens, on est parvenu à faire les statues d'un seul bloc, résultat qui permet d'introduire les armatures en fer d'une seule pièce : ce qui les rend inappréciables par la beauté et la solidité de l'exécution; et, par de nouvelles combinaisons, on est arrivé à donner à cette matière la blancheur du marbre ou la couleur du bronze. Les monumens funéraires qu'on y exécute en pierre de liais ou en marbre, sont enrichis de sculptures de cette composition qui est fixée, en la rendant adhérente à la pierre et au marbre. On l'emploie pour orner les palais et maisons de beaux ornemens; on l'emploie de même en enduit pour les ravalemens, et, dans l'intérieur, pour se préserver de l'humidité. Par ce procédé, on fait des parquets, des terrasses, des bassins et des chaîneaux.

Ces pierres artificielles sont fabriquées avec une composition analogique au ciment de Dhil. Elles n'éprouvent aucun retrait ni gonflement; elles sèchent à toute épaisseur, résistent à l'intempérie et aux fortes gelées beaucoup mieux que les pierres calcaires.

ART. 5. — Salle de spectacle.

Le théâtre de Montmartre est construit sur un emplacement qui naguère était occupé par plusieurs cabarets et par des terrains inutiles ouverts sur la voie publique. Ce théâtre manquait *extrà-muros*; les abords sont propres, pavés et bien éclairés. Avant sa construction, le village Orsel, il y a quinze ans, n'était qu'un passage sombre et fangeux; mais, depuis, il possède des rues alignées, des maisons de campagne, ce qui lui donne l'aspect d'une rue de la Chaussée-d'Antin. Ce théâtre est dirigé par madame veuve Seveste et son fils, qui ont obtenu le privilége de la banlieue : c'est très bien pour M. Seveste, mais il est très pénible que ce privilége prive les nombreux habitants de Batignolles-Monceaux de voir ouvrir leur charmante salle de spectacle, bien que M. Seveste ait acquis le droit de s'y opposer ; mais pourquoi n'y fait-il pas donner une ou deux représentations par semaine, ses intérêts n'en seraient pas froissés. Il y a, ce me semble, beaucoup d'égoïsme dans son procédé.

§ VIII.— MAISONS DE CAMPAGNE ANCIENNES ET MODERNES.

ART. 1er.—Ancienne maison, place du Tertre.

On remarque sur cette place une maison très élevée, sur laquelle on avait établi un télégraphe du commerce allant de Paris à Rouen, et fonctionnant la nuit comme le jour. On y voit encore le télégraphe, mais l'entreprise n'a pas réussi.

ART. 2.— Pavillon dit de Henri IV.

Derrière la maison dont je viens de parler, il existe un pavillon construit en pierre de taille qui a appartenu à Henri IV. Sous ce pavillon, on remarque de beaux souterrains qui paraissent fort anciens. Il est d'un style simple, et orné seulement d'un péristyle demi-circulaire soutenu par quatre colonnes. Il y a une terrasse au premier étage dont la vue est admirable; elle s'étend sur tout Paris.

Art. 3. — Maisons de campagne.

On voit à Montmartre, ainsi qu'aux alentours, beaucoup de maisons de campagne, dont l'une, très spacieuse, est bâtie sur l'emplacement de la ci-devant abbaye; leurs positions très pittoresques et leurs jardins délicieux les font rechercher.

§ IX. — ÉTAT CIVIL.

L'état civil de cette commune consiste en un maire, deux adjoints, un secrétaire, un conseil municipal composé de 23 membres, une brigade de gendarmerie.

NOMS et qualités des personnes qui composent l'état civil.

NOMS.	PRÉNOMS.	QUALITÉS.	PROFESSIONS.
MM.			
VÉRON.	Jean-Louis.	Maire.	Propriétaire.
PICARD.	Pierre.	1er Adjoint.	Idem.
LÉCUYER.	Jean-Pierre.	2me Adjoint.	Cultivateur.
DEREVANGER.	Gilbert.	Secrétaire.	Propriétaire.
		Justice-de-paix	à Neuilly.

§ X. — EFFECTIF DE LA GARDE NATIONALE

Environ 800 hommes, divisés en 6 compagnies qui forment le 6ᵉ bataillon de la 2ᵉ légion de la banlieue.

M. Lambert en est le chef.

§ XI. — INDUSTRIE COMMERCIALE.

L'industrie commerciale de Montmartre consiste en institutions pour les deux sexes, en maisons de santé, pharmacie, fabriques de pierres artificielles décrites ci-dessus, d'objets d'art en bronze et en fonte de fer, de toiles cirées, de taffetas gommés; plâtrerie. Le commerce se fait en bois à brûler et épiceries. Il y a des marchands de vins en gros, et principalement des guinguettes, parmi lesquelles on remarque l'*Élysée*, l'*Ermitage de Montmartre* et la *Chaumière du bois de Montmartre*.

Le premier de ces trois établissemens, qui est tenu par M. Serres, est établi sur un terrain qui dépendait du clos de l'abbaye, et près du théâtre; les jardins, qui sont remplis de statues et de bosquets, sont très bien entretenus. Il est le rendez-vous des personnes les plus distinguées qui viennent en partie de plaisir à Montmartre. Un superbe café est réuni au restaurant, qui est des mieux assortis. On y remarque de beaux et grands salons. Toutes sortes de jeux sont à la disposition du public.

Un des plus beaux tirs de la capitale vient d'y être établi. Cet établissement mérite l'attention du public; l'endroit où il est placé n'était naguère qu'un horrible repaire de voleurs et de contrebandiers. La commune de Montmartre a, sous ce rapport, beaucoup d'obligations à M. Serres, propriétaire de ce bel établissement. La manière dont il est dirigé lui fait honneur.

Le second, qui est l'*Ermitage*, est situé de même sur le boulevard, entre la barrière Pigalle et celle des Martyrs. Ses jardins sont très vastes et disposés de manière à contenir un grand nombre de personnes qui viennent à Montmartre pour se divertir. Le prix fixe de 2 fr. pour le dîner lui attire, en général, toutes les personnes qui, bornées dans leurs dépenses, connaissent de suite ce qu'elles peuvent y mettre. Un tir, des jeux de toute espèce et un beau café font l'agrément de cet établissement, qui est tenu par M. Charton.

Il existe encore, dans l'intérieur de la commune de Montmartre, un troisième établissement du même genre, tenu par M. Limage, appelé la *Chaumière du bois de Montmartre*. Il est remarquable par la quantité de terrain sur lequel il est situé et par les bois dont il est entouré : ce qui lui donne un aspect très champêtre.

NOMS DES INDUSTRIELS.

M.
MALLOT. | Instituteur.

MM^mes.
BOURBON.
GINGEMBRE. | Institutrices.

MM.
BURG. | Pharmacie.
TEXIER. | Fabrique de pierres artificielles.

MM,
BROCHET.
CHEVILLON.
Ve DIARD.
GILLET.
LECLERC.
MARGAN.
MATTER.
HÉRICHÉ.
SURET. | Plâtriers.

MM.
FAYOLLES.
SCHWARTZ.
NOTTA. | Toiles cirées.

MM.
SERRES.
CHARTON.
LIMAGE. | Restaurateurs.

§ XII. — ÉTENDUE DU TERRITOIRE ; SES PRODUCTIONS.

L'étendue du territoire est de 298 hectares 10 ares 48 centiares.

Les productions consistent en vin, blé, orge, seigle, avoine, betteraves, navets, asperges et pommes de terre.

Cette commune a adopté l'éclairage économique de l'ingénieur J.-A. Bordier-Marcet.

§ XIII. — POPULATION ANCIENNE ET NOUVELLE.

La population de Montmartre, d'après l'abbé Lebœuf, était de 440 feux en 1709, ce qui est constaté par le dénombrement qui a paru alors imprimé (1). Le *Dictionnaire universel de France* n'y comprend qu'environ 1,000 habitants. Un autre dénombrement, qui a également paru en 1745, ne compte que 223 feux; mais, d'après Charles Oudiette, la population aurait été, en 1817, de 2,000 habitants, en y comprenant Clignancourt et la France-Nouvelle (2).

Personnages célèbres dont il n'est pas fait mention dans la description de Montmartre, et qui ont leur notice biographique à la fin de cette troisième section :

MM. DOURLENS. — DUMOLARD. — GARDEL. — BAILLOT DE MALPIERRE.

---

(1) *Histoire du diocèse de Paris*, t. III, p. 118.
(2) *Dictionnaire topographique des environs de Paris.*

TABLEAU statistique contenant le dénombrement de la nouvelle population, des naissances, mariages et décès; pendant les années 1830, 1831, 1832 et 1833, d'après celui qui m'a été officiellement communiqué par la préfecture du département de la Seine.

ANNÉES.	POPULATION. SEXE			NAISSANCES. SEXE			MARIAGES.	DÉCÈS. SEXE			DÉCÈS par le choléra.	OBSERVATIONS.
	Masculin.	Féminin.	TOTAL.	Masculin.	Féminin.	TOTAL.		Masculin.	Féminin.	TOTAL.		
1830	2228	2343	(A) » 4571 » »	115	102	217	57	79	91	170		(A) Cette population est regardée, par décision ministérielle, seule valable pendant 5 ans. Dans le total général des décès, sont compris les décès cholériques.
1831				92	103	195	44	76	83	159		
1832				92	80	172	36	100	126	226	67	
1833				105	87	192	51	79	84	163		

CHAPITRE II.

CLIGNANCOURT.

Ce hameau, composé en grande partie de maisons de campagne (1), est situé sur le penchant de la montagne qui fait face à Saint-Denis.

Ce que l'on connaît de plus ancien sur ce village date du XIIIe siècle.

On a remarqué, dans le cartulaire de l'évêque de Paris, l'existence d'un seigneur, *Dominus*, de Clignancourt (2). On ignore comment ce nom a été formé; cependant on croit qu'il venait d'un ancien propriétaire appelé *Cleninus*, et que la terre en aurait pris le nom de *Clenini Cortis*. On pourrait conclure que le nom de *Clemin*, qu'on a trouvé gravé dans la cave au plâtre de Montmartre, en 1611, ainsi qu'on l'a vu ci-dessus, serait celui de *Clenini* plutôt que celui de saint Clément, comme André du Saussay, évêque de Toul (né en 1595, mort

---

(1) Et non de huit maisons seulement, suivant le *Manuel des environs de Paris*, de M. Is. de Paty.

(2) *Chartul. E. Par.*, *Bib. reg. circa initium*, voyez Lebœuf, *Hist. du diocèse de Paris*, t. 3, p. 120.

le 5 septembre 1675), l'a prétendu. Les rédacteurs du procès-verbal pouvaient avoir lu *Clemin* au lieu de *Clenini*, car on sait qu'autrefois on ne mettait pas de point sur les *i*; le graveur a donc pu se tromper. L'abbé Lebœuf pense, et je crois, « que cette cave, pratiquée dans le « plâtre, a servi aux habitans de cette mon- « tagne à cacher, du temps des guerres, ce qu'ils « pouvaient avoir de plus précieux; qu'une par- « tie, marquée par *Clenini-Cortis*, était destinée « pour ceux de ce canton; l'autre, désignée par « *Dio*, pour ceux de la montagne, où était une « église de Saint-Denis dès le viiie siècle; et que « la troisième partie, où il y avait gravé *Mar*..., « était réservée pour les effets de ceux qui demeu- « raient au canton du Saint-Martyr, *Sancto Mar- « tyrio*; qu'au reste, l'autel qu'on y a trouvé avait « servi à célébrer la messe dans ces temps de « guerre, où il était dangereux de le faire dans « les églises (1). »

Voici ce que nous apprend la Chronique de Louis XI, en 1475 (2) : « Le lundi neuf septembre, « les Bretons et les Bourguignons furent ès ter- « rouers de Clignencourt, Montmartre, la Cour- « tille, et autres vignobles d'entour de Paris,

---

(1) *Hist. du diocèse de Paris*, t. III, p. 121.
(2) *Chron. dite scand.*, édit. 1611, p. 78.

« prendre et vendanger toute la vendange qui y
« était, jaçait ce qu'elle n'était point meure. (1). »

Pareils désordres arrivèrent, en 1815, lorsque les Anglais campèrent à Montmartre et dans les environs. « Le mois de septembre arrivé, ils imi-
« tèrent les Bretons et les Bourguignons de 1475;
« ils se précipitèrent avec avidité dans les vignes
« de Montmartre, Clignancourt et autres lieux.
« Ce fruit, nouveau pour ces hommes d'outre-
« mer, était à leur goût si attrayant, qu'ils le dé-
« voraient avant même qu'il fût mûr (2). »

La journée du 30 mars faillit être pour Clignancourt le jour de son entière destruction.

Au xve siècle, l'abbaye de Saint-Denis avait une prévôté à Clignancourt. L'évêque de Paris la conféra, le 28 septembre 1486, à Guy de Montmiral, religieux de cette abbaye.

En 1579, ce hameau appartenait en grande partie à Jacques Ligier, trésorier du cardinal de Bourbon. C'est ce Ligier qui avait fait construire, sur la descente de la colline, une chapelle à la *Trinité*. Étant incommodé de la goutte, il obtint du curé de Montmartre d'y faire célébrer les saints mystères, pourvu que cela ne détournât pas les habitans d'aller à la paroisse.

(1) Cité ci-dessus dans les notes.
(2) *Dict. topographique et militaire des environs de Paris*, art. CLIGNANCOURT.

Ligier prit la qualité de seigneur de Clignancourt; son épitaphe, qui était à Saint-Severin de Paris, le qualifia ainsi en 1581. Son fils, Jacques Ligier, secrétaire du roi, lui succéda. L'évêque de Paris lui accorda, en 1615, la permission de faire chanter une grand'messe, le jour de la Trinité, dans la chapelle bâtie par son père; et, le 30 avril 1620, il y fonda une messe pour tous les jours. Il n'y assista pas long-temps, car il mourut dans la même année de cette fondation, et fut de même inhumé dans l'église de Saint-Severin.

Cette chapelle est maintenant habitée de père en fils par un marchand de vin traiteur. Si elle était rendue au culte, combien elle serait utile aux habitans de Clignancourt qui, étant obligés de gravir une montagne de près d'un quart de lieue, sont très souvent privés d'assister au service divin.

NOTICES BIOGRAPHIQUES.

JACQUES MERLIN.

MERLIN (Jacques), qui naquit à Limoges, après avoir été quelque temps curé de Montmartre, fut grand-pénitencier de Paris, archi-prêtre de la Madeleine et chanoine de Notre-Dame. Un sermon séditieux qu'il osa prononcer contre quelques grands seigneurs, le fit soupçonner d'être favorable aux nouvelles erreurs. Ayant fait beaucoup de bruit dans Paris et à la cour, François Ier le fit emprisonner dans le château du Louvre, en 1527, et l'envoya deux ans après en exil à Nantes. Le monarque, usant de clémence, lui permit de revenir à Paris en 1530, où il mourut le 26 septembre 1541 dans un âge très avancé. Ses paroissiens trouvèrent en lui le plus tendre et le plus zélé des pasteurs.

Jacques Merlin est le premier qui ait donné une *Collection des conciles*, qui a eu trois éditions. On a encore de lui des éditions de *Richard de Saint-Victor*, de *Pierre de Blois*, de *Durand de Saint-Pourçain* et d'*Origène*.

SAINT IGNACE DE LOYOLA.

IGNACE (Saint), nommé en Espagne *Inigo*, naquit, en 1491, d'un père, seigneur d'Ognez et de Loyola; au château de ce nom, en Biscaye. D'abord page de Ferdinand V, il porta ensuite les armes, sous le duc de Najara, contre la France qui voulait s'emparer de la Navarre au préjudice de l'Espagne.

Au siége de Pampelune, en 1521, plus courageux que prudent, Ignace fut blessé d'un éclat de pierre à la jambe gauche, et d'un boulet de canon à la droite. La galanterie romanesque l'avait occupé jusqu'alors ; mais une *Vie des Saints* qu'il lut pendant sa convalescence, lui fit naître le projet de se consacrer à Dieu. Doué d'une imagination vive et disposée à l'enthousiasme, il la porta dans la religion. Guéri de ses blessures, il se rend à Notre-Dame de Montferrat, fait la *veille des armes*, s'arme chevalier de la Vierge, et veut se battre avec un Maure qui contestait la virginité perpétuelle de Marie. Parti de Montferrat le jour de l'Annonciation de la Sainte Vierge en habit de pèlerin, il poursuit son chemin jusqu'à Manrèse, à trois lieues de Montferrat, où il se retire dans l'hôpital, en attendant qu'il pût s'embarquer à Barcelonne pour la Terre-Sainte. Là, par pénitence et sans être connu, il jeûne toute la semaine au pain et à l'eau, se serre les reins d'une chaîne de fer, prend un rude cilice sous ses habits, châtie son corps trois fois le jour, couche sur la dure et dort peu, mendie son pain de porte en porte, affecte un air grossier et toutes les manières d'un gueux. La figure couverte de crasse, ses cheveux jamais peignés, sa barbe et ses ongles qu'il laissait croître, tout cela le rendait affreux et ridicule, au point que les enfans le poursuivaient en lui jetant des pierres. Cependant, comme on croyait dans Manrèse qu'il pouvait bien être un homme de qualité qui faisait pénitence, il alla se cacher dans une caverne, sur une montagne déserte, à un quart de lieue de Manrèse. Les mortifications l'avaient tellement affaibli, que quelques personnes qui avaient découvert sa retraite, l'y trouvèrent évanoui; et que, l'ayant fait revenir, ils le contraignirent de retourner à l'hôpital de Manrèse. Mais, loin d'y éprouver des soulagemens, il tombe dans une telle mélancolie qu'il lui vient dans la pensée de se jeter par la fenêtre pour finir ses maux. Néanmoins, il revint de ce triste état en implorant la grâce divine; mais, passant à une autre extrémité, il se résout à ne prendre de nourriture que lorsque le calme aura été rétabli dans son ame. Alors il jeûne sept jours sans boire ni manger, et sans se relâcher de ses exercices accoutumés; mais son confesseur l'ayant contraint de prendre quelque nourriture, il obéit, et le ciel l'en récompensa en lui rendant sa première tranquillité. Le calme rétabli dans son ame, il partit pour la Terre-Sainte, où il arriva en 1523. De retour en Europe, quoique âgé de 33 ans, il étudia dans les universités d'Espagne; mais les travers que son génie ardent lui occasiona, la confusion que les études du latin, de l'éloquence, de la métaphysique, de la physique, et surtout de la théologie scholastique, jetèrent dans sa tête, le déterminèrent à partir pour Paris, en 1528. Il recommence ses humanités au collége de Montaigu, et mendie encore son pain de porte en porte. Il fit ensuite sa philosophie au collége de Sainte-Barbe, et sa théologie aux Dominicains. C'est à Sainte-Barbe qu'il s'associe, pour l'établissement d'un ordre religieux, François Xavier, Pierre Lefebvre, Jacques Laisnez, Alphonse Salmeron, Nicolas-Alphonse Bobadilla, Simon Rodriguez. Les premiers membres de la société se lient par des vœux, en 1534, dans l'église de Montmartre, passent ensuite à Rome, et de là à Venise, où ils sont ordonnés prêtres.

Leur mauvais accent italien les faisait prendre pour des Tabarins et des saltimbanques venus de pays éloignés. En 1537, Ignace retourna à Rome, et présenta au pape Paul III le projet de son institution. Le Saint-Père fit d'abord quelques difficultés d'approuver son ordre; mais, à plusieurs vœux qu'Ignace avait faits, ayant ajouté celui d'obéissance absolue au pape, Paul III confirma son institut, en 1540, sous le titre de *Compagnie de Jésus*; Ignace, voulant prouver que son dessein était de combattre les infidèles sous la bannière de Jésus-Christ, avait déjà donné ce nom à sa nouvelle milice, qui prit ensuite celui de *Jésuites*. Élu, le 22 avril 1541, général de la grande famille dont il était le père, il eut la satisfaction de la voir se répandre en Espagne, en Portugal, en Allemagne, dans les Pays-Bas, dans le Japon, en Chine, en Amérique. Cette société, enfin, porta son nom jusqu'aux extrémités de la terre. Malgré l'approbation du pape, la Sorbonne, en 1554, donna un décret, par lequel elle jugea Ignace plutôt né pour la ruine que pour l'édification de l'Église. Le décret ayant été envoyé à Rome, les jésuites voulurent répondre; mais Ignace, plus prudent que ses confrères, crut que la meilleure réponse était le silence. Il fut prophète : la patience et la politique dissipèrent peu à peu ces orages. Le parlement de Paris consentit enfin à l'établissement des jésuites en France, parce qu'ils leur parurent propres à combattre les protestans. Le saint fondateur mourut satisfait, le 31 juillet 1556, âgé de 65 ans.

MICAULT DE LA VIEUVILLE.

MICAULT DE LA VIEUVILLE (Mathurin-Jules-Anne), fondateur de l'Asile de la Providence à Montmartre. Cet illustre bienfaiteur dont je vais décrire les hautes vertus, les qualités éminentes, est né à Lamballe, le 16 avril 1755, entra dans les gardes-du-corps de Monseigneur le comte d'Artois, le 1ᵉʳ octobre 1773, obtint le brevet de capitaine au mois de juin 1788, et fut nommé écuyer honoraire de Madame, comtesse de Provence, épouse du roi Louis XVIII. Dans les journées de 1789, on l'a vu partager les dangers auxquels s'exposèrent tous les amis de la monarchie, et dans celles des 5 et 6 octobre. Lors de l'insurrection populaire de 1791, Micault de la Vieuville fut assez heureux pour délivrer l'évêque de Laon, premier aumônier de la reine, enveloppé par des factieux. Resté à Paris par ordre exprès de Madame, il signe la pétition des 20,000, tendant à prévenir le retour des déplorables excès de 1792. L'attentat du 10 août suivant, le détermina à rentrer dans la vie privée, et il n'accepta aucune place pendant la révolution. Ses sentimens religieux et monarchiques, loin de le garantir des persécutions dirigées contre les gens de bien, vinrent au contraire troubler l'homme bienfaisant dans sa paisible retraite. Micault de la Vieuville fut incarcéré pendant la terreur et mis en jugement sous Buonaparte; mais à la rentrée de ses princes légitimes, il s'empressa de leur offrir ses services, et fut nommé officier de compagnie dans les gardes-du-corps de Monsieur, lors du rétablissement de la maison militaire du roi : il y servit jusqu'à la réforme, et se retira alors avec le grade de lieutenant-colonel de cavalerie. Il avait été reçu chevalier de l'ordre royal et militaire de Saint-Louis par Monsieur, le 6 aout 1814. C'est à lui, ainsi qu'on l'a lu dans le paragraphe relatif à l'Asile de la Providence, que l'association paternelle doit son institution. Associé à toutes les bonnes œuvres de la capitale, membre de toutes les sociétés bienfaisantes, il était comme l'avocat né de toutes les infortunes ; son intercession auprès des princes, des autorités, procurèrent presque toujours à ses nombreux cliens les secours dont ils avaient besoin. Depuis 1820, Micault de la Vieuville sentait ses forces physiques s'épuiser sans qu'on vît se ralentir son zèle charitable, sentiment généreux qui semblait être le seul bien qui le retenait encore au monde!!! A mesure que ce bienfaiteur de l'humanité approchait du terme de son illustre carrière, la noblesse de son ame paraissait prendre un nouvel essor. Prêt à s'éteindre, ses derniers momens furent sublimes et dignes de l'admiration que même les plus indifférens n'avaient pu refuser à ses vertus éminentes.

Attaqué d'une fluxion de poitrine, il conserva jusqu'au moment fatal toute sa connaissance, reçut les consolations de la religion avec les sentimens les plus édifians, et succomba le 24 décembre 1829, âgé de 74 ans. Il est mort pleuré et regretté des riches et des pauvres.

DOURLENS.

DOURLENS (Victor), né à Dunkerque, en 1779, fut envoyé à Paris pour se perfectionner dans l'étude du *piano* et de la composition. Après avoir été l'élève de MM. Benoist, Mozin et Catel, au Conservatoire de musique, il fut bientôt en état de recevoir les leçons de Gossec. Ayant, en 1806, remporté le grand prix de composition musicale, il fut admis à l'école des Beaux-Arts à Rome, où il resta quatre ans. Dans son rapport, en 1808, le secrétaire de la 4ᵉ classe de l'institut rendit compte, avec les plus grands éloges, d'un

Dies iræ qu'il fit exécuter. Avant et depuis son retour d'Italie, M. Dourlens a donné au théâtre de l'Opéra-Comique, *Linnée*, ou *les Mines de Suède*, en 3 actes; 1807. *Philoclès*, en 2 actes; 1808. *La dupe de Senart*, ou *les Deux Amans*; 1809. *Cagliostro*, ou *la Séduction* (avec Reicha), en 3 actes; 1810. *Plus heureux que sage*, en un acte; 1816. *Frère Philippe*, en un acte; 1818. On a aussi de lui des *sonates* et *concerto de piano*, des *romances* et plusieurs scènes avec ou sans accompagnement d'orchestre. M. Dourlens est professeur d'harmonie au Conservatoire. Il demeure à Montmartre, rue Saint-Jean.

DUMOLARD.

DUMOLARD (Henry-François-Étienne-Élisabeth-Orcel), né à Paris le 2 octobre 1771, fut, en 1789 et 1790, secrétaire-général de l'administration de la police municipale; défenseur officieux pendant le gouvernement révolutionnaire; vérificateur au trésor public jusqu'en 1813, et, depuis 1814, avocat à la cour royale de Paris, et membre de la société académique des sciences. M. Dumolard est auteur de plusieurs ouvrages dramatiques, la plupart représentés avec succès. Il a donné au théâtre de Molière, en 1802, le *Philinte de Destouches*, comédie en cinq actes et en vers. A la Porte-Saint-Martin, en 1804, *le Mari instituteur*, comédie en un acte et en vers. A Orléans, en 1805, *la Mort de Jeanne d'Arc*, tragédie en trois actes. Au second Théâtre-Français, en 1804, *Vincent de Paule*, drame en trois actes. En 1808, *Bon naturel et vanité*, comédie en un acte et en vers. Au Théâtre-Français, en 1809, *La Fontaine chez Fouquet*, comédie en un acte. Onze vaudevilles publiés de 1806 à 1814. On a de lui : *Fénélon au tombeau de Rotrou*, poème publié en 1811, in-8°. Il est en outre éditeur des Mémoires, Correspondances littéraires et dramatiques, etc., de C. S. Favart, 1808; 3 volumes in-8°. M. Dumolard habite maintenant à Montmartre, boulevard Pigale.

GARDEL.

GARDEL (Pierre-Gabriel), danseur et chorégraphe, né à Nancy, le 4 février 1758, est le deuxième fils d'un maître des ballets de Stanislas Ier, roi de Pologne. En 1774, admis comme danseur à l'école royale de musique, il devient, en 1780, premier danseur, et en 1784, il est nommé aide de son frère, et obtient du roi, dès l'année 1786, une pension de 6,000 fr. A la mort de son frère, en 1787, il fut nommé chef et compositeur de ballets, et conserva cette place sous tous les gouvernemens. Le genre de sa danse était noble et sérieux, les avantages que lui donnait sa taille, la gravité de ses traits, une pureté d'exécution et la noblesse de ses développemens, le faisaient applaudir. Plus tard, il cessa de danser sur le théâtre; pourtant il parut, en 1816, dans quelques représentations extraordinaires. De 1804 à 1816, il fut directeur de l'école de danse, et à diverses époques il fit partie du jury de lecture de l'Opéra. M. Gardel ne s'est pas borné à l'art de la danse et de la chorégraphie; ayant fait toutes ses études, il cultiva la musique avec autant de goût que de succès. En 1781, il se fit entendre sur le violon au concert spirituel; en 1782, au théâtre de Hay-Market, à Londres, et plusieurs fois à Paris. Les nombreux morceaux qu'il a choisis pour ses ballets et qu'il a puisés dans les chefs-d'œuvre des plus grands maîtres, prouvent son goût pour la musique et ses connaissances dans cet art. Le nombre de ses ballets, qui tous ont eu les plus brillans succès, s'élèvent au moins à vingt-six. Ils offrent tous de beaux tableaux et des situations expliquées par la musique d'une manière aussi claire qu'ingénieuse. M. Gardel est retiré à Montmartre.

Sa femme, Marie-Anne-Elisabeth Houbert, qu'il épousa en 1795, est née à Auxonne, le 8 avril 1770, du mariage de François-Xavier Houbert, musicien au corps royal de l'artillerie, régiment de Grenoble, avec Elisabeth Cemitre. Mme Gardel débuta à Fontainebleau; elle fut reçue danseuse des ballets du roi, et ensuite à l'Opéra en 1786. Reçue la première année, elle se montra digne de remplacer la fameuse Guimard. Elle monta au rang de première danseuse dès l'année 1792. Elle n'était pas jolie, mais elle était remplie de grâce et savait ajouter au charme de la danse tout le prestige du talent comique. On a dit que ses pieds avaient une ame; et un gascon s'écria un jour, dans son enthousiasme, qu'il ne manquait à ses jambes que la parole. Mme Gardel qui savait si bien peindre le manége de la coquetterie, n'en mettait pas dans sa conduite qui a été toujours irréprochable. Elle vint très pieusement s'agenouiller dans la chapelle ardente, où Grétry était exposé, et lui jeta l'eau bénite. Toujours applaudie, et après 30 ans de service, elle obtint sa retraite en 1816, et mourut le 18 mai 1833. Elle repose à Montmartre dans le tombeau de sa belle-mère, Mme Miller.

BAILLOT DE MALPIERRE.

BAILLOT DE MALPIERRE (David), né à Versailles, le 3 octobre 1776, ancien artilleur de marine, puis lieutenant de grenadiers, fut, pendant plus de vingt ans, l'un des conservateurs de la bibliothèque de Versailles. Là, dans le silence, il rassemblait les matériaux de son poème. Ayant fait volontairement les campagnes de 1812 et 1813, il perdit sa place en 1816. A son retour de l'armée, sous l'empire, il composa avec le général Turin, *Dom Juan*, opéra qui fit connaître le chef-d'œuvre de Mozart. Après la restauration, M. Baillot de Malpierre, lors du dernier concordat, fit paraître un *Dialogue entre François Ier et Louis XII, sur les libertés de l'église gallicane,* in-8°, et un *Traité* avec des notes historiques sur ces mêmes libertés, in-12. On a de lui : *Une année de la vie de Napoléon, depuis son départ de l'île d'Elbe jusqu'à sa rentrée à Paris,* in-8°. Des *Fragmens épiques,* imprimés en 1829, in-8°, contenant les 2e et 3e chants de son épopée de *Pharamond,* et *autres poésies.* L'impression n'en fut achevée qu'après le ministère Martignac, mais l'auteur se refusa à toute annonce. Les 1er, 4e, 16e et 17e chants de ce poème, qu'il achève en ce moment, sont précédés d'une *Lettre au roi, sur l'état actuel des arts et de la littérature en France,* et qui ont parut à la suite de son *Projet d'Athénéon en faveur des savans, gens de lettres et artistes,* in-8°, accompagné d'un dessin représentant l'*Athénéon* (1).

M. Baillot termine en ce moment sa belle *Collection chinoise, avec dessins originaux,* par Aubry Lecomte et autres, 2 vol. in-4°, papier vélin satiné, lithographie coloriée. Il se propose de publier incessamment la première livraison de son *Atlas chronométrique, historique et universel.* L'espace me manque, à mon grand regret, pour citer ici quelques vers de *Pharamond* dont la poésie est digne de ce littérateur distingué qui, depuis huit ans, habite les hauteurs de Montmartre.

---

(1) Cette conception est une entreprise éminemment française et toute philantropique. Souvent des revers de fortune imprévus, ou le manque de prévoyance plongent, dans un âge avancé, des hommes célèbres dans une détresse affreuse; l'*Athénéon* leur offrirait une douce retraite. Tel est donc le but de ce vaste et utile *Projet en faveur des artistes âgés, ou sans fortune,* tel est son second titre. Le succès n'en serait pas douteux si nous étions dans un temps de prospérité.

QUATRIÈME SECTION.

De la plaine Saint-Denis à la ville.

SOMMAIRE.

LA PLAINE SAINT-DENIS.—SAINT-OUEN.—AUBERVILLIERS.
— NOTICES BIOGRAPHIQUES.

CHAPITRE PREMIER.

LA PLAINE SAINT-DENIS.

Son état physique.—Établissement du Landit.—Narration de plusieurs combats et faits historiques qui ont eu lieu dans cette plaine.—Canal de l'Ourcq.—Siéges de Paris en 1814 et 1815.—Monumens historiques qui ont existé avant la révolution dans la plaine.—Nouvelles constructions dans cette plaine.

§ Ier.— ÉTAT PHYSIQUE DE CETTE PLAINE.

Avant de pénétrer plus loin, je dois donner de suite une description géologique de cette plaine immense, ainsi nommée, parce qu'elle s'étend depuis les limites septentrionales de Paris jusqu'à Saint-Denis.

Cette plaine, de terrain d'eau douce, peut être fixée en décrivant un cercle depuis *Claye* à l'est, jusqu'à *Frépillon* à l'ouest, et du nord au sud de *Louvres* à *Mafflier* jusqu'au mur de Paris.

La partie la plus basse et la plus connue, et qui laisse apercevoir sur ses bords et dans son milieu les collines et buttes de gypse de Chelle, Ménilmontant, Montmartre, Sanois, Montmorency, etc., est celle dont je donne la description.

Ces collines, qui ne font qu'interrompre le niveau de la plaine, puisque dans les intervalles qui les séparent et auxquels on donne si improprement le nom de vallées, il se trouve presque toujours le même de quelque côté que l'on parte, soit des bords de la Seine, soit des rives de l'Oise ou de Marne, et qu'il faut toujours monter pour y arriver; comme elle est assez élevée, elle est presqu'au niveau des dernières assises du calcaire grossier.

Il paraît, d'après Cuvier, que, dans plusieurs parties de cette plaine, le terrain d'eau douce a une épaisseur considérable, et qu'il recouvre immédiatement le calcaire marin qui, dans ce cas, paraît être réduit à très peu d'épaisseur (1). La

---

(1) Cuvier, *Recherches sur les ossemens fossiles*, in-4°, t. 1, p. 48 et suiv.

rive droite de la Seine, de Saint-Ouen à Paris, présente une coupure qui laisse la faculté de voir les différens lits dont la plaine est composée. Et si l'on veut connaître la plus grande profondeur de ce terrain d'eau douce, il faut l'examiner près Saint-Denis au moulin de Labriche; alors on y pourra reconnaître la succession suivante dans les couches principales : 1° 20 à 24 lits de marnes *argileuses, calcaires, sableuses et gypseuses ;* 2° des lits alternatifs de calcaire d'eau douce *compacte* et de *marnes blanches friables*, où l'on a découvert des os fossiles qui semblent appartenir au *palœotherium minus* (1).

(1) Ce nom a été donné par Cuvier à un genre de mammifères fossiles, particulièrement abondant dans les gypses des environs de Paris, qui appartiennent à l'ordre des pachydermes, et qui sont intermédiaires, par leur organisation, aux rhinocéros et aux tapirs.

Par leurs formes générales, les tapirs, ainsi qu'on l'a vu précédemment, se rapprochent beaucoup des cochons. Ils ont aussi des rapports marqués avec les animaux fossiles que Cuvier a décrits sous le nom de *palœothérium* et d'*anoplothérium*, surtout par la forme de leurs molaires inférieures, et parce que ces animaux possédaient une trompe, ainsi que le prouve le raccourcissement de leurs os du nez. L'anatomie des tapirs démontre que ce sont des animaux dont la nature est très rapprochée de celle des cochons *.

* Voy. ci-devant la relation de ces quadrupèdes, pag. 168 et suiv.

§ II. — ÉTABLISSEMENT DU LANDIT.

Je ne puis me dispenser de donner une narration historique des faits et des événemens les plus remarquables qui ont eu lieu dans cette plaine, et particulièrement dans une assemblée solennelle et annuelle connue sous le nom du *Landit*, toutes choses qui ont donné à la plaine Saint-Denis tant de célébrité.

Le nom de *Landit* appelé primitivement l'*Indict* ou l'*Endit* (1), est digne de fixer l'attention du lecteur. Les uns se sont imaginé que cette assemblée pouvait avoir du rapport avec la fête de Saint-Landry, évêque de Paris, qui, en effet, arrive le 10 juin, jour où la multitude s'y réunissait, d'abord par dévotion, comme on le verra bientôt, et ensuite, pour y faire des marchés qui ont encore lieu maintenant à la même époque, mais dans la ville de Saint-Denis seulement, et qu'on appelle de même la foire du Landit.

D'autres prétendent que, sous le règne de Saint-Louis, cet établissement était désigné en latin par le mot *Indictum* (2).

---

(1) Du verbe *indicere concilium*, qui signifie convoquer l'assemblée (Voy. *Glossaire* de Ducange, au mot *indictum*.

(2) Lebœuf dit *Landit*, Félibien, *Landy* ; Sauval, *Landi* ; M. Dulaure, *Lendit*. Le premier est celui qui lui est propre.

Quelques moines de Saint-Denis, et notamment Gaguin (Robert), général des mathurins, savant chroniqueur, mort en 1501, croyaient que cette assemblée avait été instituée par Dagobert, en 629.

On a supposé plus généralement, que Charles Ier, dit le Chauve, ayant fait venir d'Aix-la-Chapelle des instrumens de la passion de Jésus-Christ que Charlemagne, à son retour, y aurait fait déposer, les fit porter à l'abbaye de Saint-Denis, et que, pour y attirer la vénération publique, il y établit un concours et y fonda une foire qui s'est tenue pendant deux siècles dans la plaine, entre cette abbaye et Montmartre; mais ce qui fait douter de ce fait, c'est que Charlemagne n'a jamais été à la Terre-Sainte.

D'ailleurs, l'établissement du Landit, par Charles Ier, n'est pas plus avéré que ce qu'on racontait plusieurs siècles après ce monarque. D'après la chronique du temps, Charles-le-Chauve, disait-on, ayant besoin d'argent pour se soutenir contre ses frères, au commencement de son règne, demanda aux religieux de Saint-Denis, la permission d'enlever la couverture de l'église qu'on a toujours cru avoir été en argent à cette époque, promettant de la recouvrir plus magnifiquement; mais que ce roi, quoique victorieux, ne put remplir sa promesse; et qu'alors, pour dédommagement, il fit apporter ces reliques d'Aix-la-Chapelle à Saint-Denis, et y établit l'*Indict* au mois de juin. Mais tout cela est bien douteux, car on a la certitude que jamais la couverture de cette église ne fut en argent; l'auteur qui a avancé ce fait, a confondu une espèce de couverture effectivement en argent ornée par saint Éloi, qui était immédiatement au-dessus des tombeaux des saints, et il l'a prise pour celle du toit à l'extérieur et exposée à l'air. Un transport de cette importance, d'Aix-la-Chapelle à Saint-Denis, s'il avait eu lieu, n'aurait pu s'exécuter sans l'expédition de quelques actes. On n'en connaît aucun qui y ait rapport. On cite à l'appui une charte de Louis VI, datée de 1124, dans laquelle on lit que l'apport de la couronne d'épine de Notre-Seigneur, et d'un clou de sa passion, avait donné lieu à la fondation de l'*Indict*; ce fait n'est pas plus admissible, attendu que l'on sait que la couronne d'épine n'est en France que depuis le règne de saint Louis.

Le débrouillement de l'origine de cette assemblée solennelle dans la plaine Saint-Denis, ne dépend que de la connaissance de ce qui s'y est pratiqué.

On sait, par d'anciens manuscrits, que l'évêque de Paris s'y rendait tous les ans avec le chapitre de la cathédrale, et qu'on y portait le bois de la vraie croix, découvert vers l'an 326 environ, du temps de l'impératrice Hélène, lorsqu'elle visita les lieux saints, et y bâtit plusieurs églises; que son exaltation eut lieu sous l'empire d'Héraclius, et qu'il fut conservé à Notre-Dame; depuis 1109. Ceux qui apportèrent le précieux bois, en revenant de la Palestine, par la Grèce, la Hongrie, l'Allemagne et la Champagne, qui était la route de ce temps-là, le déposèrent d'abord à Fontenay-en-Parisis (*Fontenay-aux-Bois*); delà il fut transporté, par quelques membres du clergé, de Paris à Saint-Cloud, dans un lieu qui appartenait à l'évêque de Paris, pour y être gardé jusqu'au 1er août suivant, époque à laquelle fut célébrée, dans la cathédrale de Paris, la translation solennelle de l'objet sacré, en passant à côté de Saint-Denis, qui n'était alors qu'un petit bourg resserré contre l'abbaye, et en traversant la plaine pour gagner le bois de Boulogne (dans ce temps-là, appelé le bois *Rouvret*), et de là à Notre-Dame, où la vraie croix fut déposée.

Je laisse à penser quel concours de monde a dû attirer dans la plaine Saint-Denis, le passage de cette précieuse relique, qui, naturellement, devait exciter la curiosité publique et la vénération des chrétiens.

Tout porte donc à croire que l'origine de l'établissement de l'*Indict* ou du *Landit* date du jour où la réception solennelle de la vraie croix fut faite, le dimanche 1ᵉʳ août 1109, dans la cathédrale de Paris, et que c'est pour en perpétuer le pieux souvenir et pour satisfaire à la piété des fidèles, qui venaient en foule de tous lieux, pour voir le bois sacré et lui rendre leur vénération, que l'évêque de Paris consentit à l'établissement d'un *Indict* dans la campagne. Voici encore ce qui favorise cette origine : Les anciens pontificaux de l'église de Paris nous apprennent que le jour choisi fut le second mercredi du mois de juin, parce que ce jour-là, et non la semaine de la Pentecôte, comme on a fait depuis, on célébrait le jeûne des Quatre-Temps d'été.

Cette procession, qui, au sortir de la cathédrale, faisait une pose au cimetière des Champeaux (1) et qui continuait jusqu'au lieu indiqué, *usque ad indictum*, était un acte de pénitence. Là, après un sermon et une antienne à la croix, le prélat, aidé de l'archidiacre, donnait au peuple, du haut de ce lieu, sa bénédiction avec la vraie croix apportée de Paris, se tournant d'abord vers l'orient, d'où était venue cette précieuse relique, puis au midi, au couchant et au septentrion.

---

(1) C'était le cimetière des Innocens.

Cette époque du Landit était un temps particulier de dévotion extraordinaire.

Telle était l'origine de cette foire, mais l'aridité de la plaine, où il n'y avait ni ruisseau ni fontaine pour satisfaire aux besoins de la vie, fit qu'il s'y forma peu à peu une foire qui, par suite, devint très célèbre et très scandaleuse. C'est ainsi que l'on voit toujours dégénérer tous ces concours religieux de leur fondation primitive.

Cette métamorphose n'empêchait pas l'évêque de Paris d'y venir annuellement avec la vraie croix, jusqu'à l'époque où, enfin, cette foire étant devenue trop nombreuse, à cause de sa célébrité, les voleurs s'y insinuèrent, et encore, à cause des différens qui s'élevèrent entre l'évêque de Paris, les religieux de Saint-Denis et l'Université, et plus particulièrement à cause du scandale affreux excité par la débauche, le libertinage et l'ivrognerie.

Enfin ce landit, qui datait de 1109, fut définitivement supprimé par arrêt du parlement le 6 juin 1669 (1).

---

(1) Il paraît, d'après les historiens, qu'une des principales causes de la suppression du Landit, fut la peste qui, en 1668, régnait à Soissons, et en 1669 à Amiens.

§ III.— NARRATION DE PLUSIEURS COMBATS ET FAITS HISTORIQUES QUI ONT EU LIEU DANS LA PLAINE SAINT-DENIS.

Ce qui a beaucoup contribué à donner à cette plaine une grande célébrité, ce sont les cruels combats qui l'ont inondée de sang, à diverses époques et particulièrement dans ces temps de guerres civiles, temps déplorables, où la religion mit les armes à la main aux deux partis qui s'entr'égorgeaient de la manière la plus barbare, sous le malheureux règne de Charles IX, et naguères, lorsque les puissances alliées ayant résolu de déposer Napoléon, vinrent assiéger Paris.

Combien de milliers de cadavres sont enfouis dans cette plaine!!!! Qui, en rétrogradant de deux siècles, peut lire sans effroi le récit des sanglans combats livrés entre les catholiques et les réformés, qui s'étaient juré une guerre d'extermination, et d'autant plus cruelle que c'étaient des Français, des chrétiens qui s'entredonnaient la mort pour soutenir leur croyance, d'après leur opinion? Qu'ils sont coupables, ces prétendus réformateurs! Mais ce n'était pas là la seule cause de cet horrible acharnement. La religion ne servait que de prétexte au fanatisme outré, uni à l'ambition démesurée. C'est ce dont les Français n'ont été que trop horriblement convaincus dans la journée du 7 octobre 1567.

Après mille et une proposition de paix et d'accommodement, après une infinité de trèves, de traités, aussitôt violés qu'acceptés, le parti catholique prit la résolution d'envoyer, aux confédérés qui s'étaient emparés de Saint-Denis, un hérault chargé des ordres du roi, qui leur enjoignait de mettre bas les armes, ou de déclarer s'ils persistaient dans leur révolte, afin qu'après leur dernière résolution, il prît les mesures qu'il jugerait convenables. Cet ordre était adressé à des chefs qui figurèrent dans le combat, dont j'esquisse seulement le tableau épouvantable, et à la tête desquels étaient le prince de Condé, les trois frères Coligny, et Odet, cardinal de Chatillon, etc.

Cette signification embarrassa fortement les religionnaires. On raconte que le prince de Condé, voyant venir à lui un hérault, un papier à la main, lui dit d'un ton courroucé : « Prends « garde à ce que tu vas faire ! si tu m'apportes « ici quelque chose contre mon honneur, je te « ferai pendre. » Mais le hérault de lui répondre : « Je viens de la part de votre maître et du mien; « vos menaces ne m'empêcheront pas d'obéir à ses « ordres. » Le prince lui dit qu'il ferait sa réponse dans trois jours. « Il la faut dans vingt-quatre « heures, » répliqua le hérault, et il disparut.

La fierté de cette démarche ayant fortement déconcerté les confédérés, ils résolurent de présenter au roi une requête plus modeste. Ce retour donnant quelque espoir de raccommodement, le connétable se chargea alors de renouer les conférences.

Anne de Montmorency d'un côté, et le prince de l'autre, se virent à La Chapelle-Saint-Denis; mais dès la première entrevue, tout échoua. Les calvinistes demandaient l'exercice général, public et irrévocable de leur religion. Le connétable déclara qu'en accordant des priviléges aux Huguenots, le roi n'avait jamais entendu que ce fût pour toujours; qu'au contraire son intention était de ne souffrir qu'une seule religion dans son pays. Après une très vive altercation, on se sépara et l'on se prépara à la guerre.

Par les secours qui lui arrivèrent de toutes les provinces, le prince augmentait son armée considérablement; mais malgré les efforts des confédérés, l'armée royale, renfermée dans Paris, était beaucoup plus nombreuse. Les premiers demandaient à grands cris le combat, le connétable voulait attendre, espérant toujours que quelque heureux événement ramènerait la concorde et empêcherait l'effusion du sang français. Mais, comme on lui faisait entendre que le retard qu'il apportait le rendait suspect, il se

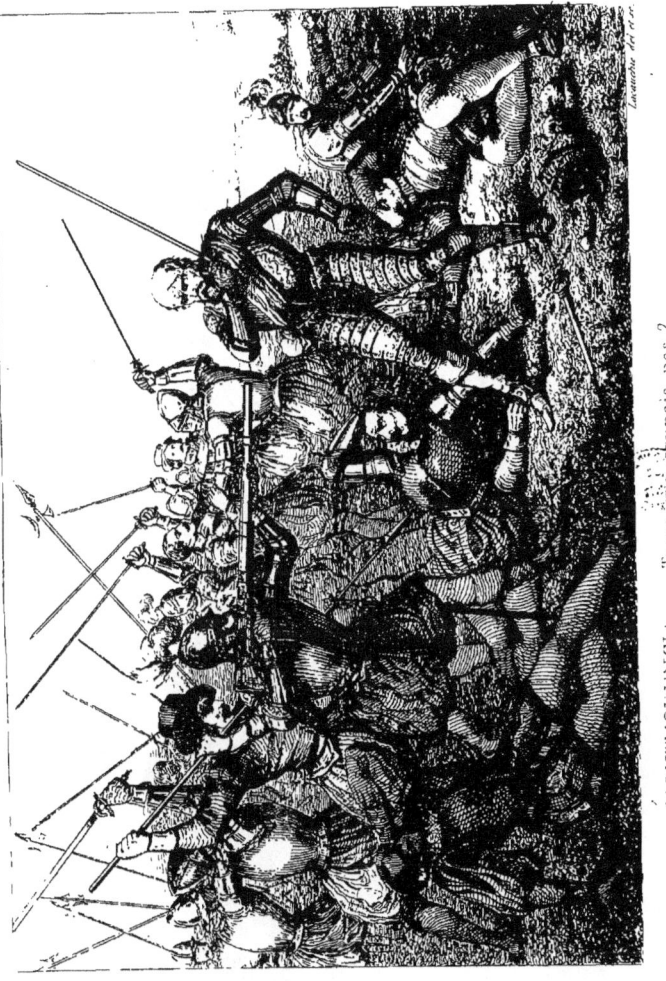

MONTMORENCI : Tu ne me connais pas ?
STUART : C'est parce que je te reconnais que je te porte celui-ci !

détermina à risquer la bataille ; elle se livra avec fureur, le 10 novembre 1567, dans la plaine de Saint-Denis, dont elle prit le nom. On se défendit de part et d'autre avec une fermeté qui fit balancer la victoire, qui pourtant resta à l'armée royale. Elle coûta bien cher : plusieurs seigneurs y perdirent la vie, entr'autres le connétable. Quoiqu'âgé de quatre-vingts ans, il montra dans cette action une vigueur de jeune homme et une valeur de soldat. Seul au milieu de ses ennemis, abandonné des siens, mis en fuite ou tués à ses côtés, il se vit coucher en joue par Stuart : « Tu ne me connais pas ? » lui crie Montmorency. — « C'est parce que je te connais, lui répond le féroce Stuart, que je te porte celui-ci » ; et en même temps de lui lâcher son coup d'assez près pour être blessé lui-même par le connétable. Épuisé par ses blessures, et brisé de tant de secousses, ce vieillard, après avoir vu fuir l'ennemi, consentit avec peine qu'on le transportât à Paris. Les catholiques l'avaient arraché des mains des calvinistes, qui se jetèrent sur ce valeureux vieillard pour l'emmener. Arrivé à Paris, il reçut la visite bien consolante du roi et de la reine, et des témoignages de regrets et d'attention de la part des grands.

En mourant, il répondit à son confesseur, qui l'impatientait sûrement par de trop longues exhortations : « Laissez-moi, mon père, il serait « bien honteux qu'ayant vécu quatre-vingts ans, « je ne susse pas mourir un quart d'heure. » Peu de temps après, il expira (1). On lui fit des obsèques royales ; son effigie fut portée à Notre-Dame, honneur réservé aux rois de France. La reine voulait qu'il fût enterré à Saint-Denis, mais il avait désigné par son testament l'église de Montmorency pour le lieu de sa sépulture. Son corps fut déposé dans l'abbaye de Saint-Martin de Montmorency, où on lui éleva un mausolée magnifique. J'en donnerai les gravures lorsque je décrirai la ville de Montmorency.

§ IV.—CANAL DE L'OURCQ.

Cette petite rivière, qui tombe dans la Seine à Conflans-Saint-Honorine, à deux lieues au nord de Poissy, a sa source dans les Ardennes, sur les confins du Hainault et de la Picardie, à quatre lieues nord-ouest de Rocroy : elle n'est navigable que depuis la Fère-en-Tardenois, et par écluses au-dessus de la Ferté-Milon.

Le canal dit de Saint-Denis, s'embranche di-

(1) Anne de Montmorency aimait sincèrement la religion. Quand elle était sérieusement attaquée, aucune considération humaine ne pouvait le retenir.

rectement sur le canal de l'Ourcq à 450 toises du bassin de La Villette et y réunit la Seine. Le canal de Saint-Denis est ouvert dans le fleuve, un peu au-dessous du hameau de Labriche, et se termine non loin du bassin de La Villette. Sa longueur est de 6,600 toises, sa largeur dans le plat-fond est de 12 mètres 20 centimètres, au sommet de 20 mètres 60 centimètres; la hauteur de ses eaux de 2 mètres, sa pente de 28 mètres 40 centimètres. Il y a 12 écluses, et les frais de sa construction ont été évalués à 8 millions.

On croit qu'entre son point d'ouverture, et le centre de Paris, le développement de la Seine offre une étendue cinq fois plus considérable.

Un chemin de hallage, bordé d'arbres, orne agréablement les rives de ce canal.

§ V.— SIÈGES DE PARIS EN 1814 ET 1815.

En 1814, lorsque Paris fut assiégé par les troupes réunies des puissances étrangères, qui avaient juré le renversement du gouvernement impérial, pour défendre Paris de ce côté de toute attaque, la plaine Saint-Denis fut soudainement inondée par les eaux du canal et le pont renversé.

En 1815, lors de la seconde invasion, la chaussée occidentale fut fortifiée et armée de fortes batteries, à l'effet de couvrir la capitale;

mais tous ces préparatifs ne purent l'empêcher de subir ces invasions dont elle était menacée, et qui eurent pour résultat de relever le trône légitime, qui seul pouvait alors rendre la paix si désirée des nations.

§ VI. — MONUMENS HISTORIQUES QUI ONT EXISTÉ DANS LA PLAINE SAINT-DENIS AVANT LA RÉVOLUTION.

Pour achever de décrire ce qui a contribué à donner de la célébrité à la plaine Saint-Denis, il ne me reste plus qu'à parler de sept monumens historiques, que l'on voyait élevés à égales distances depuis la rue Saint-Denis, près Saint-Chaumont, jusqu'à Saint-Denis.

Ces monumens, qui étaient des pyramides de pierre, et où l'on voyait les statues de trois rois, savoir : de France, de Navarre et de Sicile, et qui étaient surmontés d'un crucifix, avaient été érigés par le fils de saint Louis, Philippe III, dit le Hardi, d'après ce qu'en ont dit Corrozet et Bonfons, afin de perpétuer à jamais la mémoire d'une action pieuse et d'une piété filiale qui honore ce monarque.

On sait que Philippe III, de retour de la funeste expédition de Tunis, porta lui-même, le 22 mai 1271, les os de son père, depuis Paris jusqu'à Saint-Denis. Ces sept monumens avaient pour objet de désigner les endroits où Philippe,

...lippe 3 portant les ossements de St Louis à l'abbaye de St Denis

portant sur ses épaules les ossemens de saint Louis, se reposait.

Pourquoi a-t-on détruit ces monumens qui rappelaient de si pieux, de si touchans souvenirs?

§ VII.— NOUVELLES CONSTRUCTIONS DANS LA PLAINE SAINT-DENIS.

Les constructions mesquines que les maraîchers, contraints d'abandonner leurs marais du faubourg Saint-Denis, à cause des spéculations du moment (1), font bâtir journellement, dans la plaine, et sur les bords de l'avenue, ôtent le riant aspect, l'aspect imposant qu'offrait à l'œil du voyageur l'étendue immense de cette belle et vaste plaine.

L'odeur infecte des fumiers et autres immondices que ces cultivateurs y apportent, remplaçant la douce suavité des prés, qu'on était trop heureux de respirer, en sortant de humer l'air impur de La Chapelle-Saint-Denis, a ravi aux Parisiens, ainsi qu'aux étrangers qui viennent visiter l'antique sépulture de nos rois, tout le

---

(1) Le prix énorme des terrains propres à construire en 1823 et 1824, et l'excessive manie de bâtir, firent qu'on indemnisa généreusement ces cultivateurs, afin d'obtenir d'eux la résiliation de leurs baux. C'est donc avec ces indemnités qu'ils achetèrent des portions de terrain sur le bord de l'avenue, et qu'ils s'y établirent.

charme et tous les agrémens de cette promenade naguères si délicieuse.

J'ai ouï dire qu'à cause d'une émeute populaire qui eut lieu de ce côté, Louis XIV, vers la fin de son règne, avait ordonné la démolition de toutes les maisons qui existaient alors de chaque côté de la route, avec défense d'en relever aucune autre dans l'avenir. Pourquoi n'a-t-on pas maintenu cette ordonnance qui, sans doute, n'est pas révoquée?

CHAPITRE II.

SAINT-OUEN.

Sa situation. — Son origine. — Son antiquité. — Église et chapelles. — Pèlerinages à Saint-Ouen. — Histoire de la Noble-Maison et de l'ordre des chevaliers de l'Étoile. — Description de divers châteaux, hôtels, maisons de campagne. — Retour des Bourbons. — Séjour de Louis XVIII au château de Saint-Ouen. — Description de la fête donnée par Mme du Cayla. — Description du port, de la gare et de la machine à vapeur de Saint-Ouen. — Étendue et productions du territoire. — État civil. — Effectif de la garde nationale. — Industrie commerciale. — Dénombrement de la population. — Tableau statistique des naissances, mariages et décès.

§ Ier. — SA SITUATION.

Ce joli village du département de la Seine, canton de Saint-Denis, qu'on aperçoit sur la gauche, surtout lorsque l'on sort par la barrière de Clichy pour aller à la ville de Saint-Denis, est situé dans une vaste plaine, arrosée par la Seine, que l'on passe en cet endroit sur un bac.

Rien de plus pittoresque que ce charmant village, placé entre le fleuve et la route de Saint-Denis, appelée le *Chemin de la Révolte* (1).

La distance de Saint-Ouen, en sortant par la barrière de Monceau, est d'une lieue et demie, et de trois quarts de lieue au sud-ouest de Saint-Denis.

§ II. — SON ORIGINE.

D'abord nommé simplement chapelle Saint-Ouen, ce village se forma sur ce lieu enchanteur, qui était anciennement une terre royale très étendue, vers le huitième et neuvième siècle. Son nom primitif en latin était : *Villa sancti Audœni*.

Non loin de là est le village de Clichy, qui alors était une terre très vaste. Les châteaux que nos rois avaient en ce lieu consistaient en différentes maisons, dont une principale était située entre ce village et Saint-Denis.

Nul doute que le nom du village de Saint-Ouen ne lui provienne de ce que *Odœnus*, évê-

---

(1) Voyez pourquoi ce chemin est ainsi nommé à l'article CLICHY, pag. 71.

que de Rouen, expira dans ce manoir royal, l'an 683. Son corps fut transporté à Rouen; mais sa mémoire y fut tellement révérée, que le lieu où il mourut fut dès-lors regardé avec un respect religieux par les personnes pieuses. Après les troubles qui, à cette époque, vers l'an 730, agitèrent la France, Charles Martel fit don à l'abbaye de Saint-Denis de toute la terre de Clichy, dont les châteaux étaient probablement délabrés; alors les religieux, qui se rappelaient toujours la sainteté de l'évêque de Rouen, maintinrent le nom de Saint-Ouen, donné aux débris du château dans lequel il était mort soixante ans auparavant.

§ III.— SON ANTIQUITÉ.

Tout semble indiquer que ce village remonte au règne de Dagobert, et comme on le nomma aussi *Capella Sancti Audœni,* dès l'an 832, il est plus que probable qu'il existait une chapelle en ce lieu.

Ce fut à Saint-Ouen que Dagobert, transporté de joie de la naissance de Sigebert, se jeta aux pieds de saint Amand, qu'il avait banni du royaume, parce qu'il le reprenait sans cesse de ses dissolutions, non-seulement il lui demanda pardon de l'outrage qu'il lui avait fait, mais encore il le pria de baptiser son fils et d'en être le parrain. Ce petit prince n'avait guère que quarante jours.

Le plus ancien monument qui parle du lieu de Saint-Ouen, se trouve dans les lettres qui sont à la suite de la charte de 832, où on lit que l'abbé Hilduin dispose du lieu, dit la *chapelle de Saint-Ouen*, situé sur la Seine, et le destine simplement à servir de place où les moines pourraient déposer et raccommoder leurs filets.

Dans une autre charte de 1004, le roi Robert déclare que le comte Burchard et son fils Rainold, évêque de Paris, lui ont témoigné le pieux désir d'assurer la possession de la chapelle Saint-Ouen au monastère de Marmoutiers (1), attendu qu'ayant été distraite par les ducs de France des domaines auxquels elle appartenait, elle était échue bénéficiairement à ce monastère ; mais ces religieux désirant rester tranquilles à Notre-Dame-des-Champs, dont la desserte avait été ôtée, rendirent à l'évêque de Paris, dans le onzième siècle, l'église de Saint-Ouen, pour la transmettre aux chanoines de Saint-Benoît de Paris.

Faute de titres, on n'a pu savoir comment cette église a pu passer des moines de Marmoutiers à ces chanoines.

---

(1) Petite ville du département du Bas-Rhin en Alsace, proche Tours, à une lieue de Saverne.

§ IV.— ÉGLISE ET CHAPELLES.

L'église, dont l'architecture est du douzième siècle, sous le règne de Philippe-Auguste, était seulement un chœur assez petit jusqu'en 1654. Ce fut à cette époque qu'un seigneur nommé Monroy fit construire le portail, le sanctuaire, ainsi que l'aile qui est du côté du midi. La dédicace de cette église fut célébrée le 21 juillet 1538 par Jean Olivier, évêque d'Angers, d'après la permission que lui en donna le cardinal du Bellay, évêque de Paris, le 9 du même mois. Cet évêque, en sa qualité d'aumônier de l'abbaye de Saint-Denis, qui lui fut donnée dans l'acte de cette dédicace, qui eut lieu le 21 juillet, devint seigneur de cette paroisse, dont l'église est ainsi désignée dans les titres : *Ecclesia SS. Audœni et Bartholomœi* (1). Le concours de Saint-Ouen avec celui de saint Barthélemi a eu lieu, dit-on, parce qu'il a existé en cet endroit un oratoire de saint Barthélemi. Il y a eu, en ce lieu, plusieurs chapelles très mémorables dont je parle dans la suite.

§ V.— PÈLERINAGE A SAINT-OUEN.

A ces diverses époques, Saint-Ouen avait

(1) *Reg. ep. par.;* Lebœuf, *Dict. de Paris,* t. III, p. 297.

acquis une grande célébrité par les reliques que l'église renfermait : « Le pèlerinage à cette « église, dit Lebeuf, est fort fréquenté contre le « mal de surdité; on y conserve un doigt du « saint évêque qui est enchassé, et on le fait « passer près de l'oreille des personnes sourdes, « dont un grand nombre de pèlerins se sont bien « trouvés (1). »

§ V. — HISTOIRE DE LA NOBLE-MAISON ET DE L'ORDRE DES CHEVALIERS DE L'ÉTOILE QUI Y ÉTAIT ÉTABLI.

Il est très curieux de savoir ce que disent les historiens, relativement à l'ordre de chevalerie qui y était établi et sur lequel ils se sont fort étendus, mais auparavant il est bon de connaître, par succession de temps, les diverses acquisitions qui conduisirent à cet établissement.

Les plus anciennes sont celles que fit, depuis 1285 jusqu'en 1293, Guillaume Crespy, clerc du roi, qualifié, dans certains actes, d'archidiacre de Paris, et dans d'autres actes de doyen de saint Aignan d'Orléans. Ces acquisitions consistaient en un très grand nombre d'arpens de terre, dont quelques-uns étaient situés proche le Landit.

Agnès de Crespy, qui fut son héritière avec

(1) *Histoire du diocèse de Paris*, t. III, p. 196 et 197.

sa fille et son gendre, cédèrent, en 1299, à Charles de Valois, frère de Philippe-le-Bel, les manoir, jardin, terres et prés qu'ils tenaient de Guillaume de Crespy, situés au territoire de Saint-Ouen; c'est ce même manoir, ainsi qu'on va le voir, qui par suite devint si fameux.

Dans des Mémoires de 1307, en parlant de ce prince (1), il est fait mention d'un marché qu'il fit à Paris pour achever une salle commencée en son manoir de Saint-Ouen, dans lequel sa femme, Catherine de Courtenay, héritière de l'empire de Constantinople, mourut le 9 octobre de la même année.

« En 1311, dit Lebœuf, Charles donna à cens
« une isle de deux arpens sur la Seine, devers
« l'eau de Saint-Denis (2). La même année, le roi
« Philippe-le-Bel, étant à Saint-Ouen le 22 août,
« y fit expédier une charte qui donnait aux juifs
« l'ordre de sortir du royaume (3). » Et en 1314,

---

(1) *Ex Sched.*, Lancelot.

(2) Lebœuf, *Hist. du diocèse de Paris*, t. III, p. 190.

(3) Lebœuf a fait erreur. C'est en 1299, et non en 1311, que Philippe expulsa les juifs du royaume, à compter de ce parlement jusqu'à la mi-carême suivante. Voy. *Tableau hist. gén. et chron. des trois cours souveraines*, p. 130, in-8°; La Haye, 1772, — *Et olim*, t. I, p. 108. Ce n'est pas Philippe-le-Bel, mais c'est Philippe V qui, faisant la guerre aux Flamands, renou-

le 15 octobre, il signa une autre charte contre les joûtes et les tournois (1).

Philippe de Valois, fils de Charles, qui ensuite monta sur le trône en 1328, hérita de la maison de Saint-Ouen qui, après lui, appartint aux rois de France ses descendans. Il fit bâtir une chapelle sous l'invocation de saint Georges, sans fonder un chapelain (2). Il ordonna, par testament, que l'on achetât 40 livres de rente pour le doter, et il assigna à cet objet un arpent et demi de terre, sise à la Croix-au-Comte, sur le chemin de Saint-Ouen à Saint-Denis, et plusieurs autres situés en la même plaine, tenant au Landit. Depuis longtemps il ne reste plus de vestige de cette chapelle.

La maison de Saint-Ouen ayant passé à Jean, fils de Philippe VI, qui lui succéda au trône, en 1340, ce monarque l'embellit et lui donna le nom de la *Noble-Maison*. Ce fut, en 1531, que le roi Jean institua, comme présidens de l'assemblée des chevaliers, trois princes, trois baronnets et trois bacheliers, qui tous devaient se distinguer à la guerre.

vela l'alliance faite avec les Écossais, et chassa les juifs de son royaume.

(1) Cette charte fut expédiée environ six semaines avant sa mort, qui arriva le 29 novembre 1314.

(2) *Trésor des chartes*, cahier 14 et 15.

Les chevaliers portaient une bague ou anneau sur lequel leurs noms et surnoms étaient gravés. On voyait, à l'intérieur, un cercle d'émail, au milieu duquel brillait une étoile, et un autre cercle d'azur qui enchâssait un soleil d'or. C'est en quoi consistait l'insigne de cet ordre qu'ils portaient sur leurs cottes d'armes; aux chaperons de leurs manteaux où brillait de même une étoile d'argent avec cette inscription : *Monstrant regibus astra viam.* (Les astres guident les rois.) Cette chevalerie, dont le nombre était de cinq cents et qui se nommaient d'abord chevaliers de l'Étoile, prit celui de la Noble-Maison (1).

L'assemblée se tenait dans l'église de Notre-Dame-des-Vertus, alors appelée église de la Noble-Maison. On s'y rendait le 15 août, jour de l'Assomption, à l'heure de prime, et tous y demeuraient toute la journée jusqu'après vêpres.

« Les chevaliers devaient jeûner les samedis
« ou donner quinze deniers aux pauvres, et por-
« ter ce jour-là l'habit de l'ordre. Il y avait une
« salle de 10 toises de large sur 20 de long, flan-
« quée aux quatre coins de quatre tours avec une
« cheminée à tuyau rond à l'antique, aussi haut
« que le clocher du village, ce qui alors était très

---

(1) Sauval, *Antiq. de Paris*, t. II, p. 717; *Mém. de l'Acad. des Inscr.*, t. II, p. 683; Lebœuf, *Hist. du dioc. de Paris*, t. III, p. 300.

« extraordinaire. Chacun d'eux, dans cette salle,
« avait ses armes et le timbre de sa famille au-
« dessus de sa place (1). »

Un chevalier d'un autre ordre ne pouvait entrer dans celui-ci sans renoncer au sien, et un chevalier de l'Étoile ne pouvait s'engager pour un ordre étranger, sans la permission expresse du roi. Tous, en mourant, devaient envoyer à l'église de la Noble-Maison leur *annel* et leur *frémail*, les meilleurs qu'ils auraient. On leur faisait alors de superbes funérailles.

Le roi y fonda des chapelains; l'acte qui ne les qualifie que comme tels, dit que leur revenu ne consistait qu'en 800 livres de rente, sans spécifier combien ils étaient. Quelques particuliers contribuèrent aussi à doter cette église.

En 1352, Henri de Culant, archidiacre de Boulenois (2), dans l'église de Térouane (3), donna à cette église, qu'il nomme Notre-Dame-de-l'Étoile, en la maison de Saint-Ouen, le village de Lenginerie et ses appartenances (4).

(1) Sauval, *Antiq. de Paris*, t. II, p. 300 et 301.

(2) Petite province contenue dans la partie septentrionale de la Picardie, et faisant partie du département du Pas-de-Calais.

(3) Ville ruinée du même département, sur la Lys.

(4) C'est aujourd'hui un hameau sur le chemin qui va d'Arthenay à Orléans.

Un grand nombre d'ordonnances du roi Jean, données en 1354 et 1355, finissent par ces mots : « Donné à notre Noble-Maison de Saint-Ouen, lez « Saint-Denis. » A cette époque, Philippe Ogier, maître des comptes, fut chargé par le roi de la visite générale de la Noble-Maison. Deux ans après, Marie d'Espagne, comtesse d'Alençon, ayant renoncé à ce qu'elle y possédait, le roi s'en augmenta d'autant. Elle eut en retour la terre entière au Perche, dont un nommé Jean Mallet, qui venait d'être supplicié pour crime de trahison et de lèse-majesté, était propriétaire (1).

Deux monumens de l'année 1358 font mention de la Noble-Maison, et des sommes que Charles, régent du royaume, employa à son agrandissement. Christine de Pisan l'assure dans la vie de ce prince.

Les Chroniques de Saint-Denis de ce temps, disent que les Parisiens ayant mandé le roi de Navarre qui était dans le Beauvoisis, il vint, au mois de juin 1368, à la Noble-Maison de Saint-Ouen, où Étienne Marcel, prévôt des marchands, alla conférer avec lui.

A son retour d'Angleterre, où il était resté

---

(1) Le Laboureur, né à Montmorency, *Préliminaire à la vie de Charles VI*, pag. 33 ; *Mém. de la chambre des comptes*, 5 et 8 juin 1354.

long-temps, en 1361, le roi Jean, qui avait une prédilection particulière pour la Noble-Maison, vint encore y faire quelque séjour. On a des lettres qu'il y fit expédier le 31 mars de cette année.

En 1374, Charles V, qui, ainsi qu'on l'a vu, fit réparer cette maison, la donna au dauphin, qui fut Charles VI.

Ce monarque, en 1397, l'augmenta encore de différentes terres, vignes, hôtels et autres lieux dont il fit l'acquisition; mais, deux ans après, le même roi donna deux des hôtels qu'il avait au même village.

La reine Isabeau de Bavière, qui survécut de neuf à dix ans à son époux, et qui avait aussi son hôtel à Saint-Ouen, qu'on nommait l'*Hôtel des Bergeries*, ou *de la Reine*, le légua par testament, en 1431, à l'abbaye de Saint-Denis, à la charge d'un *obit* pour elle et pour Charles VI, son époux (1).

Louis de Guyenne, dauphin de Viennais, eut aussi à ce village son hôtel, il l'avait acquis, en 1410, de Jean le Flamend, conseiller du roi. Ce prince étant mort sans postérité, son hôtel revint à la couronne.

---

(1) *Hist. de Saint-Denis*, p. 346; — *Test. de la reine Isabeau*, à la fin de l'*Hist. de Charles VI*, par Besse, p. 372; — *Mém. de la chambre des comptes.*

On assure qu'en bâtissant la maison d'un nommé Doria, on y trouva une pierre sur laquelle on lisait : *Ici estait la maison du roy Dagobert* (1).

On n'est pas d'accord sur la durée de l'ordre de chevalerie de l'Étoile, établi dans cette maison; les uns disent qu'il fut aboli dans une assemblée que tint Charles VII à Saint-Ouen, en 1455, en tirant de son cou le collier de l'Étoile et en le mettant à celui du capitaine du guet, et que, depuis, il n'y eut que ce dernier et ses archers qui aient porté cet ordre. Sauval prouve le contraire en rapportant que le même roi donna encore le même collier, en 1458, à Gaston de Foix, son gendre, prince de Navarre, et que Louis XI écrivit encore l'an 1470 au prévôt des marchands et échevins, qu'il voulait venir à Paris célébrer la fête de cet ordre, et qu'il y amenerait un grand nombre de princes et seigneurs (2).

Quand même la cérémonie de la fête de la chevalerie de l'Étoile se serait prolongée jusqu'au règne de Charles VIII, qui paraît ne l'avoir aboli qu'à cause de l'ordre de Saint-Michel que Louis XI, son père, avait établi, il est toujours certain que

---

(1) Cette maison est celle qui est la plus proche du Septentrion.
(2) Sauval, *Antiquités de Paris*, t. II, p. 718.

la Noble-Maison était sur son déclin à la fin du règne du dernier monarque, qui, d'après les registres du parlement de Paris de 1482, fit, aux religieux de Saint-Denis, don de la maison de Saint-Ouen, afin qu'ils priassent pour la conservation de sa personne (1). Ainsi, ce monastère de Saint-Denis qui, en 1431, avait eu l'hôtel de la reine à charge de prières, eut, à pareille charge, celui du roi.

On voit que les moines de cette abbaye acquéraient à bon marché de belles propriétés.

§ VI. — DESCRIPTION DE DIVERS CHATEAUX, HÔTELS, SEIGNEURIES, MAISONS DE CAMPAGNE QUI EXISTAIENT ET QUI EXISTENT ENCORE A SAINT-OUEN.

ART 1er. — Châteaux, hôtels, seigneuries.

Il paraîtrait qu'au milieu du xvie siècle, le roi aurait encore possédé un château à Saint-Ouen; car l'auteur du *Dicœarchia*, arrêt 151, avait projeté qu'on fit venir d'Italie les *Hiéronymites*, et disait que Henri II leur assignerait son ancien château de Saint-Ouen; mais tout ce qui restait de ces hôtels fut détruit vers 1590 dans le temps de la ligue, et la seigneurie était attachée au grand-aumônier de l'abbaye (2).

En 1640, cette terre fut échangée par Benja-

(1) *Reg. Consil. Parl.*, 24 janv. 1482.
(2) *Acte du 5 décembre* 1640; — *Hist. de Saint-Denis*, par Félibien, p. 346.

min Ferron, grand-aumônier, contre des terres situées proches Saint-Denis, qui appartenaient à Séraphin Mauroy, conseiller d'État et intendant des finances (1). Ce nouveau seigneur de Saint-Ouen y fit établir deux foires par an (2). Ce fut lui qui fit paver les rues de ce village.

A ce seigneur succéda M. de Seglière de Boisfranc, chancelier de Monsieur, frère de Louis XIV.

Au XVIIIe siècle on voyait encore le château seigneurial, bâti en 1660 par l'architecte Lepautre, pour M. de Boisfranc; c'est dans ce château que ce dernier donna, au mois de juillet 1679, une fête brillante à Monsieur et à l'ambassadeur d'Espagne. Cette maison passa ensuite à M. le duc de Gèvres par sa mère, fille de M. de Boisfranc.

En 1745, ce duc la vendit à vie à Mme de Pompadour, qui y fit des dépenses considérables. Après sa mort, qui arriva en 1763, cette maison appartenait au duc de Tresmes.

ART. 2. — Maisons de campagne.

Parmi les anciennes maisons, édifices et établissemens existant encore dans Saint-Ouen, il en est plusieurs qui peuvent exciter la curiosité de l'observateur.

Je vais les indiquer :

(1) *Reg. du Parl.*, 1641.
(2) *Reg. du Parl.*, 14 février 1642.

1° La maison qui avait appartenu au prince de Rohan, bâtie en 1743, et que posséda plus tard et long-temps le fameux ministre Necker.

A la révolution, cette maison fut achetée par un chiffonnier, puis vendue à une danseuse, et ensuite à un banquier qui l'habite maintenant.

2° Celle qui appartint au duc de Nivernois. On raconte que le prince Henri, frère du roi de Prusse, qui voyageait sous le nom du comte d'OEls, ayant visité Saint-Ouen, fut interrogé sur ce qu'il pensait des délicieux jardins et du riant séjour de cette maison, répondit : « Je n'y ai vu que M. le duc de Nivernois. »

3° Enfin, celle de M. Ternaux, distinguée par sa noble et simple architecture.

On croit généralement que cette habitation fut élevée précisément sur l'emplacement où avait existé la Noble-Maison de Dagobert. C'est probablement celle qu'a fait bâtir un sieur Doria, dont j'ai parlé plus haut. Elle est située sur le bord de la Seine.

C'est là que l'habile manufacturier y tenait renfermé ces chèvres du Thibet, dont les tissus provenant de leurs laines rivalisent avec les plus précieux du Levant (1).

(1) M. Ternaux étant décédé depuis quelque temps, ses créanciers se sont emparés de son précieux établissement, et le font exploiter à leur profit.

§ VII. — RETOUR DES BOURBONS ; SÉJOUR DE LOUIS XVIII AU CHATEAU DE SAINT-OUEN ; DESCRIPTION DE LA FÊTE DONNÉE PAR Mme DU CAYLA.

Le retour des Bourbons a donné à ce village une nouvelle célébrité.

Ce fut dans le château de Saint-Ouen que, le 2 mai 1814, Louis XVIII s'arrêta avant de faire son entrée dans la capitale, et que les sénateurs lui présentèrent la constitution où se lisait : « *Louis-Stanislas-Xavier sera proclamé roi des Français,* etc. » Le roi répondit par une déclaration portant : « *Louis, par la grâce de Dieu, roi de France et de Navarre,* etc. » C'est dans ce lieu qu'il publia, le 4 juin suivant, la Charte constitutionnelle qu'il data de la 19ᵉ année de son règne.

En 1816, ce château, qui appartenait à M. Vincent de Potocky, fut acheté par le roi, démoli et relevé avec une magnificence royale.

Le 2 mai 1823, tout Paris vit les préparatifs d'une fête brillante qui s'y donna ; mais on ignorait qui l'avait ordonnée et qui en ferait les honneurs. Quelques journaux croyaient que la fête était offerte par la ville de Paris, d'autres par un pouvoir placé dans une haute sphère. Ce fut le *Journal des Débats* du 4 mai 1823, qui leva le voile qui couvrait le mystère. Il admira le choix, l'heureuse harmonie des parties qui composaient cette fête magnifique, et l'accueil ravissant de la personne qui en faisait les honneurs. Mme du Cayla avait dit : « Saint-Ouen, le 2 mai, ap-« partient à toute la France, et ce jour-là, je n'en « suis que la concierge. »

Rien n'a manqué pour rendre cette fête digne de son auguste objet. Au milieu de la plus vive allégresse et ravi en extase, on fit l'inauguration solennelle du portrait du roi, par Gérard. M. Désaugiers, noblement inspiré, adressa au peintre les vers suivans :

> Du roi qui sut aimer, boire et combattre,
> Ton art divin aux Français réjouis
> A rappelé les traits épanouis.....
> C'était au peintre de Henri-Quatre,
> A nous offrir l'image de Louis (1).

Peu de temps après, ce château appartint à Mme du Cayla qui sut, par son amabilité et son esprit gracieux calmer, les cruelles douleurs dont le roi-législateur fut accablé à ses derniers mo-

(1) Le 10 août 1827, au moment où j'écrivais cet article, j'appris que la mort venait de frapper ce poète autant aimable qu'ingénieux, et dont la probité égalait le talent. Il naquit à Fréjus, sur la fin de 1772. (Voy. sa Notice biographique dans la *Biographie universelle des contemporains*).

mens, et qui, à son tour, y donna plusieurs fêtes brillantes (1).

§ VIII.— ÉTAT CIVIL.

Il consiste en un maire, un adjoint, un secrétaire de la mairie, et un conseil municipal.

NOMS et qualités des personnes qui composent l'état civil.

NOMS.	PRÉNOMS.	QUALITÉS.	PROFESSIONS.
MM.			
COMPOINT.	Louis-Nicolas.	Maire.	Cultivateur.
DE LACROIX.	Michel-Sébastien.	Adjoint.	Id.
FOLET.	Augustin-Martin.	Secrétaire.	

§ IX.— EFFECTIF DE LA GARDE NATIONALE.

Environ 130 hommes. Premier et second capitaines faisant partie du 2e bataillon de la 1re légion de la banlieue.

Premier capitaine-commandant, M. Vallet (Louis-Nicolas.)

Deuxième capitaine, M. Jem (Pierre.)

---

(1) Voyez la Notice biographique de Mme du Cayla à la fin de cette section.

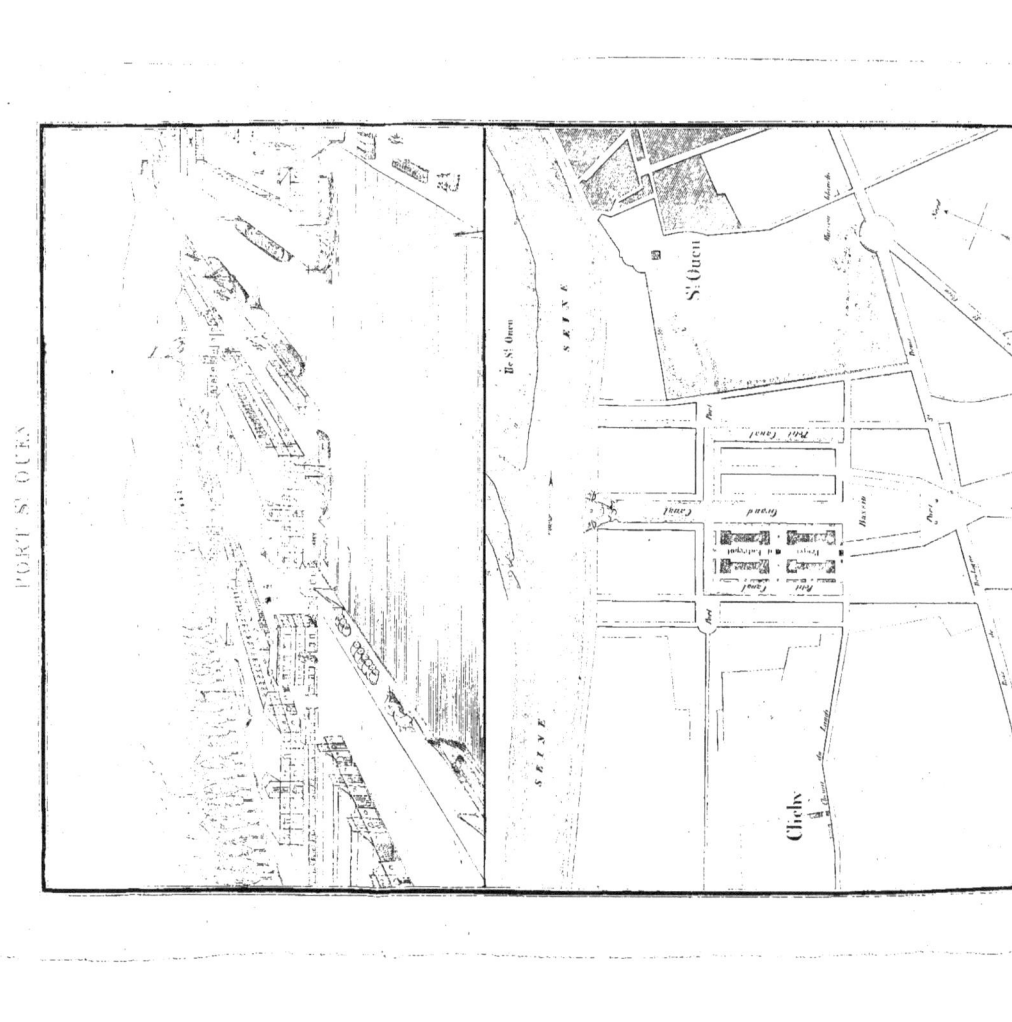

PORT ST. OUEN

§ X. — INDUSTRIE COMMERCIALE.

Elle consiste en instituteurs et institutrices; maison de commission; port de Saint-Ouen; filature de laine; glacière; commerce de bois à brûler; culture.

NOMS DES INDUSTRIELS.

Mme PIERRETE (Juliot).	Institutrice.
MM.	
FOLET	Instituteur.
HENNECART (H.)	Maison de commission, et port de Saint-Ouen.
DHOMME (Ph.)	Filature en laine.
DENOS.	Bois à brûler.
DEROUVILLE.	Glacière.

§ XI. — ÉTABLISSEMENS IMPORTANS.

Art. 1er. — Port de Saint-Ouen; la gare et la machine à vapeur.

Depuis plusieurs années, un mouvement industriel et très prononcé s'est manifesté en France, ainsi qu'à l'étranger. Cette impulsion a été commandée par l'accroissement des populations et par les progrès continuels de l'industrie et de l'étendue du commerce. Si la première a été altérée, le second a été, si je puis m'exprimer ainsi, entièrement ruiné par la chute presque générale du crédit et de la confiance qui seuls peuvent le rendre à la vie. Espérons qu'aussitôt que cette cause malheureuse aura cessé, l'un et l'autre reprendront une nouvelle activité, un développement progressif proportionné aux nouveaux besoins de la société, qui s'ingénie à mesure qu'elle prend de l'accroissement.

Paris, à cause de son immense population qui absorbe tout par sa grande consommation, est véritablement le centre du commerce et de l'industrie. Par sa position, il possède les capitaux et les élémens du crédit; ses moyens sont immenses: une quantité de ses productions sont très variées, et sont destinées aux départemens et exportées à l'étranger. C'est dans ses ateliers que s'exécutent les objets de luxe et de goût, et c'est aussi de la plupart de ses manufactures que dépend le progrès des arts.

L'établissement du port de la gare Saint-Ouen et les deux entrepôts de Paris, dont les emplacemens viennent d'être fixés irrévocablement (1), ainsi que les lignes de navigation qui aboutissent à la capitale, sont d'une très grande

(1) Ce serait m'écarter de mon sujet et outre-passer les bornes que je me suis prescrites, que d'entrer dans des détails relatifs à ces entrepôts qui ne se trouvent pas dans les lignes que je parcours, et dont les emplacemens sont malheureusement en opposition avec celui qui avait

importance pour ces industries. C'est donc ce qui a fait sentir le besoin d'un port sûr et commode pour y faire le dépôt des marchandises, et celui d'y établir de grands ateliers et de vastes magasins. Les projets de cette utile entreprise ayant été soumis à l'autorité par la compagnie Ardoin, ils furent accueillis honorablement par une ordonnance royale, en date du 28 juin 1826, qui autorisa les deux prises d'eau dans la Seine, l'établissement de plusieurs embranchemens sur les grandes routes, et la perception d'un droit de gare sur les bâteaux qui stationneront sur les canaux et bassins.

Enfin, une autre ordonnance royale du 15 avril 1830, qui se fit attendre pendant trois ans, mit fin à des entraves soulevées par des rivaux qui s'opposèrent à l'ouverture de ce port. Il fut construit d'après le modèle des nouveaux *docks* (bassins) Sainte-Catherine à Londres, sur le point où la Seine dans son cours, depuis Saint-Denis jusqu'à

été proposé par M. Julien*, de Paris, membre de la Société française de statistique universelle, suivant un *Résumé* qui a été lu à la commission scientifique de cette Société, dans sa séance du 4 mars 1833 **.

* Voyez sa Notice biographique à la description de Saint-Prix, où M. Julien, de Paris, a habité.

** Voyez le *Journal de ses travaux*, t. III, n° 9, mars 1833, p. 131, et le Mémoire de M. David, membre de la même société, inséré dans le même Journal, février 1833, p. 115 et 118.

la barrière de Passy, se rapproche le plus près de la capitale, car elle ne s'y trouve qu'à une lieue et demie environ, bien que les bâteaux aient encore pour y arriver une espace de cinq lieues.

Le port Saint-Ouen, qui a été ouvert à la navigation le 25 mai 1830, se compose de vastes bassins entourés de quais et de terrains spacieux, communiquant avec la Seine par une écluse de 60 mètres de longueur sur 12 de largeur, qui en permet l'entrée aux bâteaux de la plus grande dimension.

Une machine à vapeur y maintient l'eau à un niveau constant, à 50 centimètres environ au-dessous du couronnement des murs du quai.

Ces vastes et utiles projets, après avoir surmonté mille obstacles, ont été exécutés comme il suit :

1° Un canal de 600 mètres de longueur sur 50 de largeur s'ouvre perpendiculairement à la Seine au milieu des terrains.

2° Un vaste bassin de 200 mètres de longueur, formant port, présente une surface de 25,000 mètres carrés.

3° Une place régulière de 10,000 mètres carrés de superficie, entre le bassin et la grande route du bois de Boulogne à Saint-Denis. Cette place est destinée au stationnement des marchandises et des voitures.

4° Deux quais de 25 mètres de largeur, pavés et cailloutés, bordent ce superbe bassin de chaque côté à 200 mètres de distance.

5° De chaque côté du grand canal, et à 200 mètres de distance, sont ouverts deux canaux secondaires de 200 mètres de longueur, sur 30 de largeur; ils lui sont parallèles et communiquent avec lui par deux embranchemens perpendiculaires qui ont 20 mètres de largeur.

Une partie de la place du port et de la largeur des quais qui la bordent à droite et à gauche, de même que les quatre petits ports des canaux latéraux d'embranchement, sont réservés pour les dépôts provisoires des marchandises.

Quant aux terrains, qui appartiennent à la société, la quantité est de 272 arpens, qui forment une superficie de 930,000 toises divisées comme il suit :

1° 75,000 mètres de surface d'eau en canaux et bassins.

2° 106,212 mètres carrés, en place, quais, ports publics, écluses, chemins de hallage, routes et avenues.

3° 748,788 mètres superficiels, ou 197,118 toises carrées de terrain qui sont divisées par lots, cédés ou à céder, pour y établir des magasins et des habitations.

A l'aide d'une copie du plan de la gare et du

port Saint-Ouen ci-annexée, on reconnaîtra la supériorité que l'heureux choix de l'emplacement présente à ce port sur ceux d'arrivage de la basse Seine, en comparant les distances à parcourir et les ports ou écluses qu'il faut traverser pour arriver à ces divers ports, et en prenant la Briche, près Saint-Denis, pour point de départ, on trouvera :

Port Saint-Ouen . .	3,000 mètres en riv.	et 1 écl.
Bassin de La Villette.	8,900 mètres en rivière ou canal,	et 12 écluses.
Port de Neuilly. . .	9,500 m. en riv.	1 pont.
— de Saint-Cloud. .	15,000	3 ponts.
— de Sèvres. . . .	17,000	4 ponts.
— Passy et Grenelle.	23,000	5 ponts.
— Orsay.	26,000	8 ponts.
— Saint-Nicolas. . .	27,000	9 ponts.

Ainsi, les bâteaux qui s'arrêtent au port Saint-Ouen, au lieu de remonter jusqu'aux ports intérieurs de Paris, évitent les passages dangereux de 9 ponts et 6 lieues de hallage à tir de chevaux.

De belles chaussées pavées mettent ce pont en communication directe avec l'intérieur de Paris par plusieurs barrières, et avec les routes des départemens du nord et le pont de Grenelle.

Le port Saint-Ouen, d'après le système adopté dans l'ensemble et les détails de son exécution, offre encore des avantages inappréciables, parmi lesquels il suffit de signaler ceux-ci : 1° la réduction que procure, dans les frais de déchargement, l'accès facile des quais dont les murs verticaux joints à l'avantage *d'un niveau d'eau toujours constant,* permettent en tout temps de décharger les bateaux bord à bord, à bras ou à l'aide de grues fixes ou portatives.

2° La sûreté des bassins qui ne sont pas exposés comme la Seine, aux variantes qui causent de nombreux accidens.

3° La faculté pour les mariniers d'y avoir une place habituelle, de pouvoir décharger leurs bateaux sans perte de temps et sans les retards auxquels mille inconvéniens les assujétissent.

4° La faculté encore de donner un abri aux marchandises qui en ont besoin; celle de pouvoir les laisser séjourner sur les quais sans avoir à craindre les invasions subites de la rivière.

5° Enfin, les vastes terrains qui dépendent de l'entreprise du nouveau port, et qui conviennent à des établissemens appropriés à la navigation.

Cette entreprise importante est gérée par MM. Ardoin et compagnie, ses fondateurs, qui ne négligent aucun des moyens qui sont en leur pouvoir pour en assurer la prospérité.

Le succès de ce bel établissement, qui ne saurait être douteux, est fondé, ainsi que je l'ai déjà dit, sur les avantages naturels de l'emplacement.

Les revenus annuels se composent:

1° De la perception du droit de gare, qui, d'après le tarif autorisé par l'ordonnance royale du 28 juin 1826, peut produire annuellement 12 fr. 15 centimes, par mètre carré d'emplacement occupé, lesquels, multipliés par 75,000 mètres de superficie de canaux et bassins, donneraient un revenu brut de. . . . . . 911,250 f.

2° Du droit de stationnement des marchandises sur les places et ports publics, qui se composent de . .

- 4,000 mètres, pour partie de la place du port.
- 3,800 pour les quatre petits ports des canaux latéraux et d'embranchement.
- 4,200 pour les deux quais qui bordent le bassin, sur lesquels une largeur de 10 mètres environ, est aussi consacrée au dépôt des marchandises.

12,000 mètres carrés, qui, à 4 centimes par mètre et par vingt-quatre heures, tarif

à reporter. . 911,250 f.

report.	911,250 f.
adopté pour d'autres ports, donnent par an.	175,200 f.
ensemble	1,086,450

Mais en retirant, comme improductifs, les passages nécessaires à la circulation et les vacances sur lesquelles il faut compter les frais et entretiens de la navigation, toutes réductions que, peut-être, il convient de faire sur le revenu de 1,086,450

Il se trouve réduit à . . . . 500,000 f.

Le produit du péage de l'écluse n'est pas compris dans ce résultat, parce qu'il fait compensation avec les frais du combustible et de l'entretien de la machine à vapeur, dont je donne ici une description succincte.

On a vu que, par le moyen d'une machine à vapeur, l'eau des canaux était maintenue à un niveau constant, à un demi-mètre au plus des murs du quai.

Ce niveau soutenu est supérieur aux hauteurs ordinaires de la Seine.

La communication s'opère par le moyen d'une écluse de trois mètres de chute aux plus basses eaux. Cette différence décroît en raison des crues de la rivière, et disparaît dans les hautes eaux.

C'est par le moyen d'une roue à palettes que se fait l'élévation de l'eau de la Seine dans le port.

Cette roue, dont le diamètre est de onze mètres, est mise en mouvement par une machine à vapeur, à basse pression et à double effet, de la force de 40 chevaux.

Ce mode d'élever l'eau, qui est nouveau en France, est employé avec avantage en Hollande et en Angleterre, pour des travaux d'épuisement. Plusieurs motifs ont fait adopter cette roue hydraulique, de préférence à un système de pompes mues à simple et double effet.

On sait que le niveau de la Seine est exposé à de fréquentes variations, qui nécessitent tantôt de monter l'eau à une hauteur de 4 mètres, et tantôt à 30 centimètres seulement ; on sait encore que si le niveau du fleuve est le même que celui du bassin, l'usage d'une machine à simple effet, avec corps de pompe, est très difficile. On sait enfin, que lorsque la hauteur de l'eau n'est que de deux mètres, ce qui a lieu pendant presque six mois de l'année environ, la navigation, étant alors plus active, il faut nécessairement plus d'eau pour le service de l'écluse, et qu'on ne peut l'obtenir que très difficilement par les pompes : eh bien, la roue hydraulique n'étant sujette, pour ainsi dire, à aucun dérangement, obvie à ces inconvéniens.

Quant à la machine à vapeur, à basse pression (système de Watt et Boltan), elle a été construite dans les ateliers de MM. Rothweel (Hike et Rothweel), à Londres. On a vu que cette machine, qui est de la force de 40 chevaux, fait mouvoir la roue à palettes dont on vient de lire la description succincte, et qu'elle remplace les pompes à pistons. Quant aux fourneaux ils sont fumivores.

Lorsque la machine a marché pendant trente-trois heures consécutives, elle a consumé cent hectolitres de charbon; alors le niveau de l'eau dans le bassin se trouve élevé d'un mètre cinquante-huit centimètres; mais si à une autre époque, elle n'a travaillé que pendant neuf heures et demie, alors elle n'a brûlé que trente-neuf hectolitres de charbon. Dans ces résultats sont compris huit hectolitres indispensables pour la *mise en train*; au lieu d'un hectolitre qu'il faudrait seulement, parce que la machine ne marchant qu'à des époques déterminées pour l'entrée des bateaux dans le port, on est forcé de rétablir chaque fois toute la vapeur qui ne serait pas perdue, si la machine travaillait journellement.

La vitesse ordinaire de la machine étant de dix-huit coups de piston par minute, la roue fait pendant le même temps trois révolutions.

Son service peut être comparé à la machine à vapeur de Chaillot, qui, quoique très inférieure à celles bien perfectionnées que l'on exécute maintenant, élève l'eau de la Seine, depuis long-temps, régulièrement et sans interruption, et n'a jamais éprouvé d'avaries graves, parce qu'elle est à basse pression et bien établie (1).

Art. 2.—Filature de laine.

On remarque à Saint-Ouen la filature de laine de M. Dhomme, successeur de M. Ternaux. C'est à ce dernier que l'on doit les tissus qui imitent les plus beaux cachemires de l'Inde.

Le roi, qui visita les étoffes de MM. Descolts, Bournhonet et compagnie, les félicita sur la beauté de leurs étoffes, et fut satisfait de voir les produits de l'ancienne maison de M. Ternaux, continués par ses successeurs. Il paraît que M. Dhomme a cédé son établissement à M. Ligeret.

§ XII.—Étendue du territoire; ses productions.

L'étendue du territoire de cette commune est d'environ 1,000 arpens.

---

(1) J'engage les personnes, qui désirent connaître dans tous ses détails, la machine à vapeur de la gare de Saint-Ouen, de souscrire à l'excellent ouvrage de M. Leblanc, au Conservatoire des Arts et Métiers, rue Saint-Martin, qui, ainsi que M. Ardoin, ont eu l'extrême obligeance de me procurer les instructions qui m'étaient nécessaires, pour faire connaître à mes lecteurs la haute importance de leur honorable entreprise.

Les productions du terroir consistent en légumes, asperges et vignes.

§ XIII.—Population ancienne et nouvelle.

On comptait en 1709, suivant le dénombrement de l'élection de Paris, 133 ou 155 feux à Saint-Ouen. Le Dictionnaire universel de la France élevait le nombre des habitans à 600. En 1818, la population était également de 600 habitans.

TABLEAU statistique contenant le dénombrement de la nouvelle population, des naissances, mariages et décès, pendant les années 1830, 1831, 1832 et 1833, d'après celui qui m'a été officiellement communiqué par la préfecture du département de la Seine.

ANNÉES.	POPULATION. SEXE			NAISSANCES. SEXE			MARIAGES.	DÉCÈS. SEXE			Décès par le choléra.	OBSERVATIONS.
	Masculin.	Féminin.	TOTAL.	Masculin.	Féminin.	TOTAL.		Masculin.	Féminin.	TOTAL.		
1830	»	»	(A) »	36	17	53	9	23	15	38		(A) Cette population est regardée, par décision ministérielle, seule valable pendant 5 ans. Dans le total général des décès, sont compris les décès cholériques.
1831	534	447	981	30	18	48	17	19	17	36		
1832	»	»	»	20	24	44	5	30	22	52	38	
1833	»	»	»	20	16	36	23	20	17	37		

CHAPITRE III.

AUBERVILLIERS, OU NOTRE-DAME-DES-VERTUS.

Sa situation.—Son origine.—Son Église.—Pélerinages.—Désastres au xve siècle.—Monstres nés à Aubervilliers.—Séjour de Henri IV à Aubervilliers.—Ravages causés par les événemens de 1815.—État civil.—Effectif de la garde nationale. — Industrie commerciale.— Établissemens importans. — Étendue du territoire; ses productions. — Population ancienne et nouvelle.—Tableau statistique des naissances, mariages et décès.

§ Ier.— SA SITUATION.

Ce village, remarquable par sa beauté et par son étendue, est situé plaine Saint-Denis, à une lieue et demie au nord de Paris, et commence à la barrière de la ville de Saint-Denis ; il est compris dans la banlieue de Paris.

§ II.— SON ORIGINE.

Son étymologie d'Aubervilliers, lui vient d'une terre, qui, au xie siècle, avait appartenu à un sieur Albert ou Aubert; ce qui est démontré par trois chartes de nos anciens rois.

La plus ancienne, celle qui en parle pour la première fois, et qui date de 1060, année de la mort de Henri Ier, roi de France, dit que ce prince destina au monastère de Saint-Martin-des-Champs la terre qu'il possédait dans ce village, et en ces termes : *In villâ quæ dicitur Alberti Villare, terram quam ibi habebam* (1). Louis VI confirma ce fait dans un diplôme, en appelant cette terre : *Terram Hauberti-Villaris;* et Louis VII, en 1137, époque où les *Trouvères* firent naître le goût de la poésie provençale, la nomme de même : *Terram Alberti Villaris.* Cela prouve assez que ce village tire son nom d'une maison de campagne d'un sieur Aubert; mais ce nom étant alors très commun, on ne peut savoir quel était cet Aubert. Cependant, on lit dans un diplôme de Louis VI, qui date de 1124, relatif à l'abbaye de Saint-Denis : *Villa quæ vocatur Halbervillare*, d'un seul mot; ce qui peut faire naître quelque doute.

§ III.—L'ÉGLISE D'AUBERVILLIERS, DITE NOTRE-DAME-DES-VERTUS.

En 1228, étant à Paris, au mois de mars, Philippe-le-Bel déclara, par une charte, que le monastère de Saint-Denis avait la haute justice sur

---

(1) Et non en 1187, comme le dit Hurtaut dans son *Dictionnaire historique*, puisque ce monarque mourut en 1180, après un règne de 43 ans. (Voy. *Hist. de Saint-Martin*, pag. 5 et 27.)

ce que les Hospitaliers de Saint-Jean-de-Jérusalem possédaient à Aubervilliers(1).

D'après un titre de l'abbaye de Saint-Denis, il paraît, qu'en 1242, il n'existait en ce lieu qu'une simple et très petite chapelle sous l'invocation de saint Christophe, et qui, à l'occasion des miracles qui y furent opérés par l'intercession de la Sainte Vierge, devint fameuse cent ans après.

Cette chapelle n'était qu'une succursale de Saint-Denis. Parmi les anciennes épitaphes de l'église d'Aubervilliers, on remarquait celle de Pierre Montholon, docteur en Sorbonne, fils de Montholon premier du nom. On trouve cette épitaphe dans les notices biographiques des Montholon que je donne à la fin de cette section.

La façade de cette église et la tour qui sert de clocher, et où l'on voit sur une espèce de coffret en bas-relief la date de 1541, furent construites la même année, sous le règne de Henri II. Ce qui fait présumer que cette tour a été érigée à la sollicitation de Diane de Valentinois, c'est que l'on y voit encore les traces d'un croissant qui était le chiffre de cette dame, et que le roi faisait entrelacer avec le sien dans tous les édifices qu'il élevait.

Il paraît que, lorsqu'en 1300, on érigea la cha-

---

(1) Lebœuf, *Hist. du diocèse de Paris*, t. III, p. 284.

pelle d'Aubervilliers en paroisse, la cure fut donnée à un prieur de Deuil, attendu que le territoire avait dépendu de celle de Saint-Marcel de Saint-Denis, qui avait le droit d'y nommer. Ce qui confirme cette assertion, c'est que cette cure fut transmise ensuite aux Pères de l'Oratoire. Avant cette réunion, les derniers curés étaient Mathieu de Morgues, sieur de Saint-Germain, auteur de plusieurs ouvrages. Morgues, qui ne conserva sa cure que deux ans, pendant lesquels il y fit des embellissemens, s'en démit, à la persuasion de la reine Marguerite, en faveur d'un sieur Galeman, docteur de Paris, supérieur général des Carmélites, et qui avait été grand vicaire du cardinal de Joyeuse, lequel la céda à un nommé Farges; mais à la prière de François de Montholon, conseiller d'État, le dernier possesseur de cette cure, quel qu'il fût, la résigna en faveur de l'union que l'on en fit à l'Oratoire, suivant les registres de l'archevêché, le 5 octobre 1616, du consentement de Paul Cename ou Cenami, prieur de Deuil, et de Jacques Galeman, curé (1).

Lebœuf dit : « qu'Achille de Harlay de Sancy,

(1) *Lettres de Morg.*, impr. en 1637 pour la défense de la reine-mère, p. 774-775; — *Vie de Galeman*, par le père Galeman, récolet : in-4°, p. 10; — Piganiol-Delaforce, *Descript. de Paris*, t. VIII, p. 288.

« oratorien, et depuis évêque de Saint-Malô, trai-
« ta de l'union de cette cure et de la chapelle de
« Notre-Dame-des-Vertus, comme fondé de pou-
« voirs, avec Guillaume de Souvré, abbé de Saint-
« Florent, de Saumur, en 1621, attendu qu'elle
« dépendait du prieur de Deuil, membre de cette
« abbaye (1). » Le pape Grégoire XV les unit, et
les incorpora à la congrégation de l'Oratoire, par
la bulle du 16 septembre 1622. Le motif de cette
réunion était d'avoir, par nécessité, un grand
clergé en ce lieu, à cause du concours extraordinaire qui y arrivait, et auquel il fallait satisfaire.

Le 1er mars 1623, François de Montholon avait
donné à cette congrégation une ferme de cinquante arpens, pour l'entretien de huit prêtres.
Le premier curé de cette congrégation fut André
Sod, de Dieppe, nommé dans la même année; il
avait commencé une traduction *des Annales des
Baronnius;* mais il n'en donna qu'un volume, en
1614 (2). En conséquence de cette nomination,
Sauval fait observer que c'était les prêtres de l'O-
ratoire, rue Saint-Honoré, qui avaient le droit de
nommer à cette cure (3).

(1) *Histoire du diocèse de Paris*, t. III, p. 281.
(2) *Suppl.* de Moreri.
(3) Sauval, t. 1er, p. 639.

Le nombre des prêtres, à partir de cette époque, s'accrut considérablement à Aubervilliers. Depuis 1642, il y avait à ce village un séminaire qui augmenta du temps du cardinal de Noailles. « L'église, dit Piganiol, ressemble plutôt à une « cathédrale de province, qu'à une église de « village. »

§ IV. — PÉLERINAGES.

Dubreul, auteur du xvie siècle, né à Paris, en 1528, et mort en 1614, nous apprend que ce qui contribua à rétablir l'église, et à l'augmenter considérablement, fut le concours immense à l'image de la Vierge, qui eut lieu en 1338 (1).

En effet, Philippe de Valois, la reine et toute la cour, à leur exemple, ayant appris le grand nombre de miracles qui s'y opéraient, vinrent lui adresser leurs pieux hommages, et firent à la chapelle des dons considérables (2).

Il est prouvé que Louis XI séjourna à Aubervilliers, en 1476. On ne sait si c'est par dévotion, comme les pélerins de son royaume.

On n'ignore pas qu'Aubervilliers eut d'autres

(1) *Epitaphe*. Bibliothèque du roi, p. 376.
(2) Le nombre prodigieux des pélerins fit nommer la Sainte Vierge, Notre-Dame-des-Miracles ou des Vertus. Quant au village, il finit par s'appeler les Vertus ou Aubervilliers.

seigneurs que l'abbé, et le couvent de Saint-Denis. Parmi eux, on peut indiquer un nommé Henri, qui avait pour surnom *Lotharingus*. Le cartulaire de saint Magloire dit qu'il faisait partie de la cour de Louis VI, et qu'il avait possédé la terre d'Aubervilliers; mais pendant l'espace de quatre siècles, on n'en trouva plus jusqu'à l'an 1518, où paraît Adrien Auger, écuyer, seigneur en partie d'Aubervilliers, et demoiselle Jeanne Lemoine, sa femme. Ensuite viennent les Montholon dont je parlerai ci-après.

En 1646, Henriette, Marie de France, reine d'Angleterre, qui, à cause des troubles, fut obligée de passer en France, commença son pélerinage par Notre-Dame-des-Vertus.

De tous les nombreux et fréquens pélerinages à Aubervilliers, qui se sont maintenus jusqu'en 1792, le plus remarquable est celui dont parle Dubreul (1), et qui eut lieu en 1529. Il nous apprend que toutes les paroisses de Paris, réunies dans la cathédrale, pour arrêter les progrès des hérétiques, allèrent processionnellement à Notre-Dame-des-Vertus, et que l'on y portait une si grande quantité de flambeaux, que les habitans de Montlhéry, étant sur les hauteurs, crurent la capitale en proie au plus affreux incendie. On vit,

---

(1) Du Breul, *Antiq. de Paris*, édit. de 1639.

sous Louis XIV, une veuve nommée Pollalion, fondatrice des Filles de la Providence, aller pieds nus, de Paris à ce village, et en hiver demander à Dieu la santé du roi et de la famille royale(1).

§ V.—DÉSASTRES AU XVe SIÈCLE.

Plusieurs fois ce village eut à souffrir de la guerre. On voit les habitans représenter à Charles V, que leur pays avait été incendié et en grande partie détruit, et ce monarque, par une ordonnance de 1371, les exempter d'impositions, et notamment du droit de prise, moyennant soixante-dix charretées de paille par an(2).

(1) *Vie de Marie Lumague*, impr. en 1744.
(2) *Reg. des Chart.*, 162, n° 121.

En 1411, ce village eut beaucoup à souffrir des guerres excitées dans le royaume par les Armagnacs. On raconte que Louis XI fit arrêter, dans Carlat, le duc de Nemours, de la maison d'Armagnac, le fit enfermer dans une cage de fer à la Bastille, lui nomma des juges, et cependant fit lui-même l'instruction du procès. Ce prince voulut qu'on l'interrogeât dans cette cage, qu'il y subît la question et y entendît son arrêt. On le confessa dans une chapelle tendue en noir (cet appareil était en usage pour les princes); de là il fut conduit sur un échafaud dressé dans les halles de Paris. Louis XI fit mettre les enfans de cet infortuné duc sous l'échafaud pour y recevoir le sang de leur père, puis les fit conduire dans des cachots faits en forme de hottes. On remarque que le connétable

C'est principalement au commencement du xv⁰ siècle que ce village fut dévasté, et l'église ruinée par le ravage des Armagnacs, lorsque le duc de Bourgogne entra à Paris, les armes à la main (1). Mais un bref, donné par le pape, et présenté à Paris par le cardinal légat d'Estrouville, le 22 mai 1452, qui accordait des indulgences plénières à ceux qui visiteraient et aumôneraient de leurs biens l'église paroissiale d'Aubervilliers, la fit bientôt rétablir.

§ VI. — MONSTRES NÉS A AUBERVILLIERS.

Sauval (2), et le journal de Charles VI et de Charles VII (3), font mention de deux monstres qui ont paru à Aubervilliers. Le premier, en 1382, fut un veau qui avait trois yeux, et la gueule sé-

---

d'Armagnac, s'étant sauvé déguisé la nuit, se retira, du 28 août au 29 septembre 1418, chez un maçon qui demeurait rue des Bons-Enfans, y fut pris par trahison et enfermé dans un cachot de la Conciergerie. Le 12 juin suivant, la populace ayant enfoncé les portes des prisons, l'assomma et jeta son corps à la voirie, après l'avoir traîné ignominieusement dans les rues. Il était grand-père du duc de Nemours, et descendait de Clovis par Charibert, frère de Dagobert.

(1) Le Laboureur, *Hist. de Charles VI*, p. 785.
(2) *Antiquités de Paris*, t. II, p. 560.
(3) 6 juin 1429, *Chron. de Juvenal des Ursins*.

parée en deux, avec une langue dans chacune des parties. L'abbé de Saint-Denis, qui les vit, prit cela pour un mauvais augure.

Le second, qui fut bien extraordinaire, vit le jour le 6 juin 1429.

« Une femme, dit Sauval, accoucha d'un enfant
« double, c'est-à-dire qui avait deux têtes, quatre
« bras, deux cous, quatre jambes et quatre pieds,
« et n'avait qu'un ventre et qu'un nombril. C'était
« deux filles, elles furent baptisées dans la paroisse
« de Saint-Christophe; l'une fut nommée Agnès
« et l'autre Jeanne. Leur père s'appelait Jean
« Discret. Elles moururent une heure après le
« baptême; l'une un quart-d'heure avant l'autre.
« Il sortit de Paris plus de dix mille personnes
« pour aller les voir. Le greffier du parlement, qui
« en fit mention dans ses registres, assure qu'elles
« vécurent un jour. La chronique manuscrite du
« règne de Charles VI, marque trois jours. L'au-
« teur du Journal de Charles VII, dit qu'il a vu et
« tenu cet enfant double. »

La même année, Aubervilliers vit encore naître deux veaux ayant chacun huit pieds, deux têtes et deux queues, et la même semaine, un cochon avec deux têtes et quatre pieds.

§ VII. — SÉJOUR DE HENRI IV A AUBERVILLIERS.

Ce fut à Aubervilliers que Henri IV s'établit

lorsqu'il vint faire le siège de Paris. C'est dans ce village qu'il remit les sceaux à Chiverni, chancelier de Henri III, en lui disant : « Aimez-moi, « comme je vous aime, et croyez-moi, vivons « ensemble comme si vous étiez mon père et mon « tuteur. »

§ VIII. — RAVAGES DANS AUBERVILLIERS, CAUSÉS PAR LES ÉVÉNEMENS DE 1815.

Ce malheureux pays, ruiné tant de fois par les fléaux de la guerre, ne put échapper au pillage de 1815. Il est un des villages qui ont le plus souffert, mais aussi il devint le théâtre de plusieurs actions de courage de la part de la garde nationale de Paris.

Les troupes alliées, les Prussiens surtout, réduisirent ce village à un état plus déplorable que celui dans lequel il s'est trouvé après les guerres des Armagnacs. Pris et repris, la garde nationale ne craignait pas d'aller attaquer les Prussiens, commandés par le général Blucher, jusque dans le centre de ce village.

Autrefois, ainsi que l'on a pu s'en convaincre, c'était la religion qui tendait ses bras secourables aux victimes du plus affreux fléau ; de nos jours, c'est la munificence de nos rois et la bienveillance qui règne dans les branches de la société, qui en réparent les horreurs. N'a-t-on pas vu alors notre monarque et les princes, consoler ce trop malheureux village, en le comblant de leurs dons somptueux? Toutes les administrations religieuses et civiles, et grand nombre d'habitans de la capitale, ne se sont-ils pas empressés d'y déposer leurs offrandes? La plupart des acteurs de tous les théâtres de Paris, n'ont-ils pas ennobli leur profession, en donnant un grand nombre de représentations au bénéfice des infortunés de ce village? Enfin, Ruggiéri et les administrateurs de Tivoli, n'ont-ils pas rivalisé de zèle, en secourant les victimes de la guerre? On se rappelle les fêtes brillantes qu'ils ont données au profit de l'infortune; avec quelle affabilité le maire d'Aubervilliers, M. Demars, et le respectable curé, M. Dubois, ont témoigné leur reconnaissance, en parcourant ce lieu de plaisir, à la multitude qui était venue en foule consacrer ses amusemens au soulagement de leurs malheureux administrés.

C'est ainsi que ce beau village fut préservé encore une fois d'une ruine totale.

§ IX.— ÉTAT CIVIL.

L'état civil consiste en un maire, un adjoint, un secrétaire de la mairie, un conseil municipal composé de 16 membres et un notaire.

AUBERVILLIERS. 309

Noms et qualités des personnes qui composent l'état civil.

NOMS.	PRÉNOMS.	QUALITÉS.	PROFESSIONS.
MM.			
LEMOINE.	Jean-Genev.-Nicol.	Maire.	Propriétaire.
MEZIÈRES.	Jacques.	Adjoint.	Idem.
BOISSELET.	Charles-Toussaint.	Secrétaire.	Idem.
LOYER.	Auguste.	Notaire.	»
		Justice-de-paix	à Saint-Denis.

§ X. — EFFECTIF DE LA GARDE NATIONALE.

Bataillon cantonnal composé de cinq compagnies, fortes d'environ 768 hommes, dont cinq capitaines, formant le 3me bataillon de la 1re légion de la banlieue, dont M. Reullet (Jean-Philippe-Auguste), médecin, est le chef.

Le bataillon est composé de trois compagnies à Aubervilliers, une à La Courneuve et une à Dugny.

§ XI. — INDUSTRIE COMMERCIALE.

Elle consiste en institutions de garçons et de filles, raffinerie de sucre, fabrique de vinaigre, commerce de vin, d'épicerie et de graineterie.

NOMS DES INDUSTRIELS.

M.
BARBIER (Victoric). | Instituteur.

Mmes.
NAVAILLE. | Institutrice.
Vᵉ JOEST. | Raffinerie de sucre.

M.
DAVID (J.-L.) | Fabricant de vinaigre.

MM.
DAVID (Félix). | COMMERCE
CHARLET (Antoine). | De vins en gros.

M.
DAVID (François). | Épicerie.

MM.
PORCHEL fils et MERGORIN. | Graineterie.
MECERY (Benony).

MM.
GALLOIS (Jacques). | Dépôt de sangsues.
DISSET.

M.
ETHEVENARD. | Charpente.

MM.
VALLÉ. | Cordier.
DUPART. | Ferblantier-Lampiste.
MARTIN. | Mercier.
SOUDET. | Taillandier et maréchal.
GOSSON. | Vannier.

M. LECUYER (Pierre-Étien.)	Aubergiste.
MM. BONNEAU (Nicolas-Laur.) DEMARS (Antoine).	Cultivateurs.

§ XII. — ÉTABLISSEMENS IMPORTANS.

Il n'y a d'établissement important que la raffinerie de sucre de Mme veuve Joest.

§ XIII. — ÉTENDUE DU TERRITOIRE ; SES PRODUCTIONS.

L'étendue du territoire de cette commune est de 1,200 arpens.

Les productions du terroir consistent principalement en légumes ; cette culture est en grande activité dans cette commune, et forme son principal produit.

§ XIV. — POPULATION ANCIENNE ET NOUVELLE.

En 1470, on ne comptait, dans cette commune, que 50 feux ; d'après l'élection de Paris, en 1754, le nombre des feux était de 321 ou 353.

Le *Dictionnaire universel de la France* portait alors le nombre des habitans à 460, ce qui semble ne pas correspondre à la quantité des feux.

En 1808, le nombre des habitans s'élevait à 1800 environ.

TABLEAU statistique contenant le dénombrement de la nouvelle population, des naissances, mariages et décès, pendant les années 1830, 1831, 1832 et 1833, d'après celui qui m'a été officiellement communiqué par la préfecture du département de la Seine.

ANNÉES.	POPULATION. SEXE			NAISSANCES. SEXE			MARIAGES.	DÉCÈS. SEXE			DÉCÈS par le choléra.	OBSERVATIONS.
	Masculin.	Féminin.	TOTAL.	Masculin.	Féminin.	TOTAL.		Masculin.	Féminin.	TOTAL.		
1830	»	»	» (A)	47	47	94	22	28	17	45		(A) Cette population est regardée, par décision ministérielle, seule valable pendant 5 ans. Dans le total général des décès sont compris les décès cholériques.
1831	1047	1166	2213	46	55	101	18	45	32	77		
1832	»	»	»	39	48	87	26	46	53	99	57	
1833	»	»	»	48	49	97	30	18	22	40		

NOTICES BIOGRAPHIQUES.

SAINT-OUEN.

MADAME LA COMTESSE DU CAYLA.

ZOÉ, comtesse du Cayla, née en 1784, est fille de M. Talon, avocat du roi au Châtelet de Paris, depuis membre de l'assemblée nationale, et émigré du 6 octobre 1792. Le luxe que M. Talon déploya dans une terre du département de la Marne éveilla la police du gouvernement qui s'aperçut qu'il était l'intermédiaire de la correspondance des princes avec leurs différens affidés de l'intérieur. Alors il fut arrêté par M. le duc de Rovigo, qui reçut l'ordre de le conduire à Paris, où sa fille, navrée de douleur, accourut aussitôt tout éplorée.

Les qualités physiques de mademoiselle Talon, réunies à toutes les grâces qui font l'ornement de la jeunesse et de la beauté, et l'attrait irrésistible de sa piété filiale suppliante, lui firent trouver des cœurs sensibles. M. Talon éprouva, dans sa dure captivité, la consolation de voir sa fille chérie autorisée à lui prodiguer les soins les plus tendres. Transféré de prisons en prisons, il obtint plus tard sa liberté. C'est alors, sous l'empire, qu'il maria sa fille au comte du Cayla.

A la restauration, le rang distingué de M. du Cayla facilita à madame du Cayla l'entrée à la cour. Elle sut s'y faire remarquer par les grâces de son esprit. Admise à l'intimité de Louis XVIII, elle devint la source abondante des grâces.

C'est bien à tort que l'opinion publique, qui n'est pas toujours favorable aux meilleures renommées, ait voulu s'égayer sur certain apanage donné à l'aimable et bienfaisante comtesse, et calomnier cette protection accordée au malheur en feignant de la supposer intéressée. Mais ce que l'on ne peut contester, et ce qui peut consoler l'ame sensible de madame du Cayla de tant d'injustices, c'est l'heureux souvenir d'avoir su par son esprit, par l'ensemble de ses traits, jeter quelques fleurs sur les derniers jours d'un monarque regretté.

La perte de son auguste ami, qui lui causa la plus vive douleur, fut suivie de mille tracasseries d'un procès domestique qui eut enfin un terme par la séparation d'avec son mari, qu'elle obtint de la cour de Rouen. Dèslors elle put disposer de sa fortune.

Retirée à Saint-Ouen, madame du Cayla parut peu regretter le séjour d'une cour dont elle fut l'ornement.

Considérons maintenant cette dame sous le point de vue scientifique de ses nouvelles occupations.

Madame du Cayla eut le bonheur d'obtenir la longue laine qui manquait à nos manufactures par le croisement des béliers nubiens que lui envoya le pacha d'Egypte, en 1818, avec des brebis mérinos ou anglaises, nouvelle race à qui l'on a donné le nom de du Cayla. Cet exemple a trouvé des imitateurs, et madame du Cayla peut se flatter d'avoir converti au goût des expériences industrielles plusieurs grands seigneurs de la cour.

C'est donc uniquement aux soins de madame du Cayla

que nous sommes redevables de cet établissement et du succès qu'il a obtenu.

Il ne me reste plus qu'à dire que madame du Cayla a été élevée chez madame de Campan, qu'elle a trois enfans, deux garçons, et une fille qui fut mariée au prince de Léon.

Douée d'un caractère vif et enjoué, sa manière d'écrire a les qualités de sa conversation, c'est-à-dire le piquant, le trait, et pourtant le naturel qui en fait le charme.

Depuis la révolution de juillet, madame du Cayla a quitté le château, qui est maintenant habité par le prince de Craon.

AUBERVILLIERS.

FAMILLE MONTHOLON.

MONTHOLON (FRANÇOIS DE), premier du nom, seigneur du Vivier (1) et d'Aubervilliers, succéda au sieur Adrien Auger dont j'ai parlé page 303, et se fit remarquer par sa probité et son érudition. Il plaida en 1522 au parlement de Paris, en faveur de Charles de Bourbon, connétable de France, contre la mère de François Ier, Louise de Savoie. Ce monarque s'étant trouvé *incognito* à cette cause, l'une des plus épineuses qui ait été agitée dans aucun parlement, nomma Montholon avocat-général en 1538, puis garde-des-sceaux en 1542.

Mais ce digne magistrat ne jouit pas long-temps des faveurs et des libéralités de son roi, car il mourut

(1) Le Vivier était un château dont fait mention une petite carte d'un sieur Douville, et qui était près d'Aubervilliers, du côté de l'orient.

l'année suivante, 12 juin 1543, à Villers-Cotterets.

Un grand nombre d'illustres magistrats dont il est le plus célèbre sont sortis de cette famille.

Les condamnés des rebelles de La Rochelle ayant été contrains de payer 200,000 fr., François Ier donna cette somme à Montholon qui ne l'accepta que pour orner l'hôpital de cette ville.

MONTHOLON II (JEAN DE), frère du précédent, fut chanoine de Saint-Victor de Paris à 22 ans. Il reçut le bonnet de docteur en droit. Ses qualités lui valurent ensuite le chapeau de cardinal qu'il n'eut pas l'honneur de porter, étant mort le 10 mai 1521, dans l'abbaye de Saint-Victor.

On a de lui une espèce de *Dictionnaire de droit* intitulé : *Promptuarium juris divini et utriusque humani* ; Paris, 1520, 2 vol in-folio.

MONTHOLON (PIERRE DE), un des fils de François, premier du nom, et dont j'ai parlé page 299, avait été docteur et professeur en Sorbonne. S'étant retiré à Aubervilliers pour se garantir de la peste qui ravageait Paris, en 1596, il ne put s'en préserver, et en mourut dans le château. Sa tombe fut placée à côté de l'autel de Notre-Dame (1).

Voici l'épitaphe que j'ai promise, qui prouve que ce Montholon était seigneur d'Aubervilliers, et qu'il légua à l'église les dîmes dont il avait joui comme étant inféodées.

Cette épitaphe est entièrement rapportée par Blanchard.

Aviti hujus territorii ac Vivarii dominus, sed mage clarus quod patri et avo vice-cancellariis Franciæ, natus : Dum fugit tabem, anno 1596, Lutetiam populan-

---

(1) *Histoire des présidens à mortier*, p. 176.

tem, ipsomet conficitur tabo, prius ecclesiæ huic legatis decimis quas in feudum habebat (1).

Deux autres fils du premier Montholon, nommés comme lui François, lui succédèrent dans ses terres du Viviers et d'Aubervilliers. Le premier fut aussi garde-des-sceaux vers la fin du règne de Henri III.

L'autre, catholique zélé, avait d'abord été avocat et fort estimé des ligueurs; Henri III, pour leur complaire, lui remit les sceaux en 1588, ensuite il fut conseiller-d'état sous Henri III, Henri IV et Louis XIII. Ce Montholon fut appelé, par le procureur-général Séguier, l'Aristide français, lorsqu'il fit présenter ses lettres au parlement, en ajoutant qu'elles étaient une déclaration publique que le roi faisait à ses sujets de vouloir honorer les charges par les hommes et les hommes par les charges.

Après la mort de Henri III, dans la crainte où il était que Henri IV ne le contraignît de sceller quelques écrits favorables aux huguenots, il lui rendit les sceaux. C'est lui qui fonda, à Aubervilliers, les prêtres de l'Oratoire, ainsi que je l'ai dit.

Il mourut la même année 1590, et fut inhumé dans l'église de ce village. Il était représenté à côté de l'autel du pèlerinage. Son buste en marbre blanc, qui provenait de l'église Saint-Germain-l'Auxerrois, a été transporté au Musée des monumens français, rue des Petits-Augustins, sous le n° 152 (2).

« Le parlement avait tant de confiance en sa probité,
« que la cour n'avait jamais désiré d'autres assurances,
« dans ses plaidoyers, que ce qu'il avait mis en avant

---

(1) *Histoire des présidens à mortier*, p. 176-177.
(2) Lenoir, *Musée des monumens français*, t. IV, p. 165.

« par sa bouche sans recourir aux pièces. » Paroles au-dessus de tout éloge.

Un quatrième Montholon, seigneur de la même terre et qui mourut en 1618, avait été avocat au parlement. L'abbé de Marolles, page 115 de ses mémoires, dit: « Montholon fut intendant de la princesse Marie, la-« quelle se plaisait fort dans le château du Seigneur, à « cause de la bonté de l'air. »

Enfin un autre Montholon, nommé Jacques, fils de François II du nom, de même avocat au parlement de Paris, seigneur d'Aubervilliers, mourut, sans enfant, le 17 juillet 1622. Son buste en marbre blanc, tel que celui de son père, a été transporté de même au Musée Français, sous le même n° 152 (1). On a de lui un *Recueil d'Arrêts du Parlement*, qui servent de règlement, in-4°, 1622, et le *Plaidoyer* qu'il fit pour les jésuites, in-8°, 1612.

Pour terminer, je dirai que, depuis le xvi° siècle jusqu'au xviii°, la terre d'Aubervilliers fut toujours conservée par la famille de Montholon.

ISAAC LA PEYRÈRE.

LA PEYRÈRE (Isaac), né à Bordeaux d'une famille protestante, s'imagina, en lisant saint Paul, qu'Adam n'était pas le premier homme. Pour prouver cette extravagante opinion, il publia un livre intitulé : Præ-adamitæ *sive exercitatio super versibus* 12-13-14, *etc.*, imprimé en Hollande, en 1655, in-4° et in-12 (2).

Le grand-vicaire de l'archevêque de Malines fit con-

---

(1) *Histoire des présidens* précitée.
(2) Voy. Hilpert (Jean), professeur d'hébreu. On a de lui : *Disquisitio de Præadamitis*, contre La Peyrère, 1656, in-4°.

damner cet ouvrage; l'auteur fut mis en prison à Bruxelles, et son livre jeté aux flammes à Paris. Ayant obtenu sa liberté du prince de Condé, il passa à Rome en 1656, et y abjura, entre les mains du pape Alexandre VII, le *calvinisme* et le *préadamiste*. Sa conversion parut suspecte. Son livre qui flatte les juifs et les appelle civilement à son école, décèle son ambition de vouloir être chef de secte.

Malgré les vives représentations du Saint Père qui voulait le retenir à Rome, il revint à Paris, et rentra chez le prince de Condé en qualité de bibliothécaire; mais bientôt il se retira au séminaire d'Aubervilliers, où il mourut le 30 janvier 1676, âgé de 82 ans, après avoir reçu les sacremens de l'Église.

Il publia encore, en 1647, une *Relation du Groenland*. On lui demanda, à l'occasion de cet ouvrage, pourquoi il y avait tant de sorciers dans le Nord? « C'est, « répondit-il, que les biens de ces prétendus magiciens « sont en partie confisqués au profit de leurs juges, lors- « qu'on les condamne au dernier supplice. »

En 1663, une *Relation d'Islande*, aussi intéressante; une *Lettre à Philotime*, 1658, in-8°, dans laquelle il expose les raisons de son abjuration et de sa rétractation.

Un poète lui fit cette épitaphe rapportée dans le *Moréri* :

    La Peyrère ici-gît, ce bon Israélite,
    Huguenot, catholique, enfin préadamite :
    Quatre religions lui plurent à la fois ;
    Et son indifférence était si peu commune,
    Qu'après quatre-vingts ans qu'il eut à faire un choix,
    Le bonhomme partit et n'en choisit aucune.

FIN DE LA PREMIÈRE PARTIE.

TABLE

DE LA PREMIÈRE PARTIE.

Épitre dédicatoire.
Extrait du procès-verbal de la 95e séance du conseil de la Société française de statistique universelle.
Introduction.
Discours préliminaire. v
Ire SECTION.— De la porte Saint-Denis à la barrière. . . 11
  Chapitre Ier.— Porte Saint-Denis. 17
  Chapitre II.— Faubourg Saint Denis. . . . . . . *id.*
    § I.— Le Faubourg Saint-Denis. . . . . . *id.*
      Art. 1.— Son origine . . . . . . *id.*
      Art. 2.— Combat qui s'y est donné. . . . 18
    § II.— La Fontaine Saint-Lazare. . . . . *id.*
    § III.— Saint-Lazare. 19
      Art. 1.— Son origine. . . . . . . *id.*
      Art. 2.— Pillage de Saint-Lazare. . . . 27
      Art. 3.— Translation solennelle des reliques de saint Vincent de Paule aux Lazaristes. 31
      Art. 4.— Description de la châsse de saint Vincent de Paule. . . . 33
      Art. 5.— Suite de Saint-Lazare. . . . 35
    § IV.— L'Église Saint-Laurent. . . . . . *id.*
    § V.— La Foire Saint-Laurent. 37
Notices biographiques. 41
  Blondel (François). . . . . *id.*
  Anguier (François et Michel). 42
  Girardon (François de). 43
  Saint Vincent de Paule. 44
IIe SECTION.— De la barrière Saint-Denis à Montmartre. 49
  Chapitre I.— Barrières de Paris. . . . . *id.*
  Chapitre II.— La Chapelle-Saint-Denis. 54
    § I.— Son origine. . . . . *id.*
    § II.— De l'Église. 56
    § III.— Les magistrats de Paris, etc. . . . 58
      Art. 1.— Égyptiens et Bohémiennes logés à La Chapelle. . . . . *id.*
      Art. 2.— Entrée de Charles VII à Paris. . 59
      Art. 3.— Demande des habitans de comprendre diverses maisons dans le rôle des tailles. . . . . *id.*

Art. 4.—Suite de l'église.	59
§ IV.—État civil de la Chapelle-Saint-Denis.	61
§ V.— Effectif de la garde nationale.	62
§ VI.—Industrie commerciale.	id.
§ VII.—Étendue du territoire; ses productions.	64
§ VIII.—Assainissement des boulevards nord de Paris, des territoires de La Chapelle, de La Villette et de la plaine Saint-Denis.	65
§ IX.—Population ancienne et nouvelle.	68
Tableau statistique des naissances, mariages et décès pendant les années 1830, 1831, 1832 et 1833.	70
CHAPITRE III.—Clichy-la-Garenne.	71
§ I.—Sa situation.	id.
§ II.—Son origine.	72
§ III.—Église paroissiale.	79
§ IV.— Église française depuis la dernière révolution.	81
§ V.—Seigneuries.	83
§ VI.— Club de 1795 à 1797; événemens de 1814 et 1815.	85
§ VII.— Château Dagobert et maisons de campagne.	id.
Art. 1.—Le château.	id.
Art. 2.—Maisons de campagne.	87
§ VIII.—État-civil.	id.
§ IX.—Effectif de la garde nationale	id.
§ X.—Industrie commerciale.	88
§ XI.—Étendue du territoire; ses productions.	89
§ XII.—Population ancienne et nouvelle	id.
Tableau statistique des naissances, mariages et décès pendant les années 1830, 1831, 1832 et 1833.	90
CHAPITRE IV.— Monceaux.	91
§ I.—Son origine	id.
§ II.— Chapelle, seigneuries, châteaux et maisons de campagne.	id.
CHAPITRE V.— Batignolles-Monceaux.	94
§ I.—Son origine et sa situation.	id.
§ II.—Journées de 1814 et 1815.	95
§ III.—Ses fondateurs; sa réunion avec Monceaux.	96
§ IV.—Accroissement et composition de la population.	97
§ V.—L'Église catholique romaine.	98
§ VI.— L'Église évangélique protestante.	101
§ VII.—État-civil.	105
§ VIII.—Effectif de la garde nationale.	107
§ IX.—Industrie commerciale.	id.
§ X.—Établissemens importans projetés ou exécutés	109

TABLE.

Art. 1.—Projet du chemin de fer de Paris à Rouen.	109
Art. 2.—Service des eaux de la Seine.	113
Art. 3.—Bains.	119
Art. 4.—Théâtre pouvant se transformer en salle de bal.	id.
Art. 5.—Projet de bazar général de comestibles.	120
Art. 6.—Entreprise des Batignollaises.	id.
§ XI.—Étendue du territoire.	121
Tableaux statistiques des naissances, mariages et décès pendant les années 1830, 1831, 1832 et 1833.	122
Notices biographiques.	125
Ledoux (Claude-Nicolas).	id.
Chapelle.	127
Mézeray (François-Eudes).	129
Bourgoin (François).	131
Barre (Pierre-Yon).	id.
Moncey (Rose-Adrien-Jeannot de).	132
Dufour (Guillaume-Henri).	138
Duval (Alexandre).	139
Robertson (Etienne-Gaspard).	145
Margat.	147
Comte (Louis-Christian-Emmanuel-Apollinaire).	152
Beaudrillard (Jean-Jacques).	153
IIIe SECTION.—De Montmartre à la plaine Saint-Denis.	155
Chapitre I.—Montmartre.	id.
§ I.—Son état physique et géologique.	id.
§ II.—Sa situation, son nom, son origine et ses antiquités.	171
Art. 1 —Sa situation.	id.
Art. 2.—Son nom et son origine.	172
Art. 3.—Ses antiquités	174
Art. 4.—L'Obélisque.	178
§ III.—Fontaines et monumens.	182
§ IV.—Eglises, monastères, abbaye, etc.	191
Art. 1.—Églises.	id.
Art. 2 —L'Abbaye de Montmartre; son origine.	196
Art. 3.—Incendie de l'abbaye.	id.
Art. 4.—Sépultures dans l'église.	197
Art. 5.—Désordre dans le monastère.	198
Art. 6.—Rétablissement de l'ordre; première réforme.	199
Art. 7.—Seconde réforme	200
Art. 8.— Camp formé par Henri IV; les religieuses abandonnent le monastère.	id.
Art. 9.—Amours de Henri IV avec Marie de Beauvilliers et Gabrielle d'Estrées.	201

Art. 10.—Marie de Beauvilliers rétablit l'ordre dans le monastère. 202
Art. 11.—L'Église paroissiale. 208
§ V.—Cimetières de Montmartre. 211
    Art. 1.—Ancien cimetière . . . . . id.
    Art. 2.—Le grand cimetière. 212
§ VI.—Défense et attaque de Paris. 214
§ VII.—Etablissemens importans. 217
    Art. 1.—Asile royal de la Providence. . . id.
    Art. 2.—Maison de santé. 218
    Art. 3.—Service des eaux de la Seine. . . 219
    Art. 4.—Fabrique de pierres artificielles. . 224
    Art. 5.—Salle de spectacle. 225
§ VIII.—Maisons de campagne anciennes et nouvelles. 226
    Art. 1.—Ancienne maison, place du Tertre. id.
    Art. 2—Pavillon dit de Henri IV. . . . id.
    Art. 3.—Maisons de campagne. 227
§ IX.—Etat civil. . . . . id.
§ X.—Effectif de la garde nationale . . . 228
§ XI.—Industrie commerciale. . . . . . id.
§ XII.—Étendue du territoire, ses productions . 231
§ XIII.—Population ancienne et nouvelle. . . id.
Tableau statistique des naissances, mariages et décès pendant les années 1830, 1831, 1832 et 1833. 232
Chapitre II.—Clignancourt. 233
Notices biographiques. . . . . id.
    Merlin (Jacques). . . . . id.
    Loyola (Saint Ignace de). . . . . . . id.
    Micault de la Vieuville (Mathurin-Jules-Anne) . 240
    Dourlens (Victor). 242
    Dumolard (Henri-François-Étienne-Élisabeth-Orcel) . 243
    Gardel (Pierre-Gabriel). 244
    Baillot de Malpierre (David). 245
IVᵉ SECTION.—De la plaine Saint-Denis à la ville . 247
Chapitre I.—La plaine Saint-Denis. . . . . id.
§ I.—État physique de cette plaine. . . . . id.
§ II.—Établissement du Landit. 250
§ III.—Narration de plusieurs combats qui ont eu lieu dans la plaine Saint-Denis. . . 256
§ IV.—Canal de l'Ourcq. 260
§ V.—Siéges de Paris en 1814 et 1815. . . 261
§ VI.—Monumens historiques qui ont existé dans la plaine Saint-Denis avant la révolution. 262
§ VII.—Nouvelles constructions. 263
Chapitre II.—Saint-Ouen. 264
§ I.—Sa situation. . . . . id.
§ II.—Son origine. 265
§ III.—Son antiquité 266

§ IV.—Église et chapelle.	268
§ V.—Pèlerinages à Saint-Ouen.	id.
§ Id.—Histoire de la Noble-Maison et de l'ordre des chevaliers de l'Étoile.	269
§ VI.—Description de divers châteaux, hôtels, seigneuries, maisons de campagne qui existaient et existent encore à Saint-Ouen.	277
Art. 1.—Châteaux, hôtels, seigneuries.	id.
Art. 2.—Maisons de campagne.	278
§ VII.—Retour des Bourbons; séjour de Louis XVIII au château de Saint-Ouen; description de la fête donnée par madame du Cayla.	280
§ VIII.—État civil.	282
§ IX.—Effectif de la garde nationale.	id.
§ X.—Industrie commerciale.	283
§ XI.—Établissemens importans.	id.
Art. 1.—Port de Saint-Ouen, la gare et la machine à vapeur	id.
§ XII.—Étendue du territoire; ses productions.	294
§ XIII.—Population ancienne et nouvelle.	295
Tableau statistique des naissances, mariages et décès pendant les années 1830, 1831, 1832 et 1833.	296
Chapitre III.—Aubervilliers, ou Notre-Dame-des-Vertus.	297
§ I.—Sa situation.	id.
§ II.—Son origine.	id.
§ III.—L'Église d'Aubervilliers.	298
§ IV.—Pèlerinages.	302
§ V.—Désastres au xve siècle.	304
§ VI.—Monstres nés à Aubervilliers.	305
§ VII.—Séjour de Henri IV à Aubervilliers.	306
§ VIII.—Ravages dans Aubervilliers, causés par les événemens de 1815.	307
§ IX.—État civil.	308
§ X.—Effectif de la garde nationale.	309
§ XI.—Industrie commerciale.	id.
§ XII.—Établissemens importans.	311
§ XIII.—Étendue du territoire; ses productions.	id.
§ XIV.—Population ancienne et nouvelle.	id.
Tableau statistique des naissances, mariages et décès pendant les années 1830, 1831, 1832 et 1833.	312
Notices biographiques	313
Madame la Comtesse du Cayla.	id.
Famille Montholon.	315
La Peyrère.	318

FIN DE LA TABLE.

ERRATA.

Page 13, à la ligne 22, *Tholuis*; lisez : *Tolhuis*.

Page 20, ligne 7, *au-dessous*; lisez : *au-dessus*.

Page 41, note, dernière ligne, *Delandin*; lisez : *Delandine*.

Page 42, ligne 15, *quatre-vingt-quinze*; lisez : *quatre-vingt-quatre*.

Page 43, ligne 9, *voici les vers que l'on disposa*; lisez : *déposa*.

Ibid., 6ᵉ vers, *et qu'après*; lisez : *ce qu'après*.

Page 50, ligne 7, *abstreindre*; lisez : *astreindre*.

Page 53, note 1, ligne 2, *la rotonde a 12 pieds*; lisez : *12 toises*.

Page 60, ligne 8, *Bodescart*; lisez : *Godescart*.

Page 92, *Gabriel d'Etrée*; lisez : *Gabrielle d'Estrées*.

Idem, dernière ligne, *lui a*; lisez : *lui ont*.

Page 121, § XV; lisez : XI.

Page 132, ligne 14, *après avoir possédé*; ajoutez : *à Clichy*.

Page 213, 1ᵉʳ vers, *vous que j'ai tant aimées*; lisez : *aimés*.

Cet ouvrage se trouve aussi au bureau de *la France pittoresque*, place de la Bourse, 13, et chez Dentu, libraire, Palais-Royal.

SAINT-DENIS.—IMPRIMERIE DE PREVOT.

www.ingramcontent.com/pod-product-compliance
Lightning Source LLC
Chambersburg PA
CBHW050545170426
43201CB00011B/1577